あなたも必ず経験する

相続のことがマンガで3時間でわかる本

西原崇（不動産鑑定士）／山内亘（弁護士）／山田麻美（税理士） 著

つだゆみ マンガ

いざ相続が発生しても、身内とは絶対にもめない！

家族がなくなって焦る前に覚えておく「生前対策」から

知っていればお金が戻ってくる「還付」までをやさしく解説！

はじめに

高齢化社会を迎え、日本はかつてない相続ブームです。

65歳以上の高齢者人口は３４６１万人で、総人口に占める割合は27・３％（平成28年9月15日時点推計、総務省「人口推計」平成28年）にも及びます。

さらに、65歳以上の高齢者世帯の貯蓄は平均２４００万円を超え（総務省「家計調査（二人以上の世帯）」平成27年）、資産としてはこれに不動産等も加わるのですから、亡くなった場合の遺産総額は決して少なくありません。

そのため、「ウチはどのくらい相続税がかかるのだろう」などと相続に対して興味を持ち、インターネットによって情報を取得する方も多いと思われます。

しかし、相続については間違った情報が流れていたり、内容が複雑なものもあるため、なかなか理解しにくいのが実情です。

他方、長年、私たちが相続の相談を受けていると、不思議に思うことが数多くあります。

「何でこの人はこんな不利な遺産の分け方をしたのだろう」

「何でこんな不利な相続税の申告をしたのだろう」

この間違った相続の原因は、きちんと専門家に相談していないか、あるいは相談した専門家といわれる人が間違って処理をしてしまったため、このようなことが起きてしまいます。

そこで、一般の方向けに、相続で損をしないようにできるだけ詳しく、かといって難しくならないような本を出したいと思い、立ち上がりました。弁護士、税理士、不動産鑑定士と３人の相続の専門家が筆を執り、さらに漫画によってそれが楽しくわかりやすく描かれています。

弁護士は遺産分割や遺言、税理士は相続税の申告や節税対策を得意としています。あまり馴染みがないかもしれませんが、不動産鑑定士は遺産で大きな割合を占める不動産の価値を正しく算定することを得意とし、遺産分割や相続税の申告に大きな役割を果たします。各種届出等手続的なところは、本書が説明するところではありません。手続的なところは、極端な話、誰かに聞けばどうにでもなるでしょう。

しかし、相続の本体である遺産の取得に直接影響を及ぼす遺産分割、遺言、相続税の申告、節税対策に関しては、一度間違った対処をしてしまうと、一般の方でも数百万、数千万円単位で損をすることがあり、その回復は困難です。

本書を読んだ方が損をせず、納得のいく結果が得られるように、相続に関する知識を楽しく得て頂ければ幸いです。もちろん、相続の事情は各案件によってさまざまですので、実際に正しく相続を行うには本書を読んだだけでは不十分です。相続の場面に直面した場合には、本書をきっかけとして、相続の専門家に相談することをお勧めします。

相続について
私たちが解説いたします

税理士 山田麻美

弁護士 山内 亘

不動産鑑定士 西原 崇

……もくじ……

第2章 生前対策と贈与 ～亡くなる前にできることはたくさんあります～

第3章　遺言　〜今すぐ書くべきです〜

第4章 遺産分割 ～各相続人が納得のいく分け方を目指して～

第5章 不動産の評価と対策

~相続対策、一番効果があるのが不動産~

第6章　小規模宅地の特例
～実家の相続、この制度を知らないと損します～

第7章　保険の有効利用
〜保険を活用して円滑な相続を〜

カバーデザイン：ＯＮ／ＯＦＦ　若林　繁裕
作画協力：岡崎忠彦
協力：ＢＮＩ　Ｄｉａｍｏｎｄチャプター相続対策チーム

第 1 章

相続の基本

～あなたも該当者！　知らなければいけないこと～

1 相続の流れを知りたい

きちんと把握しておきましょう

●人が亡くなると相続が発生します

人が亡くなった場合に、その人が持っていた財産や権利義務を引き継ぐのが相続です。

財産は受けとる側にとって、プラスのものとは限りません。借金など、マイナスの財産（義務）もあります。

マイナスの財産の方が多ければ、相続をしないという選択（「相続放棄」といいます）をすることもできます。その場合には、基本的には亡くなってから3か月以内に家庭裁判所に申し立てる必要があります。

相続の開始後にまず確認すべきことは遺言があるかどうかです。遺言は亡くなった人が生前に作成していたもので、そこに具体的な分け方の記載があれば、法定相続分による分け方（法律が定めた分け方）よりも優先されます。もちろん遺言があったとしても、マイナスの財産が多い場合には相続放棄ができます。

●遺言がない場合

この場合には、相続人が誰になるかをきちんと確認して、その相続人の間で、どのように分けるか協議をします。これを遺産分割協議といいます。話し合いでまとまらないときには、家庭裁判所で調停や審判を行います。

もし、遺産分割協議がまとまったら、それに従って財産を分け、名義変更や登記を行うことになります。

また、相続税の申告・納付期限は、相続開始を知った日から10か月以内です。それまでに遺産分割協議がまとまれば、その内容に従って相続税の申告・納付を行います。10か月以内にまとまらない場合には、いったん法定相続分で相続税の申告・納付をしておいて、後から申告をやり直すことになります。相続した財産の総額が基礎控除額以下であれば、相続税はかかりません。

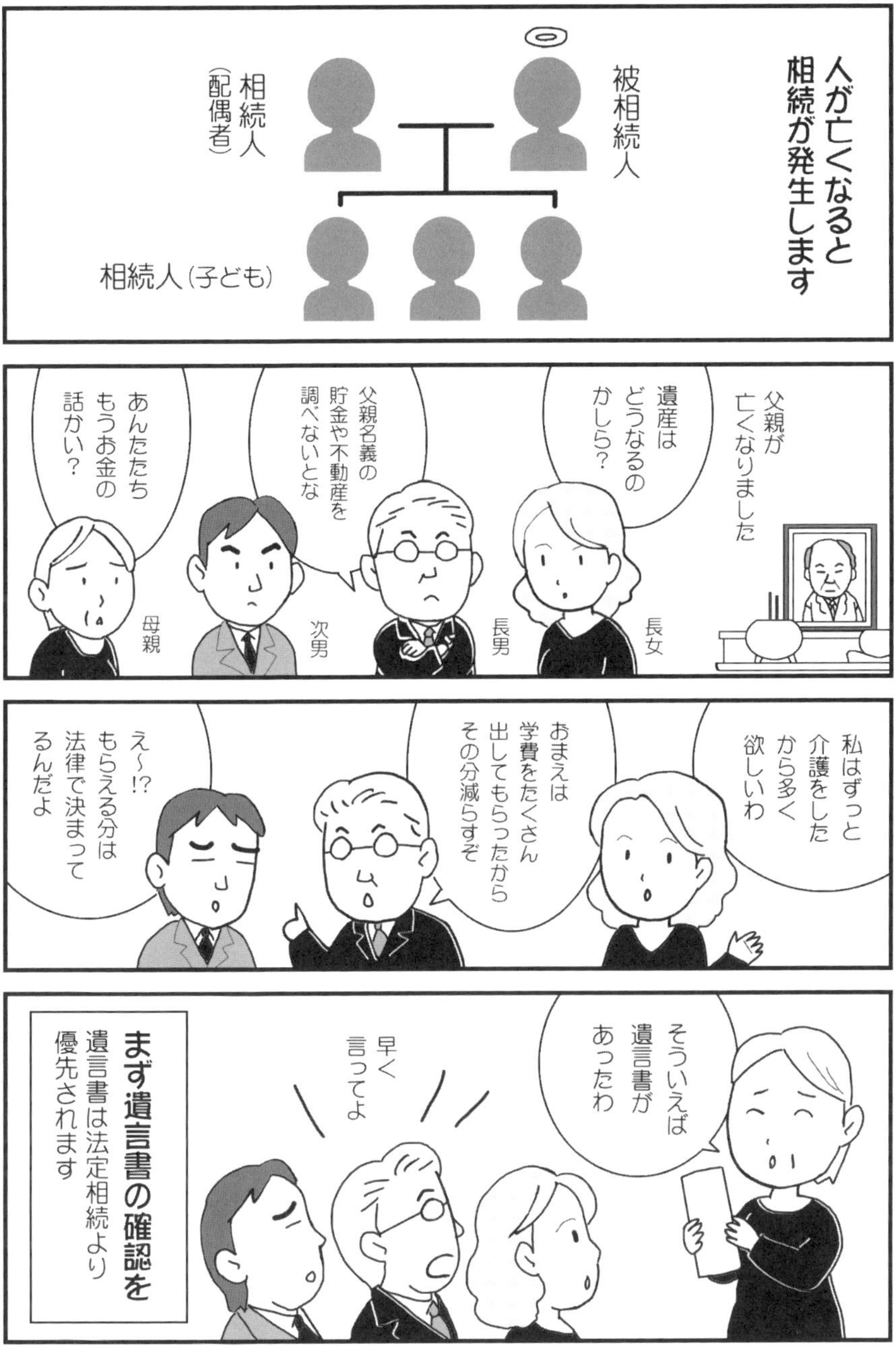
人が亡くなると相続が発生します
被相続人
相続人（配偶者）
相続人（子ども）
父親が亡くなりました
遺産はどうなるのかしら？
父親名義の貯金や不動産を調べないとな
あんたたちもうお金の話かい？
長女
長男
次男
母親
私はずっと介護をしたから多く欲しいわ
おまえは学費をたくさん出してもらったからその分減らすぞ
え～!? もらえる分は法律で決まってるんだよ
そういえば遺言書があったわ
早く言ってよ
まず遺言書の確認を
遺言書は法定相続より優先されます

2 どんな財産が相続の対象となるの？

相続の対象とならないものもあります

●プラスの財産、マイナスの財産

相続するプラスの財産には、家や土地などの不動産、宝石・美術品・自動車などの動産、現金、預貯金や有価証券、貸付金のような債権、特許権などの知的財産権も含まれます。

他方、住宅ローンのような借入金や未払の税金などマイナスの財産も相続することになります。もっとも住宅ローンについては、団体信用生命保険といって、住宅ローンを支払っていた人が亡くなった場合に、保険会社が代わりに支払うという契約をしていることも多いと思います。

プラスの財産よりマイナスの財産が多ければ、相続放棄をしたほうがいいでしょう。プラスの財産でマイナスの財産を清算し、財産が残ればその分を相続する限定承認という手続もありますが、相続人全員が限定承認をする必要があるなど手続が複雑であり、あまり一般的ではありません。

●相続の対象とならないもの

「祭祀財産」といわれる位牌や仏壇、墓地、墓石といったものは、相続財産となりません。祭祀承継者を決めて、その人が引き継ぐことになります。祭祀承継者は遺言があれば遺言で、遺言がなければ話し合いや、その家や地域の慣習によって決まることになります。

生命保険金は、受取人として指定されている人が亡くなった人自身であれば、相続財産になりますが、亡くなった人以外が受取人として指定されている場合、受取人固有の財産となり、相続財産となりません。

ただ、生命保険金は、相続税の対象となりますので、注意が必要です。

その他、死亡退職金や遺族年金も相続の対象とはなりません。しかし、死亡退職金も相続税の対象となりますので、こちらも注意が必要です。香典も一般的には喪主のものとされています。

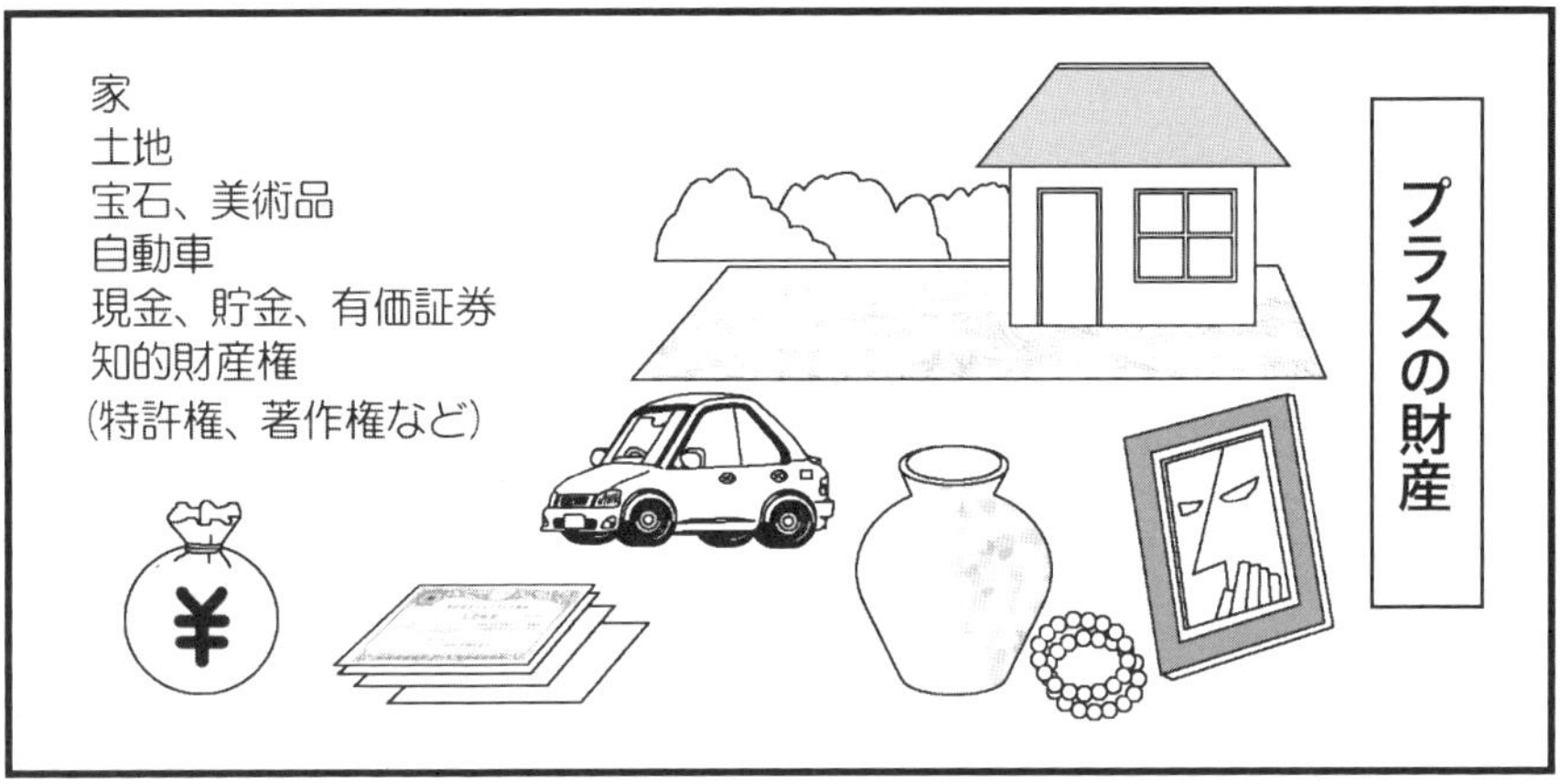
プラスの財産
家
土地
宝石、美術品
自動車
現金、貯金、有価証券
知的財産権
（特許権、著作権など）

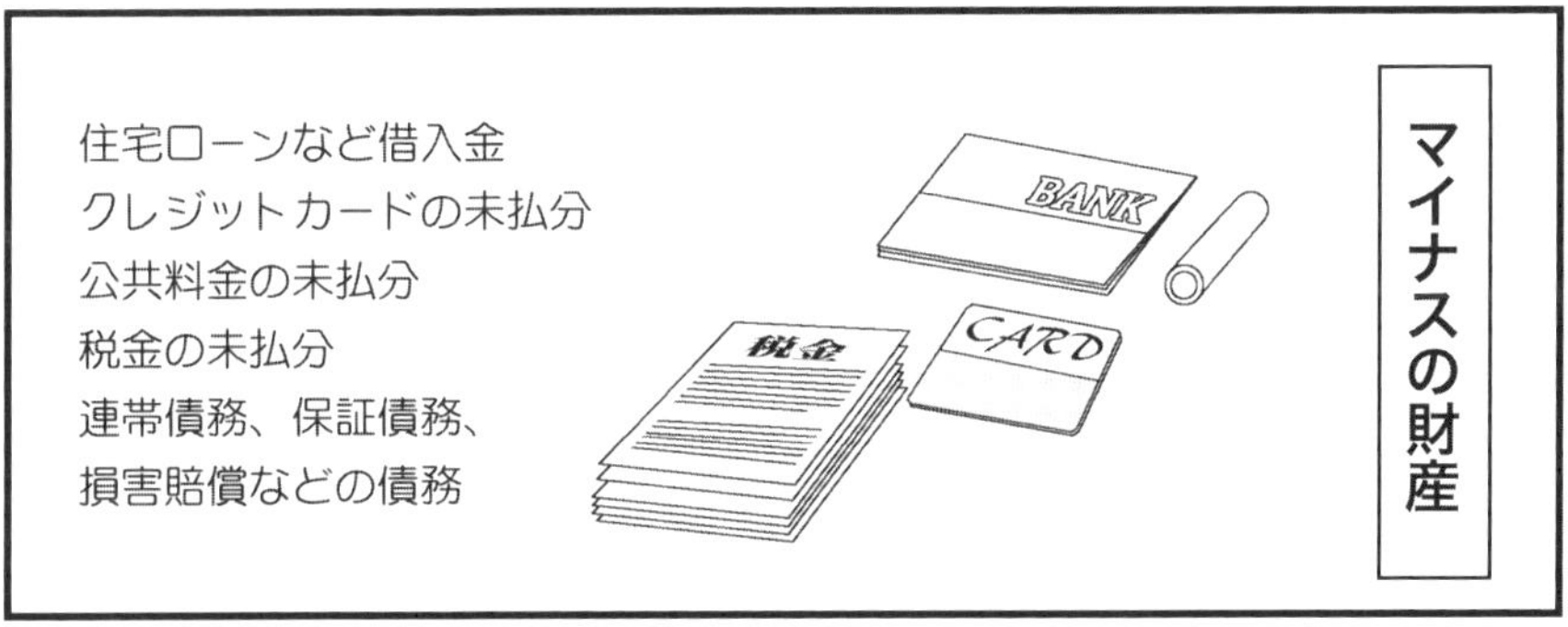
マイナスの財産
住宅ローンなど借入金
クレジットカードの未払分
公共料金の未払分
税金の未払分
連帯債務、保証債務、
損害賠償などの債務
BANK
税金
CARD

たいへん！
お父さん
連帯保証人に
なってて
保証債務が
5億もあるわ
えー
友だちに
だまされ
ちゃった…

相続放棄
します
相続放棄の
申立てができるのは
相続開始から
3か月以内です
家庭裁判所

3 相続人が誰だかわからない……

まずは相続人の確認から

● 相続人は法律で決まっている？

自分の資産を誰に継いでもらうのか、とても悩む問題です。相続人の範囲については法律で規定があり、遺言をせずに亡くなった場合には、法律で定められた相続人（「法定相続人」といいます）が遺産を取得できるのです。

まず、亡くなった人（「被相続人」といいます）の配偶者は常に相続人になります。

もし、子供がいれば、子供も相続人になります。子供がいない場合には、直系尊属（親など）、さらに直系尊属もいない場合には、兄弟姉妹が相続人になります。

胎児については、既に生まれたものとみなされ、胎児が生きて産まれてくれれば、相続人の対象です。残念ながら死産の場合には相続人になり得ません。

また、一定の事由がある場合には、相続人の欠格事由とされ、相続人となることができません。

たとえば、故意に被相続人を殺し又は殺そうとして刑に処せられた者や、詐欺や強迫により被相続人に遺言を書かせた者、不当な利益を得るために遺言書を偽造したり隠したりした者などが挙げられます。

● 内縁関係にある場合は？

配偶者として認められるには、法律婚をしている必要があり、現状、内縁関係のある者には法定相続分は認められていません。他方、事実上離婚をしている配偶者であっても、戸籍上婚姻関係にあれば、法定相続分が認められます。実際に相続人を調べるには、被相続人の出生から死亡までのすべての戸籍謄本を取得することになります。子供がいれば、それ以上調べる必要はありません。

子供がいなければ親（直系尊属）が存命かどうか確認するために親の戸籍を取得し、親が亡くなっていれば兄弟姉妹の戸籍を取得することになります。代襲相続（第1章5項参照）という制度により、子供や兄弟姉妹が亡くなっていた場合にはその子供がいないか調査が必要なこともあります。

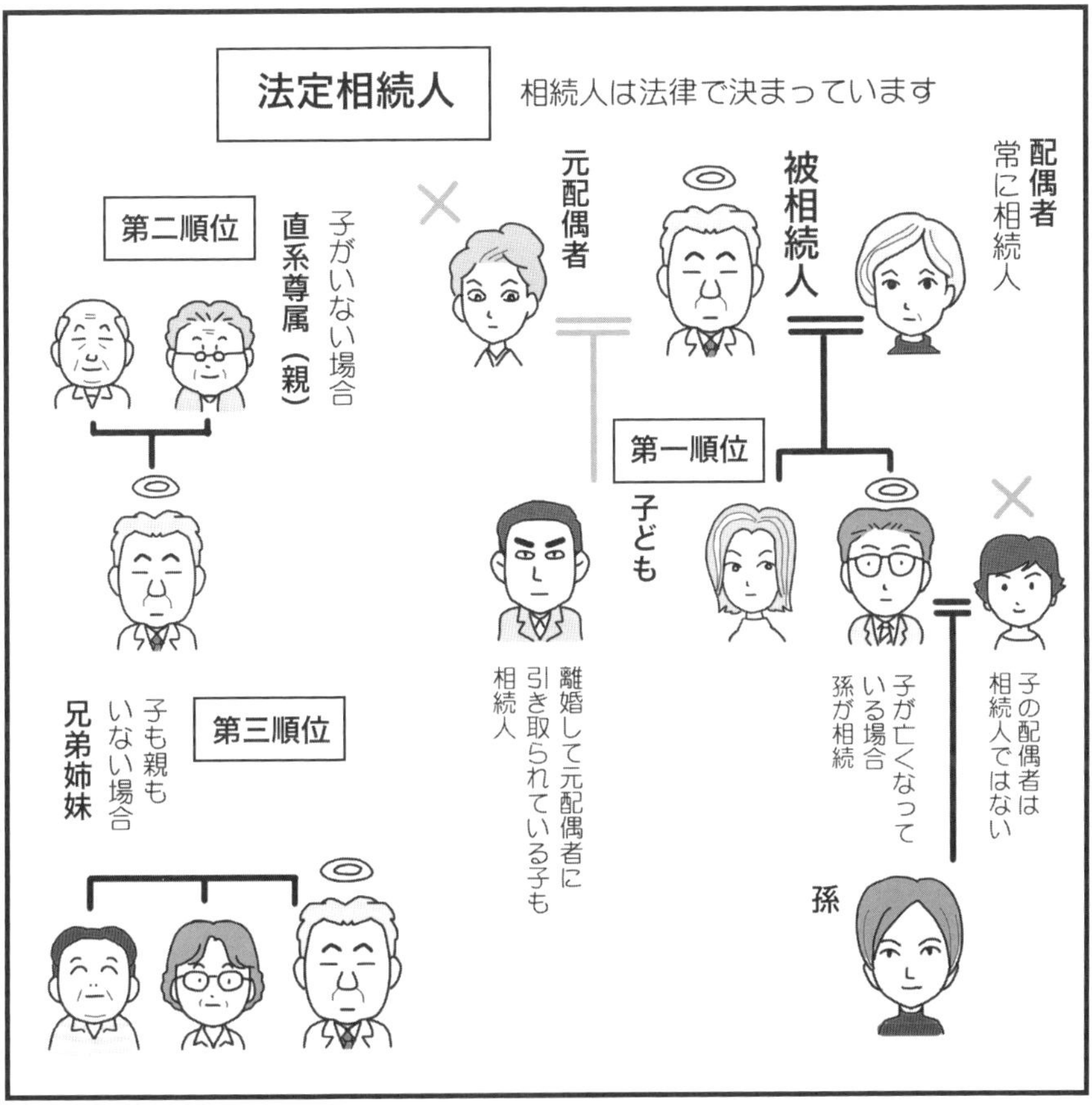
法定相続人
相続人は法律で決まっています
配偶者
常に相続人
被相続人
元配偶者
第二順位
直系尊属（親）
子がいない場合
第一順位
子ども
離婚して元配偶者に引き取られている子も相続人
子が亡くなっている場合孫が相続
子の配偶者は相続人ではない
孫
第三順位
兄弟姉妹
子も親もいない場合

内縁関係は法定相続人になれない
事実婚の妻
ずっと別居中の妻
遺産はいただきますから

4 「法定相続分」で遺産をもらう

遺言がない場合の相続分は決まっています

●どのくらい相続できるのか？

遺言がない場合、相続人の範囲（誰が相続できるか）についいては「法定相続人」によって決まることになりますが、相続できる内容（どのくらい相続できるのか）については、「法定相続分」としてこちらも法律で決まっています。

相続人が子と配偶者の場合はそれぞれ2分の1ずつ、直系尊属と配偶者の場合は配偶者が3分の2で直系尊属が3分の1、兄弟姉妹と配偶者の場合は配偶者が4分の3で兄弟姉妹が4分の1の割合で相続します。

また、同じ地位に複数の相続人がいる場合には、等分して相続分を取得することになります。

なお、以前は、非嫡出子《ひちゃくしゅっし》（婚姻関係がない男女を父母として生まれた子）の相続分は嫡出子の2分の1とする規定がありましたが、最高裁判例において、法の下の平等を定める憲法に反し違憲とされましたので、現在では法律も改正されています。

●法定相続分による実際の分け方

法定相続分が法律で決まっていたとしても、預貯金や現金だけならば、多くの方が分けやすいと感じるでしょう。

一方、土地や建物のような不動産の場合、どうやって分けたらいいのかわかりにくい面もあります。土地だけなら範囲を決めて分ける（分筆といいます）ということもできるかもしれませんが、建物ではそうもいきませんし、土地も細かく分けると価値が下がることも考えられます。

そのため不動産については、相続人それぞれの持分に応じて共有にしたり、あるいは、不動産の時価を算出し、不動産が不要な相続人には、その時価に見合った預貯金を渡すというような分け方も考えられます。

ここでは複雑になってしまいますので、詳しくは遺産分割の章でお話しします。

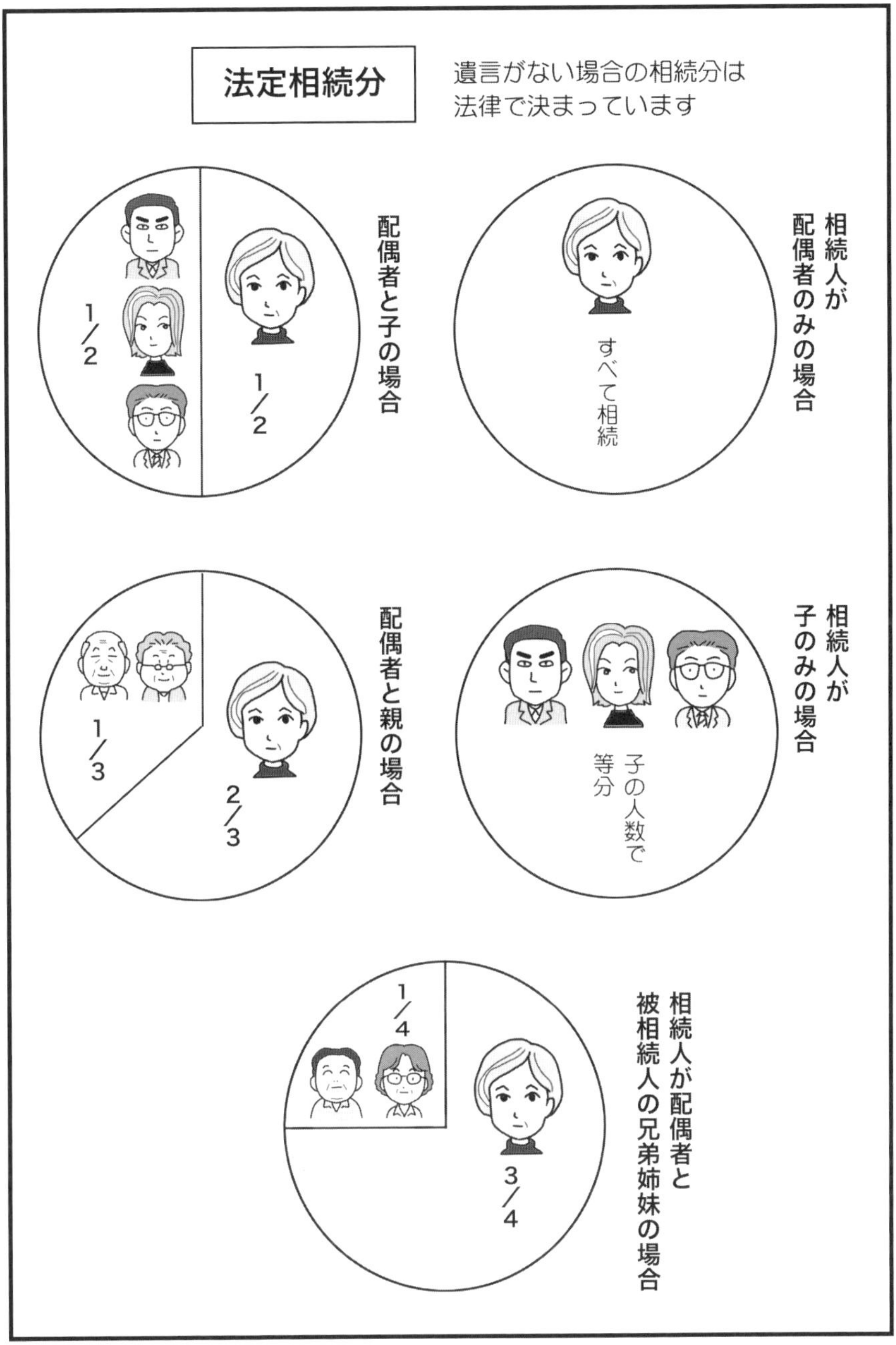
法定相続分
遺言がない場合の相続分は
法律で決まっています
相続人が配偶者のみの場合
すべて相続
配偶者と子の場合
1/2
1/2
相続人が子のみの場合
子の人数で等分
配偶者と親の場合
2/3
1/3
相続人が配偶者と被相続人の兄弟姉妹の場合
3/4
1/4

5 祖父より先に父が亡くなっている場合は？

代襲して相続人になります

●代襲相続が発生する場合

相続人の子が、相続の開始前に死亡していたときや、相続欠格事由（相続人の資格がなくなる事由）があるとき、著しい非行のため相続から廃除されたときには、その人の子供が代わりに相続人となります。

これを代襲相続といいます。兄弟姉妹の場合にも、同様に代襲相続は認められます。

さらに、曾祖父（父の父の父）が亡くなったとき、祖父（父の父）や父が既に亡くなっていた場合には、代襲相続分をさらに引き継ぐ再代襲相続というものが発生します。

もっとも兄弟姉妹には再代襲が認められておらず、兄弟姉妹が亡くなっていた場合には、その子（甥・姪）は代襲相続をしますが、甥・姪が亡くなっていた場合に、さらにその子には再代襲相続はされません。

なお、被相続人の子が亡くなっていた場合に、孫がいれば代襲相続人となりますが、子の配偶者は相続人ではありません。

●代襲相続の相続分

代襲相続は、被代襲者（上記事例の場合は父）が受けるはずであった相続分を引き継ぐことになります。代襲相続人が複数いる場合には、被代襲者の相続分を代襲相続人で分割することになります。

たとえば上記事例で、祖父に配偶者がなく、祖父の子が父を含めて2人（叔父がいる）、父の子が自分を入れて3人いた場合には、叔父の相続分が2分の1、本来父が相続するはずであった残りの2分の1を父の子3人で割ることになりますので、自分の相続分は6分の1になります。

なお、被代襲者が相続放棄をした場合には、代襲相続は認められません。相続放棄をすると、その相続人は初めから相続人ではなかったことになるためです。

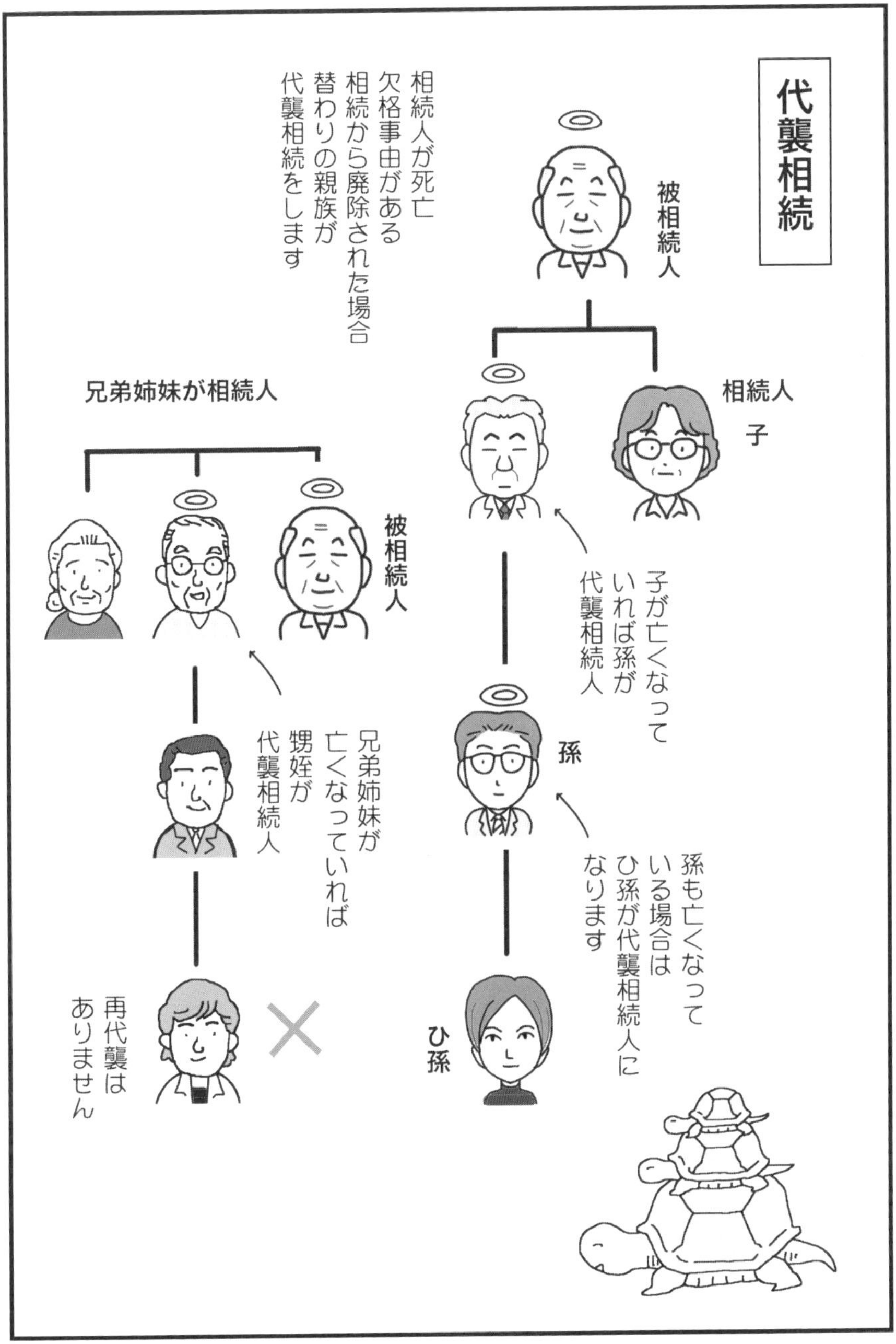
代襲相続
相続人が死亡
欠格事由がある
相続から廃除された場合
替わりの親族が
代襲相続をします
被相続人
相続人
子
子が亡くなって
いれば孫が
代襲相続人
孫
孫も亡くなって
いる場合は
ひ孫が代襲相続人に
なります
ひ孫
兄弟姉妹が相続人
被相続人
兄弟姉妹が
亡くなっていれば
甥姪が
代襲相続人
再代襲は
ありません

6
相続財産の全体を把握しておきましょう
骨董品や絵画も……

●財産には過去に贈与した財産も含まれる

もしも、今日突然相続が発生してしまったら、その亡くなった人にはどれほどの財産があったのか、把握するのが困難です。他の家族の誰かが把握していれば問題ありませんが、誰も把握していないとなると、残された家族はこれからその財産の把握に努めなければなりません。

借金がいくらあるのか、過去に贈与をしていた実績があるのかなど、マイナスの財産や過去の贈与の履歴なども把握します。さもなければ、相続税の申告が必要になる場合に正しい申告ができず、遺産分割協議の際には協議をすることができません。

不動産であれば登記簿謄本や売買契約書、預貯金であれば取引銀行などで調べてもらうこともできます。

その一方で、被相続人が契約していた生命保険の契約や、貸金庫の存在、趣味で買った高級な骨董品や絵画など、本人以外の家族が知り得ない財産や契約は保管されていた書類などから推測していくしかないかもしれません。

相続税の申告が必要な場合は、被相続人が亡くなってから10か月以内の申告が必要で、相続を放棄したいときは被相続人が亡くなってから3か月以内に相続放棄の手続きをしなければなりません。

●生命保険金や死亡退職金にも注意

被相続人の生命保険金や死亡退職金は、普通に考えればこれらの財産を受け継いだ相続人が受け取るべきであり、相続財産には、該当しないものと考えられがちです。

しかし、相続税を計算するうえでは、被相続人が保険料を負担していた生命保険金や被相続人の死亡に伴って支払われる死亡退職金は、課税の公平の見地から、相続財産とみなされます。相続税の計算の対象となりますので、このような財産の受取人がいる場合は申告漏れに注意しましょう。

相続税の申告・納付期限は10か月以内
お父さん～
哀しんでいるヒマがないわ～
相続財産の把握
不動産
預貯金
骨董品
美術品
遺産分割協議
もめる可能性あり
申告・納付

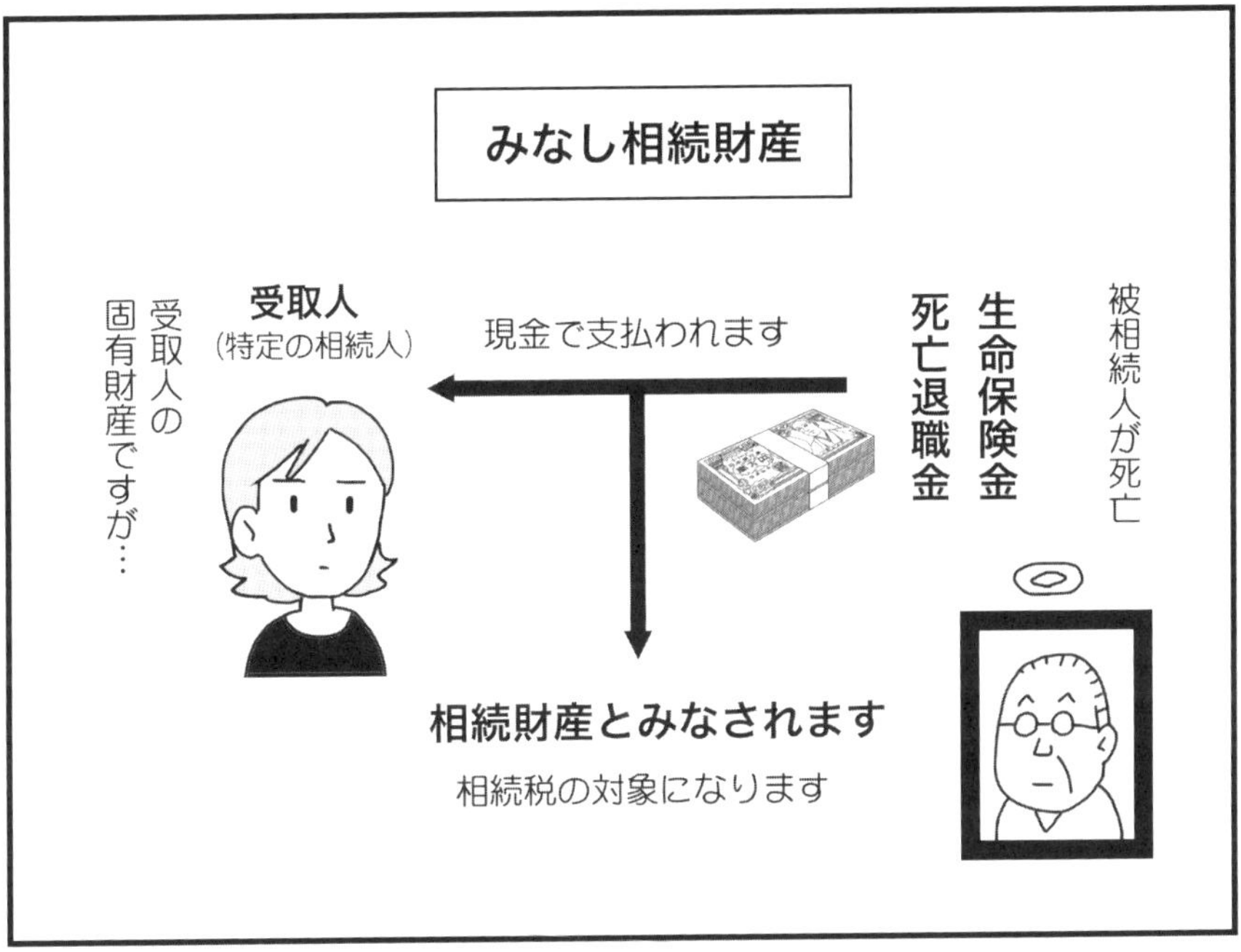
みなし相続財産
被相続人が死亡
生命保険金
死亡退職金
現金で支払われます
受取人
（特定の相続人）
受取人の固有財産ですが…
相続財産とみなされます
相続税の対象になります

7 相続税の総額を計算してみましょう

まずは被相続人の財産に対する相続税の総額を把握します

まずは、その被相続人の財産に対する相続税の総額を把握します

●相続税の計算方法

相続税は、まず、被相続人の遺産の総額を把握し、これに相続時精算課税の適用を受ける財産を合算します。このうち、仏壇やお墓などの非課税の財産や被相続人に借金があった場合などの債務、お葬式の費用などは差し引くことができます。

この差し引いた金額に、相続開始の日（被相続人が亡くなった日）の3年前までに、相続人に財産を贈与していた場合には、その財産の当時の評価額で加算します。

これらの差引後の金額から基礎控除額を控除しても残額がある場合、相続税の対象になります。

【基礎控除額】

3、000万円+600万円×法定相続人の数

基礎控除を控除した残額を「課税遺産総額」といいます。相続税額を計算するためには、この課税遺産総額を使って、次の3つのステップを踏んで計算します。

・ステップ1

まず、課税遺産総額を法定相続人が法定相続分で取得したものとして、法定相続分に応じて按分します。

・ステップ2

次に、その法定相続人ごとの取得金額に応じて、相続税の税率を乗じて、各人ごとに算出した相続税額を合算します。

・ステップ3

最後に相続税の総額を、実際に財産を取得した相続人の実際の取得金額で按分します。

遺産総額の計算のしかた

被相続人の遺産	（－）非課税財産 債務・葬式費用	
みなし相続財産 死亡保険金 死亡退職金など	相続税の対象となる遺産	（－）基礎控除額
相続時精算課税の適用を受ける贈与財産		課税遺産総額
	（＋）相続開始前３年以内に得た贈与財産	

基礎控除額 ＝

3,000万円＋600万円×法定相続人の数

遺産総額が基礎控除額以下だった場合相続税はかかりません

ステップ1

課税遺産総額 ⇒ 法定相続分で配分 ⇒ 各人の取得金額

ステップ2

各人の取得金額×税率 ⇒ 各人の税額を合算 ⇒ 相続税の総額

ステップ3

相続税の総額 ⇒ 実際に取得した税額で配分 ⇒ 各人の相続税額

8 納税対策って何？

現金がないと困ります

●相続税は亡くなってから10か月以内に申告・納付

相続は被相続人が亡くなった日（または失踪宣告を受けた日）を基準に、その翌日から10か月以内に相続税の申告と納付をしなければなりません。

納付の方法には「延納」や「物納」といった制度もありますが、原則的には「現金」による一括納付が必要となります。

受け取った財産の中に生命保険金や預貯金があれば、その相続人は受け取った財産から納税資金に充てることができます。

しかし、亡くなってから10か月以内に相続人ごとのそれぞれの納税額を把握し、納付をしなければなりません。たとえ預貯金が相続財産にあったとしても、分割協議でもめてしまい、預貯金の名義変更ができない場合は相続財産から納税資金を捻出することができません。相続人の財産から用意をする必要があります。

納税資金がたりなければ、申告と同時に延納や物納といった手続きを申請することもできますが、これはあくまで分割協議が確定し、申告書が提出できた場合にのみ認められます。

●とにかく早く遺産の把握と分割をすることが重要

生前から被相続人の財産を把握し、納税額がどのくらいになるのか、相続財産のなかから納税資金を用意することができるのかなどを把握しておけば、慌てることはありません。

もし、相続が発生してから遺産に含まれる現預金の金額が納税資金に満たないことに気づいた場合、大変です。せっかく相続した遺産の一部を売却して、納税資金に充てなければならない事態に陥るかもしれません。

そうなる前に納税額を生前からある程度把握しておきましょう。現預金の財産が納税額より不足しているのがわかれば、生命保険などを活用して納税資金の準備をすることも検討できるのです。

死んだ父の遺産は
ほとんど不動産
どうやって
分けるの？
長女
土地を
売るか？
長男
先祖代々の
土地だから
売らないで
母
遺産分割でもめていると
あっという間に10か月
相続税は
10か月以内に
申告・納付しなければ
なりません
しかも原則
現金で納付
しょうがない
貯金をおろして
払おう
生前から
財産を把握して
納税対策を
しておけば
慌てることは
ありません
財産リスト

9 相続は誰に相談すればよいの?

いろいろな専門家がいます

●そもそも何が問題なのか?

「相続」と一言にいっても、
・相続税がかかるのかわからない
・財産をどうやって分けたらいいのか悩んでいる
・相続人に会ったこともない人がいて、誰のことなのかわからない
・相続財産がどれくらいあるのかわからない
など、そもそも何が問題になるのか十人十色です。

たとえば、明らかに相続税がかかるほどの財産があるとわかっているのであれば、いかに相続人の税負担を軽減するか、生前にどんな対策をとればいいのかを検討しておく必要があります。

もしも、相続財産がどれほどあるのかわからないとしたら、まずは相続財産として申告が必要になる財産の財産目録の作成が必要です。

こんなときにまず頼りになるのは、日頃からおつきあいのある不動産業者、金融機関(信託銀行など)、生命保険会社などです。

このような事業者は弁護士や税理士、司法書士といった専門家をよくご存知なので、お困りごとに合わせて紹介してもらうとよいでしょう。

●こんなときはこんな専門家にご相談を

【弁護士】
・遺産分割でもめている
・遺言書を書きたいが書き方や残し方がわからない
・相続人がいない、相続人の範囲がわからない

【司法書士】
・不動産を所有しており不動産の名義変更が必要

【税理士】
・相続財産がどれくらいあるのかわからない
・相続税の納税が必要なのかわからない
・相続税の納付が必要な場合、誰がいくらの納税をしなければいけないかわからない

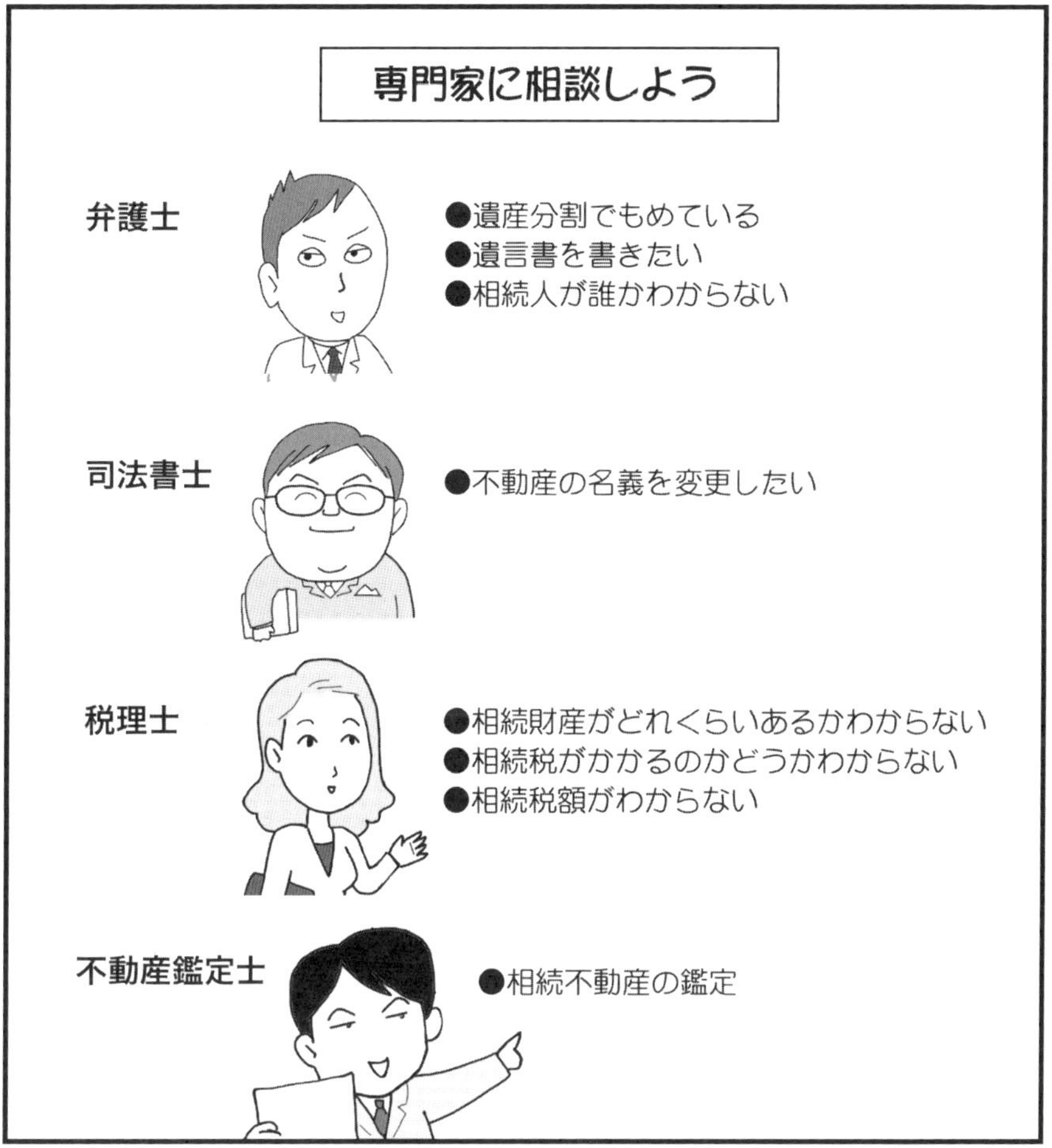
専門家に相談しよう
弁護士
●遺産分割でもめている
●遺言書を書きたい
●相続人が誰かわからない
司法書士
●不動産の名義を変更したい
税理士
●相続財産がどれくらいあるかわからない
●相続税がかかるのかどうかわからない
●相続税額がわからない
不動産鑑定士
●相続不動産の鑑定

日頃からつきあいのある金融機関
生命保険会社
不動産会社
相談してみましょう
専門家を紹介してくれます

10 相続税の調査はどんなもの？

税務調査には強制調査と任意調査があります

●相続税の税務調査はほとんどが任意調査

税務調査には強制調査と任意調査の2つの方法があります。

強制調査は、国税犯則取締法により、不正な手段を使って故意に税負担を免れた脱税容疑者に対して、国税局査察部が行います。

裁判官が許可証を発行し、国税査察官が強制的に証拠物件や書類を押収するような形で進められます。

これに対し任意調査は、通常、税務署の資産課税部門の担当者が行ないます。

納税者の提出した申告内容が正しいのかどうか確認し、誤りがあれば、指導し、是正を求めます。

相続税の調査はほとんどが任意調査で、申告書を提出してから1年～2年後に行われます。

任意といっても国税通則法に定める質問検査権が認められています。正当な理由なしに調査の行使を断ったり、偽ったりした答弁をすると罰則が科されますので、注意が必要です。

具体的に調査でポイントとなる点はいくつかあります。例をあげると「家族名義の預金」で、実際には被相続人が管理をしていた場合や、「家族名義の有価証券」で管理や配当金を受け取っていたのが被相続人である場合、生前に贈与がされていたにも関わらず申告がされていなかった場合には、各相続人の資産の形成状況なども調査の対象となります。

他にも、相続税の申告書に記載した財産の評価額は基本的には財産評価基本通達に則っているはずですが、公図よりも大幅に広い土地である場合、評価額が上がることになります。また、書画骨董などの美術品は、申告書に記載された評価額が時価より著しく低い金額であれば、やはり指摘を受ける可能性が高いでしょう。

生前の預貯金の入出金については、贈与をしたことがなければ、どのようなことに利用したのかを相続人にもわかるようにしておくとよいでしょう。

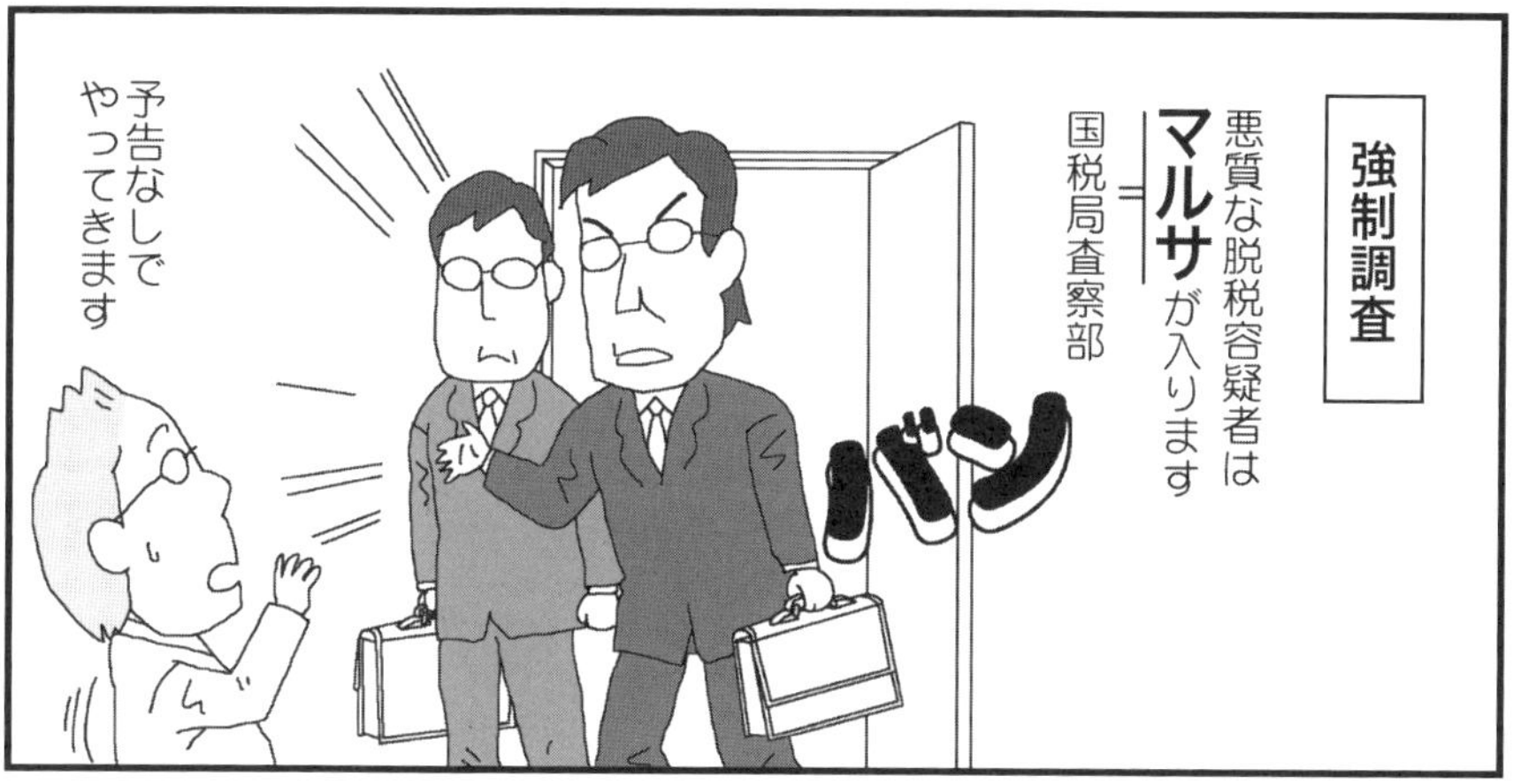
強制調査
悪質な脱税容疑者はマルサが入ります
＝国税局査察部
バン
予告なしでやってきます

任意調査
税務調査はほとんど任意調査です
税務署の人
調査のポイント
●家族名義の貯金、有価証券
証券
被相続人が管理していた場合
相続税の対象になります
BANK
知らなかった…
●生前贈与の申告漏れ
¥
●評価額が著しく低い
5000
1000

害の程度によって一定金額の障害者控除が認められています。

● 相次相続控除

短期間の間に立て続けに相続が発生してしまった場合、相続人の税負担に配慮した措置がとられています。

● 外国税額控除

被相続人の財産が日本以外の国にあった場合に、財産の所在する国の法令で、日本でいう相続税に相当する税負担しなければならない場合に、同じ財産に対して２重で税金がかけられてしまうため、このようなことがないように配慮がされています。

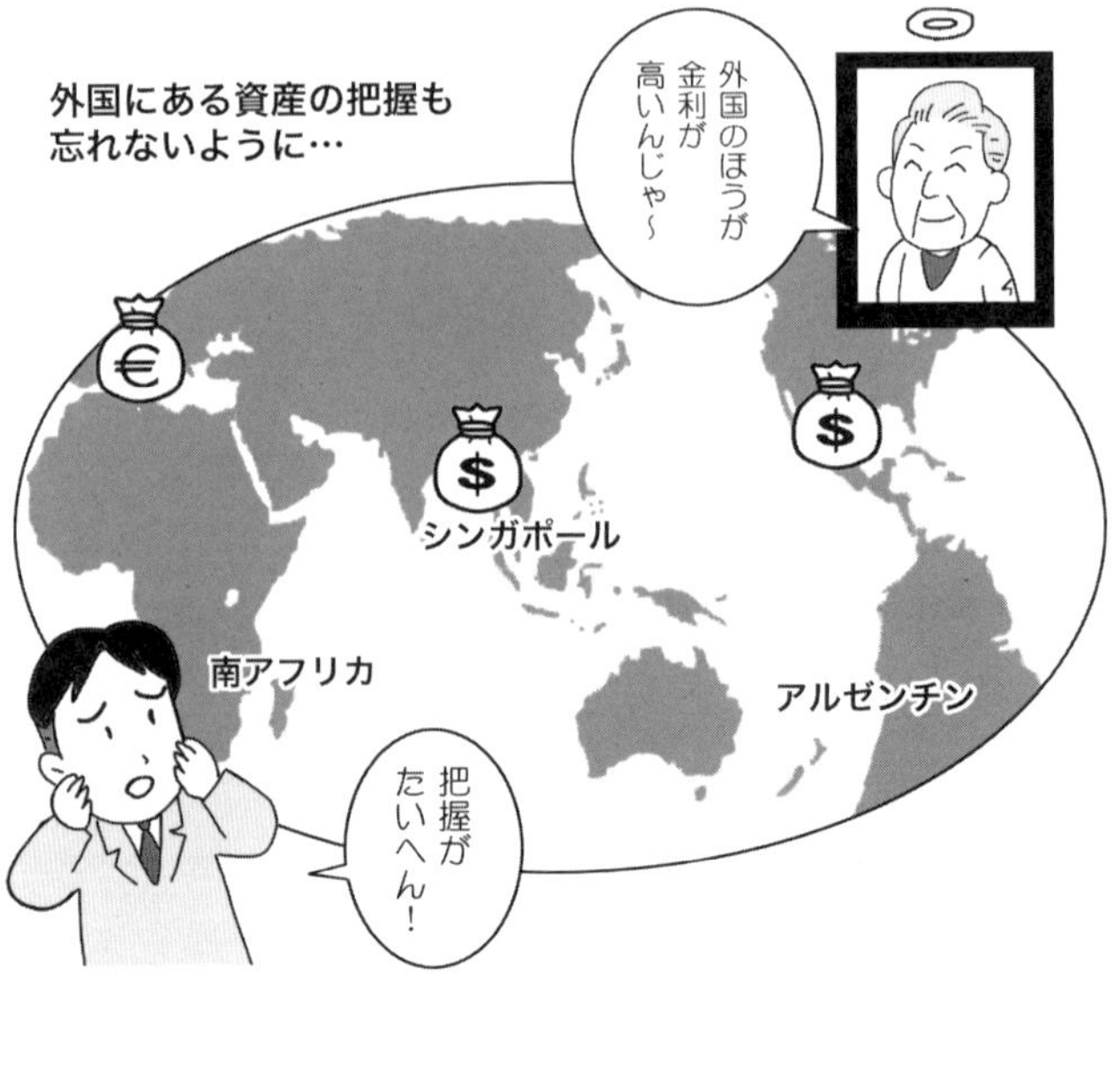

税額から控除できる税額控除の種類

各相続人の実際に負担する相続税額が算出できたら、その税額からさらに控除することができる制度があります。

● 贈与税額控除

被相続人から相続開始前３年以内に財産の贈与を受けて、課税価格に加算した場合には、その財産の贈与を受けたときにすでに納税している贈与税額があれば、この贈与税の金額を控除することができます。

相続時精算課税の制度の適用を受けて、贈与税を支払っていた場合も同様に控除することができます。

● 配偶者に対する相続税額の軽減

配偶者に対する相続税については、相続税の負担がなるべく生じないように軽減措置がとられています。

● 未成年者控除

財産を取得した法定相続人のなかに未成年者がいる場合には、その未成年者の今後の生活の保障などに配慮して、一定金額の控除が認められています。

● 障害者控除

財産を取得した法定相続人のなかに障害者がいる場合には、そうでない相続人に比べて、より多くの生活費が必要となるため、障

相続開始後の流れ

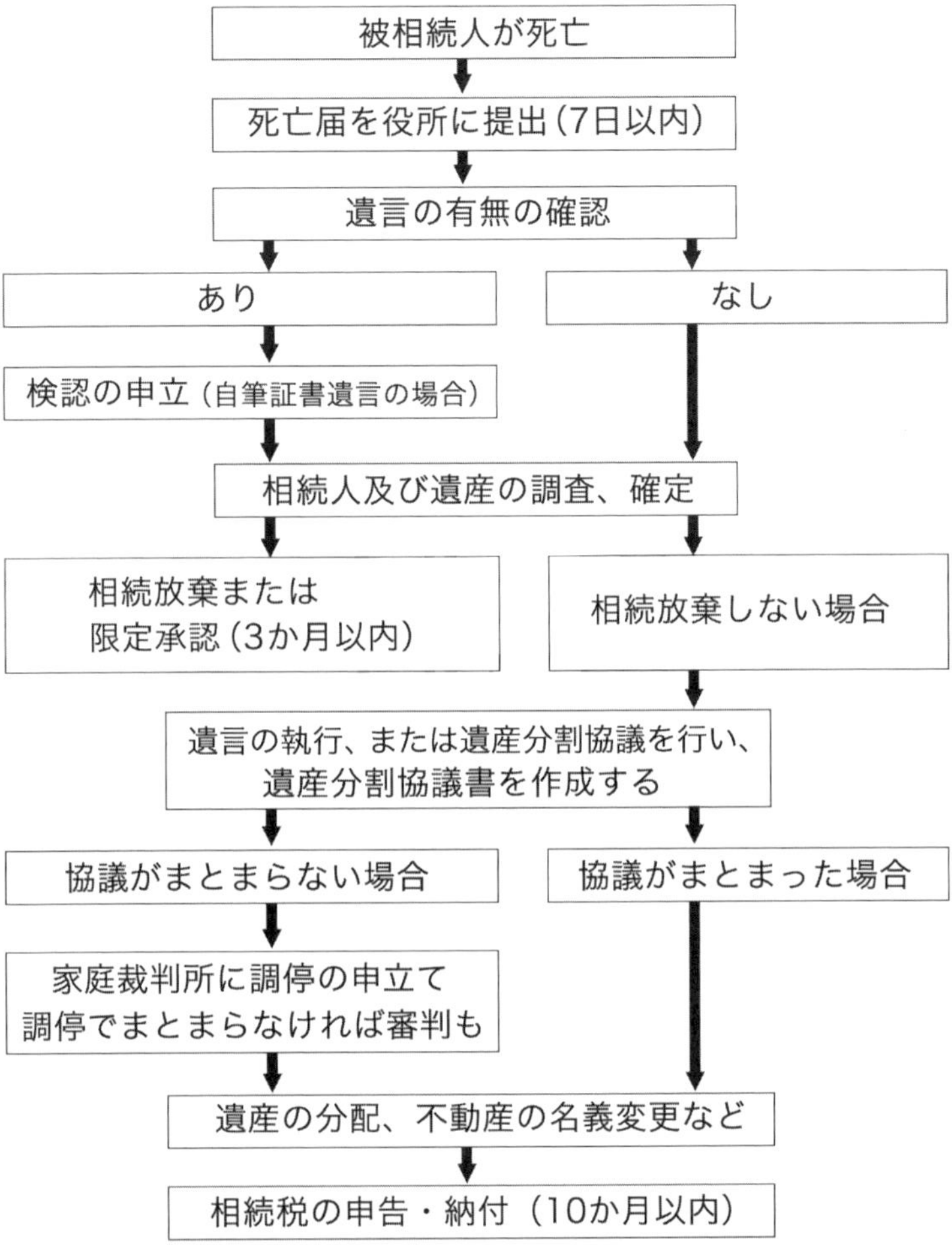

10か月以内に遺産分割協議がまとまらない場合には、法定相続分で申告して、
まとまった後に更正の請求または修正申告をすることもあります。

遺留分減殺請求（相続の開始等を知ってから1年以内または相続開始から10年以内）

第2章

生前対策と贈与

～亡くなる前にできることはたくさんあります～

1 エンディングノートを書こう！

「終活」には必須のアイテムです

●親には聞きづらい相続の話

親に相続の話をすると、「縁起でもない、俺はまだ元気だ！」なんて怒られてしまうかもしれません。

しかし、相続は残す人の気持ちがとても大切です。両親の気持ちを子供たちが確認しておくことで、自分たちの相続トラブルを防ぐことができる場合は多いのです。

では、どうやって両親の気持ちを確認するのでしょうか？ ストレートに聞きづらいなら、それとなく、聞きたいものです。

●エンディングノートを渡そう、書こう

親には、「エンディングノート」をプレゼントしましょう。エンディングノートは、治療や介護、葬儀などについて自分の希望や家族への伝言、連絡すべき知人のリストなどを記しておくノートです。生きている間に財産のことなんて話せないと思っている「子」は多いです。

一方、親の立場から見ると、「老後にどれだけ出費があるかわからないし、あてにはされたくない」「急にそのような話を子にしたら、びっくりされるかもしれない」と、考えている方もいます。

しかし、「子供に聞かれたら、話し合いはします」と、思っている親は多いようです。子から聞くようにするべきです。親が元気なうちでないと、聞けません。認知症が進んでしまってからでは手遅れです。

「今後どのように暮らしていきたいのかをまとめるもの」として前向きに書きすすめられそうなものを選びましょう。

エンディングノートを書いておけば、もしものときに若い人でも、自分の意思や希望が伝えられます。まず、自分が先に書いて、親に渡すのも1つの方法です。「これ便利だから、書いておくといいよ」と言葉を添えてプレゼントすると、より不信感を抱かれないですね。「元気に楽しく長生きしてほしいから、ここに人生設計を書いてね」と言って、渡すとよいと思います。

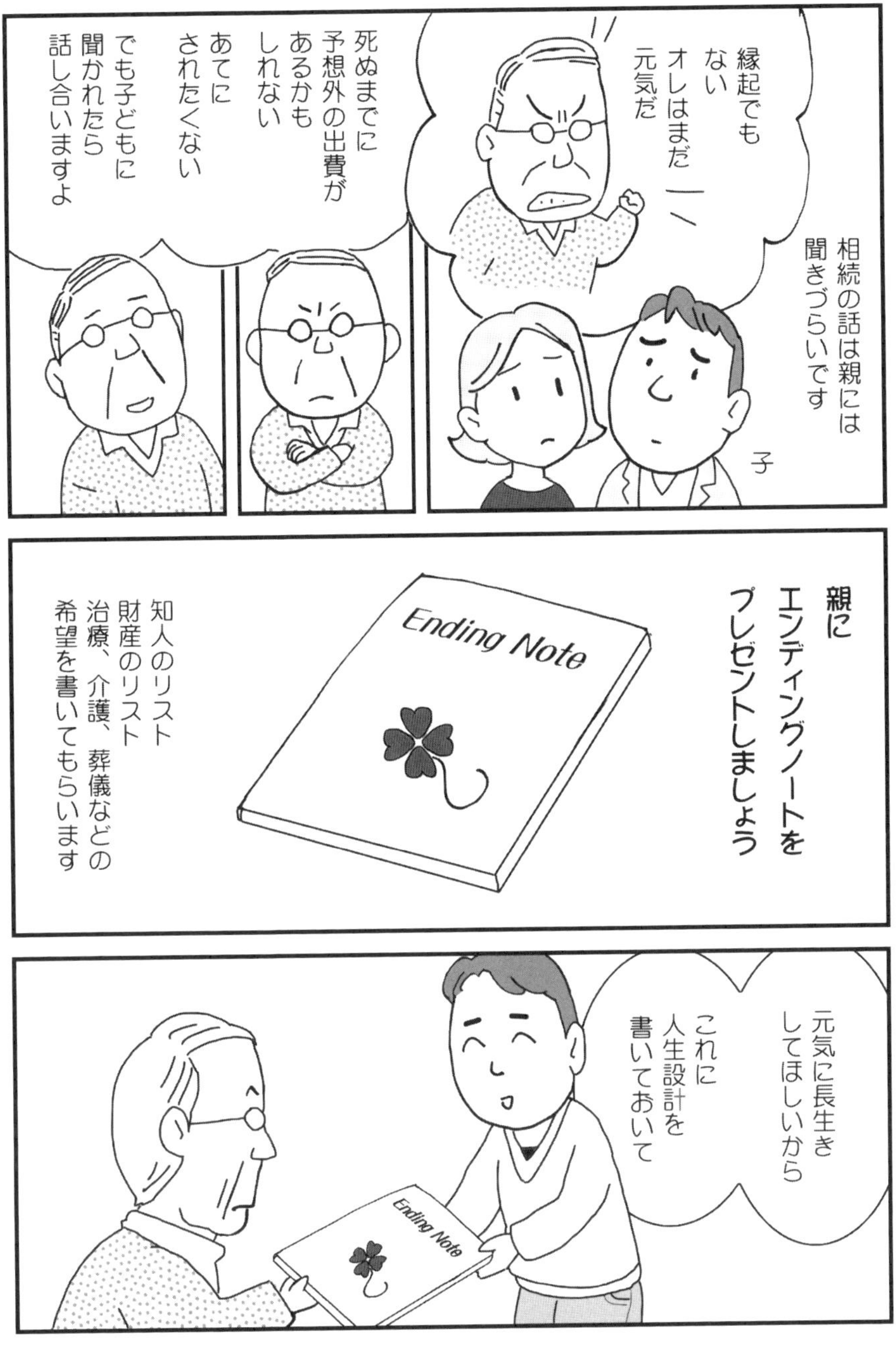
相続の話は親には聞きづらいです
子
縁起でもない
オレはまだ元気だ
死ぬまでに予想外の出費があるかもしれない
あてにされたくない
でも子どもに聞かれたら話し合いますよ
親にエンディングノートをプレゼントしましょう
Ending Note
知人のリスト
財産のリスト
治療、介護、葬儀などの希望を書いてもらいます
元気に長生きしてほしいから
これに人生設計を書いておいて
Ending Note

2 節税対策って何?

相続税は安くできます

●税金は原則現金で納付が必要

相続税に関わらず、所得税、法人税、固定資産税など、税金は現金で納めることが当たり前となっています。

ただし、相続税は現金や預貯金などの財産を受け取った場合に関わらず、相続人が遺してくれた財産のすべてが課税の対象になるのです。

土地や建物、自動車、高級な調度品などを相続した場合、財産に対する相続税の納税資金を相続人が用意しなければなりません。用意できなければ、これらの財産を売却してでも、納税資金を確保する必要があります。

もちろん、その財産が相続税の評価額よりも高く売れる可能性はあるかもしれませんが、せっかく遺してくれた財産をできるだけ守っていくには、やはり納めるべき相続税額を抑えることが重要です。

●すぐにできる節税対策

相続税を節税するには、なんといっても被相続人の持っている財産を減らしていくことです。他の相続人に財産を移すことができるかどうかがポイントになります。

そのため、生前にとれる対策はずばり、贈与です。贈与税はそもそも扶養義務のある子供への生活費や教育費の仕送りや援助にはかかりません。他にも、贈与をしても贈与税がかからないよう特例が用意されています。

・贈与税の配偶者控除
・住宅取得資金等の贈与
・教育資金や子育て資金の贈与など

また、養子縁組により法定相続人の数を増やすことで、相続税がかかるのかどうかの基準となる、相続税の基礎控除の額を増やすことができます。

法定相続人の数に含めることができる養子の数は、被相続人に実子がいる場合は1人、実子がいない場合は2人まで増やすことができます。養子の制度も活用することで、相続税を節税することができるのです。

生前にできる節税対策

生前から贈与をして、**被相続人の財産を減らしておくこと**が節税になります

●贈与税の配偶者控除

婚姻期間が20年を過ぎた夫婦間で、居住用不動産の購入をするための現金の贈与は2000万円まで控除できます

●住宅取得資金などの贈与

子や孫へ住宅資金を贈与する場合は非課税の特例があります

●教育・子育て資金の贈与

子や孫へ教育資金、子育て資金を贈与し、金融機関で一定の資金管理契約締結した場合は、非課税制度があります

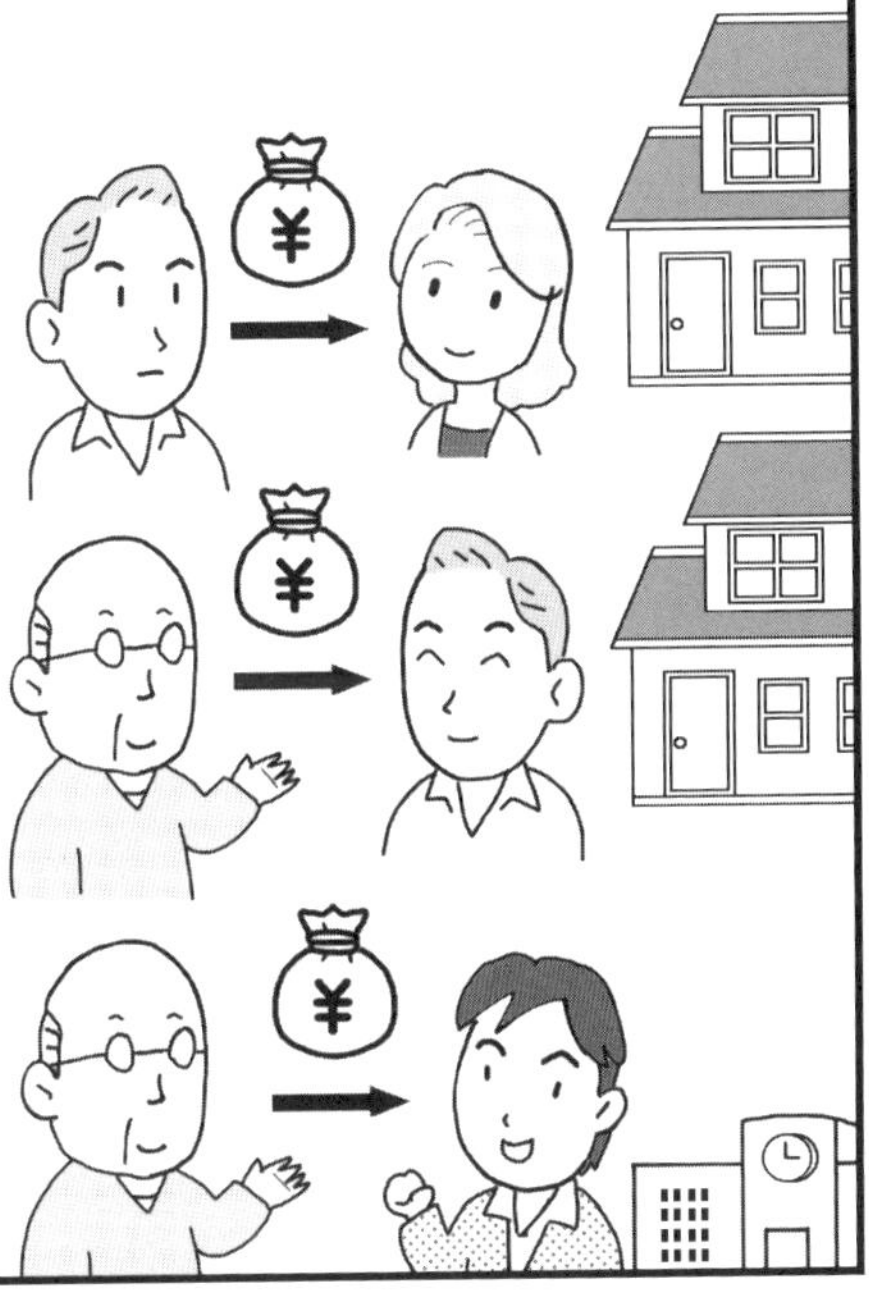

法定相続人の数を増やす

基礎控除額 ＝ 3,000万円 ＋ 600万円 × 法定相続人の数

人数が増えると基礎控除額も増やすことができます

3 なぜ、毎年110万円ずつ贈与するとよいの?

基礎控除があるからです

●贈与税の計算方法

「1年間に110万円までなら贈与をされても贈与税がかからない」と、聞いたことはないでしょうか?

ここで注意していただきたいのは、贈与を受ける側の人の財産の金額です。1年間に複数の人から贈与を受けた場合は、これらの金額をすべて合算した金額から110万円を差し引きます。たとえば5人の人から110万円ずつ贈与をされた場合は合計で550万円の財産を受けとったことになります。

この金額から控除できるのは110万円なので、差額の440万円部分には贈与税がかかってしまいます。

なお、贈与税の計算方法が暦年(1月1日から12月31日)を基準にしているので、110万円の控除は毎年受けることができます。

●贈与を否認されないために

毎年、1人の人から110万円ずつを贈与されていただけなのに、認められないケースもあります。

【「贈与をしてもらった」という認識がない】

親が管理をしている子供名義の銀行口座に、子供の将来のためにと、毎年110万円ずつ親の名義の口座から預金を移していたとします。

子供にとって、銀行口座は親が管理をしていて自分で自由に引き出せる状態にないとしたら、それはただの親の名義預金とみなされて、相続財産の対象にもなってしまいます。全く節税効果がないどころか名義預金の申告漏れにもつながりかねません。子供名義の口座を作ったのなら、口座の管理は子供に任せるようにしましょう。

【贈与契約書】

現行税制では、1人につき毎年110万円までは贈与を受けても贈与税がかかりませんが、贈与をした証拠として、贈与をした側とされた側の双方が合意を得たことを証明する贈与契約書を作成しておくようにしましょう。

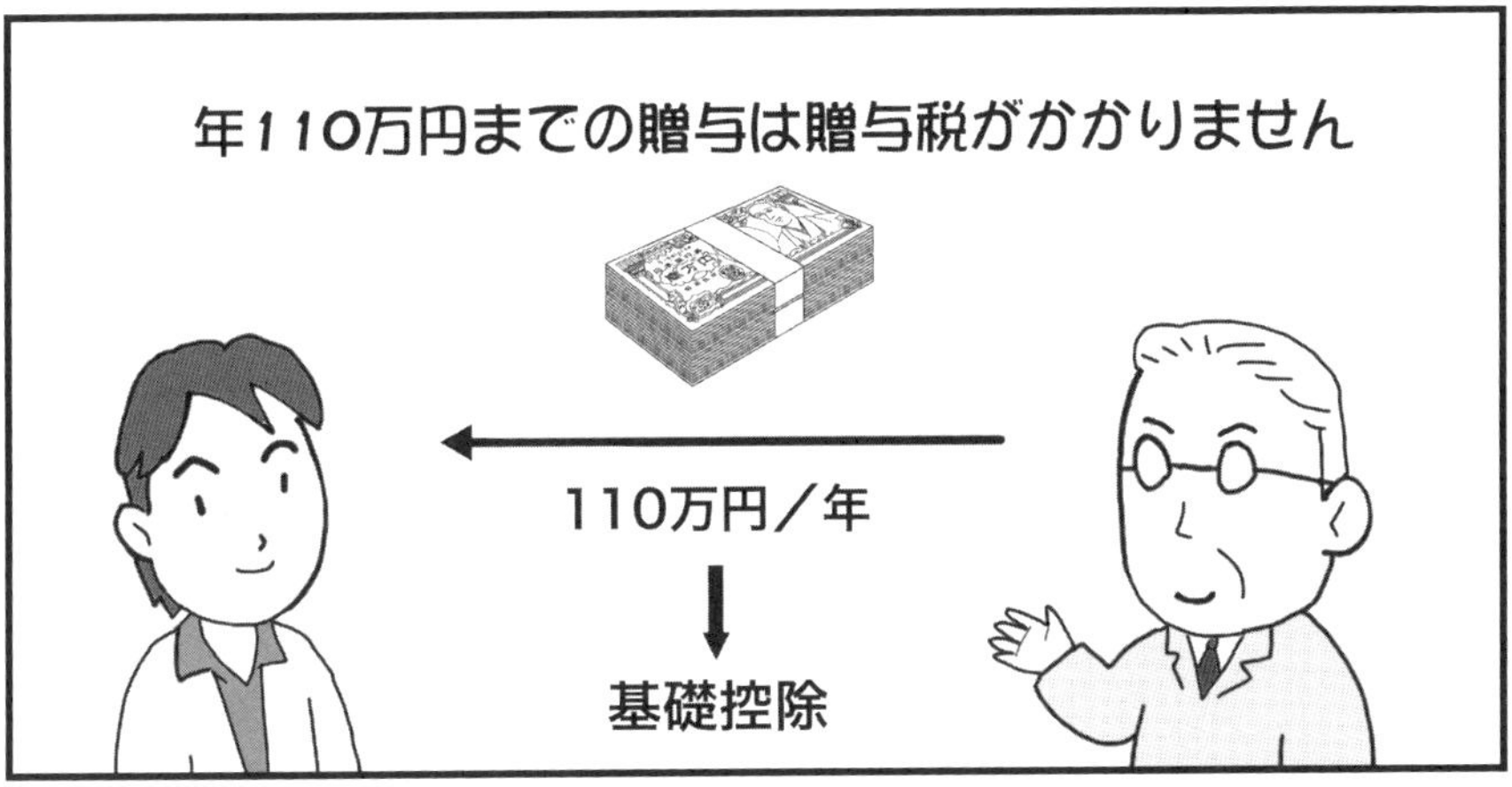
年110万円までの贈与は贈与税がかかりません
110万円／年
基礎控除

被相続人が勝手に子ども名義の貯金をしていました
毎年110万ずつ積立
え？知らなかった
親の名義預金とみなされます
口座の管理は子どもに任せましょう

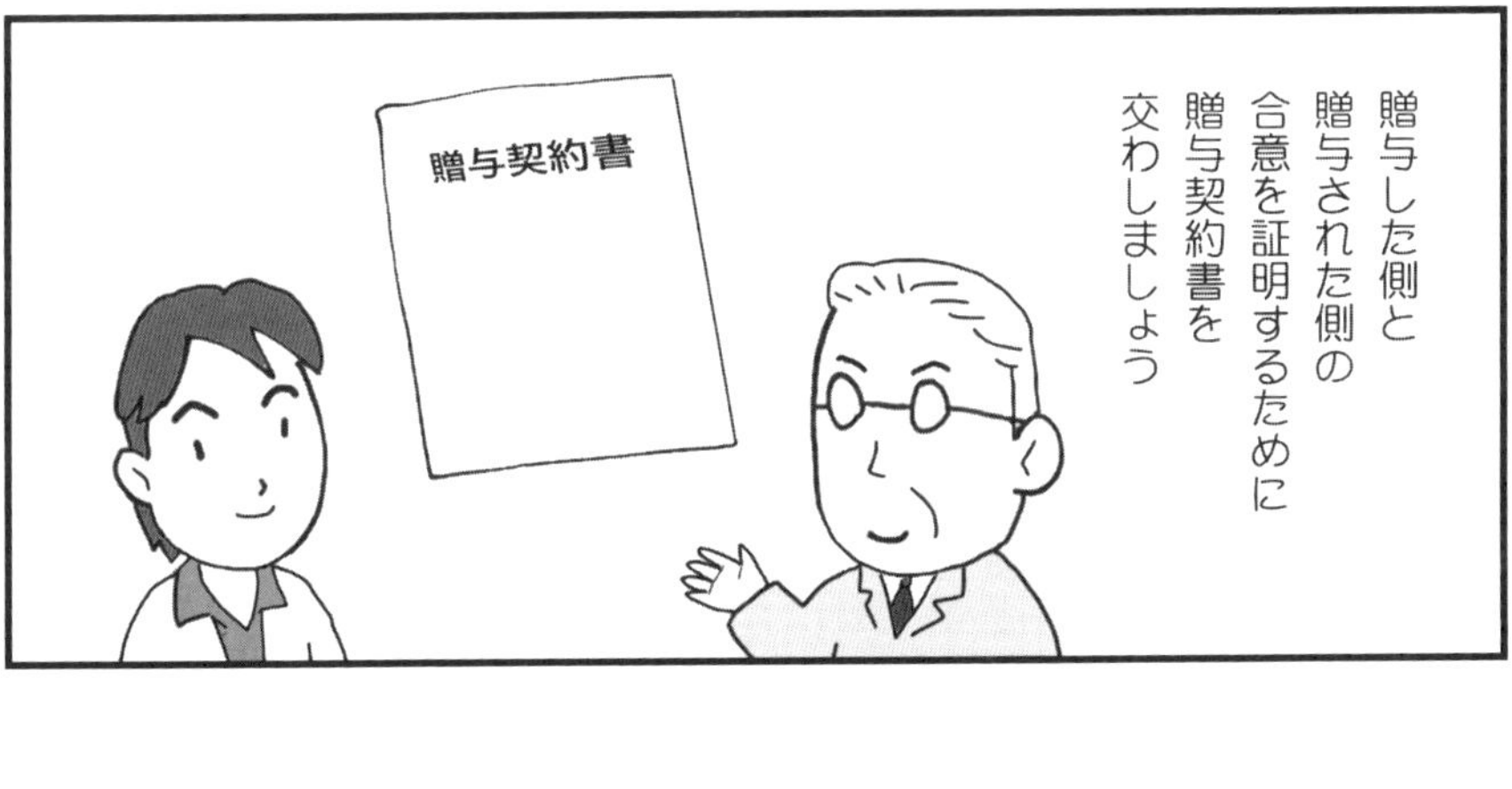
贈与した側と贈与された側の合意を証明するために贈与契約書を交わしましょう
贈与契約書

4 可愛い孫がマイホームを買いたがっている……

孫に資金をあげれば、得なことがあります

●住宅の新築等のための贈与は、大きな非課税が

可愛い孫が「家を買いたいけど頭金が……」などと悩んでいたら、相続税を下げるための生前対策として絶好の機会です。

なぜなら、2021年12月31日まで（2017年3月時点の法令に基づくもの）の間に、住宅を新築、取得、増改築などを行うために、父母や祖父母などの直系尊属から贈与を受けた資金は、暦年贈与の110万円以外にも贈与税の非課税限度額があります。つまり、その限度額までは贈与税がかからないのです。

【非課税限度額】

① 2016年1月1日～2020年3月31日までの間に住宅用家屋の取得等の契約を締結

省エネ等住宅　1200万円

省エネ等住宅以外　700万円

② 2020年4月1日～2021年3月31日までの間に住宅用家屋の取得等の契約を締結

省エネ等住宅　1000万円

省エネ等住宅以外　500万円

③ 2021年4月1日～2022年3月31日までの間に住宅用家屋の取得等の契約を締結

省エネ等住宅　800万円

省エネ等住宅以外　300万円

なお、限度額は消費税率が10％に改正された場合、変わります。

●相続開始前3年以内の贈与の加算の必要も無い

この特例の適用を受けた資金の贈与は、相続開始前3年以内の生前贈与の加算（第2章5項参照）の適用も受けなくて済みます。

このため、被相続人の生前に相続財産のなかから、子供や孫に相続税も贈与税もかけずに財産を移転することができます。有効な相続税の生前対策になります。

かわいい孫
家を買いたいけど頭金がない…
!
贈与のチャンス!

贈与税／住宅資金の非課税制度
子や孫への住宅資金の贈与は非課税になります
(2020年3月31日までの贈与の場合で最大1200万円)
おじいちゃんありがとう

かわいい孫たち
ボクもよろしく
私も
オレも
不公平にならないように活用しましょう

5 贈与で受け取った財産も相続の対象となるの？

一定のものは、相続税の対象になります

●贈与を受けた時期によっては相続財産に含めます

「相続税がかかるくらいなら、かわいい孫たちに生前に財産を贈与してしまおう」と発想する人もいるでしょう。

しかし、相続開始前の3年以内の期間にされた贈与については注意が必要です。

なぜなら、相続が発生する前（被相続人が亡くなった日）から3年以内の期間に、贈与によって受け取った財産は、相続財産とみなして相続税の申告に含めなければなりません。

ただし、この期間に贈与を受けた人の贈与財産が必ずしも該当するとは限りません。

3年以内の贈与財産の加算は、相続や遺贈（遺言で財産を無償で譲ることをいいます）によって、被相続人の財産を受け取った人が、相続税の申告をする場合に適用を受ける制度です。たとえ、生前に贈与を受けていたとしても、相続時に財産を受け取っていないのであれば、相続税の申告義務はないため、この制度の適用を受けて相続税の申告が必要になるということはありません。

この他にも、「贈与税の配偶者控除」の適用を受けている財産や、直系尊属（父母・祖父母など）からの「住宅取得資金の贈与」などで一定の要件を満たす財産は、加算の必要がありません。

●相続時精算課税の適用を受けた財産

贈与の方法には「暦年贈与」と「相続時精算課税制度」による贈与があります。

この相続時精算課税を適用して財産の贈与を受けていた相続人は、その相続時精算課税による贈与財産も相続税の対象となります。相続時精算課税の制度とは、65歳以上の親や祖父母から、20歳以上の子や孫に対して財産の贈与を行なった場合、相続時精算課税制度による贈与税の申告を行なうことで、最大2500万円まで贈与税がかからずに、財産を次の世代へ贈与をすることができる制度のことをいいます。

被相続人が亡くなる
３年前までに
贈与された財産は
相続財産になります
¥
贈与税を払っていれば
その分相続税は
減額されます

毎年１１０万円を
贈与してもらって
いました
亡くなる前の
３年分
１１０万円×３は
相続財産に
加算されます

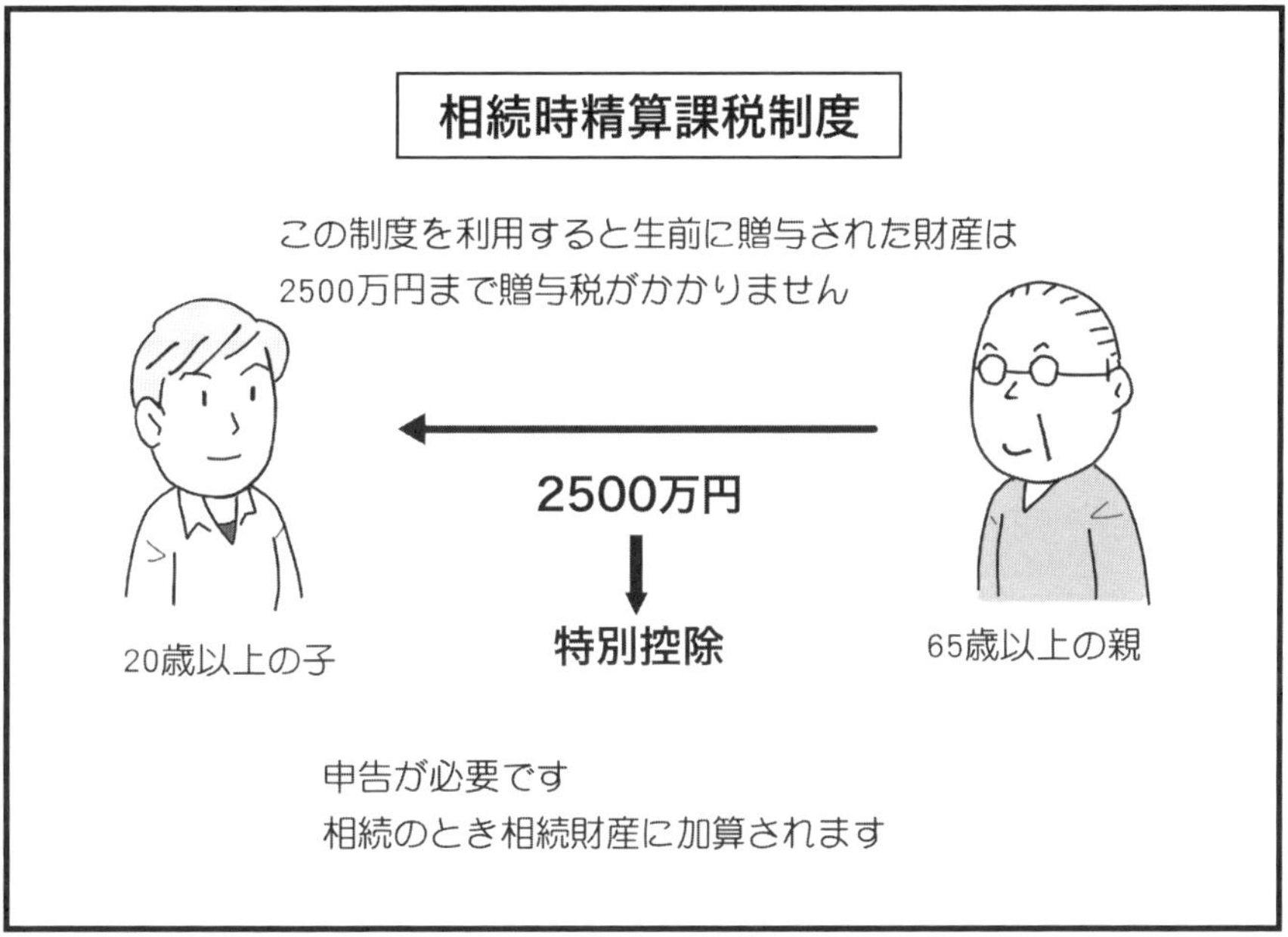
相続時精算課税制度
この制度を利用すると生前に贈与された財産は
2500万円まで贈与税がかかりません
2500万円
特別控除
20歳以上の子
65歳以上の親
申告が必要です
相続のとき相続財産に加算されます

6 事業承継はどうしたらいいの？

失敗すると事業が継続できません

●親の事業を継ぐことができるか

親が自分の事業を特定の子供に継がせたいと思っている場合には、遺産分割対策は非常に重要になります。

たとえば株式会社の場合、会社の経営権は株式という形で当然遺産になりますが、何も遺産分割対策を行っていない場合には、親が有していた株式が複数の子供に分割して相続されるというような事態になりかねません。

この場合、経営者として後を継ぐはずだった子供が思うような経営ができなくなってしまいます。法人でなくても、事業の経営に不可欠な資産（たとえば工場のある土地建物など）がある場合には、他の相続人にその不可欠な資産が相続されることがないようにしなければいけません。

そのために一番効果的なのは、遺言によって、事業を継ぐ子に、その事業の継続に必要な資産をすべて相続させるようにしておくことです。

●現金をどれだけ遺しておけるかがポイント

遺言によって事業に必要な資産をすべて相続させることとなると、他の相続人の遺留分（第3章9項参照）の問題が出てきます。

また、そもそものような公平性を欠く遺言を書くことについて、他の相続人が反対して家族の仲が険悪になることも考えられます。

このような問題を避けるには、他の相続人が納得するだけの他の財産（特に現金）を渡すことができるかが重要になってきます。

したがって、できるだけ現金あるいは現金に換えやすい財産を遺しておくべきということになります。生命保険金は、受取人を指定しておけば基本的には遺産分割の対象とはなりません（相続税の対象にはなります）。そのため、事業を継がせたい子供を受取人にすることによって現金が入るようにし、そこから他の相続人に代償金として支払うこともできます。

亡くなった親の事業
オレが継ぐよ
長男
工場の土地建物も遺産だよね
次男
相続分は現金でちょうだい
長女

株式も遺産です
株式の分配によって事業承継者は思うような経営ができなくなります

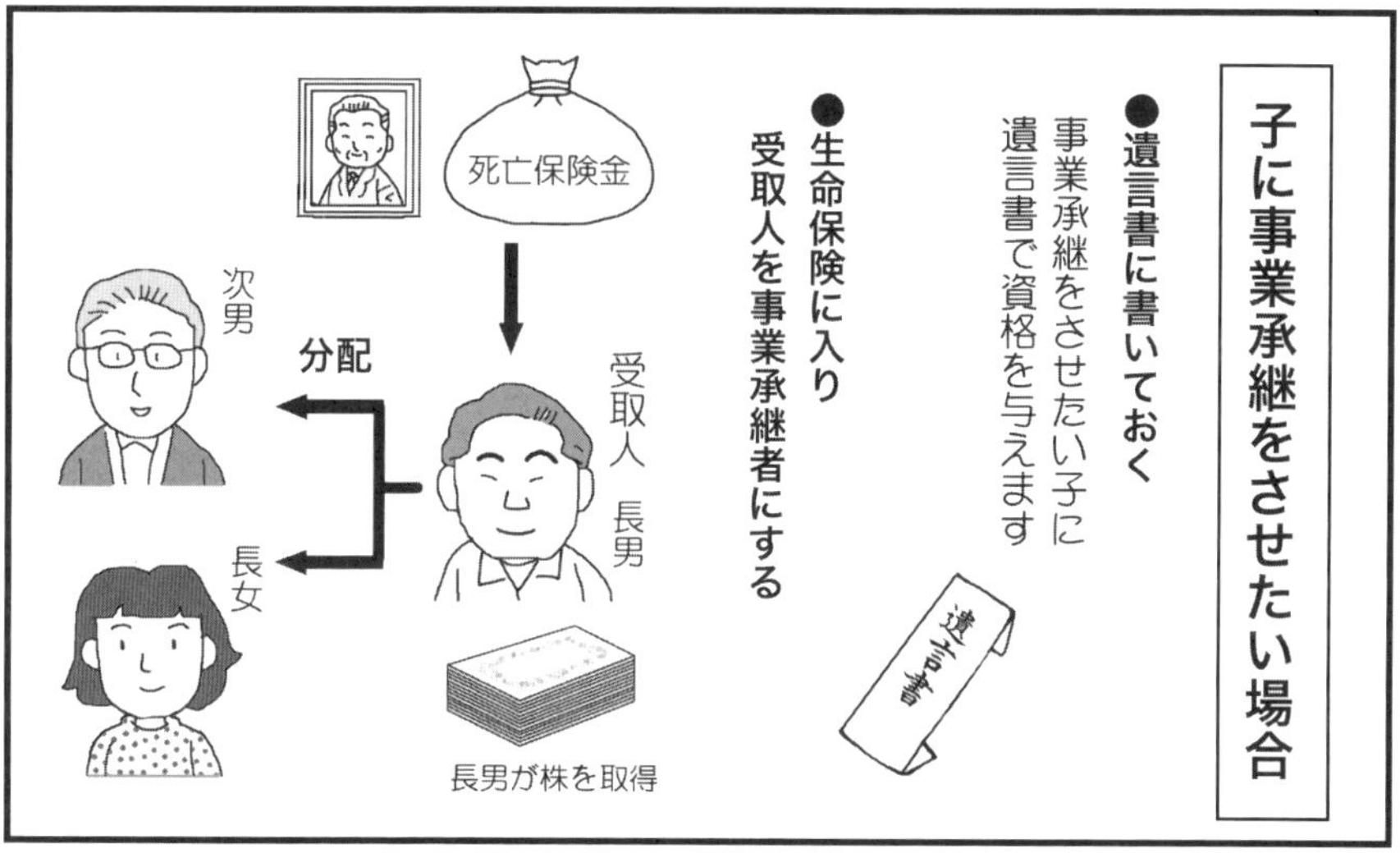
子に事業承継をさせたい場合
●遺言書に書いておく
事業承継をさせたい子に遺言書で資格を与えます
遺言書
●生命保険に入り受取人を事業承継者にする
死亡保険金
受取人 長男
分配
次男
長女
長男が株を取得

7 生きているうちに豪遊！

世界一周はどうでしょうか？

●遺産が少ない家庭ほどもめる

現金や株式などが1000万～2000万円、それに家、土地の不動産が同じくらい。合計で3000万～4000万円程度というのが、日本人が残す相続財産の「相場」といわれております。相続対策は承継対策でもあり、いかに資産を子供達に残していくかがポイントの1つです。これは親心として当然のことかもしれません。

しかし、司法統計のデータによりますと、相続でもめてしまう家庭は、遺産5000万円以下の家庭が75％となっております。遺産がそれほど多くない人ほど、子供はお金や財産を必要としているのです。

●もめる前に、使い切ってしまうのも選択肢

子供達に一銭も残さず、使い切ることも1つの選択肢です。資産を使い切ることも相続対策になるからです。資産がなくなればそもそも相続税がかからないし、分け方でもめることもなくなります。下手に資産があるからこそ残された相続人同士がケンカになるのです。そのことを考えると、何も残っていないほうが分けるものがなく、ケンカにもならず、よいかもしれませんね。

「そもそも使い方がわからない」といった声も聞きますが、使おうと思えばどんなことにも使えます。老後は長いので贅沢に使ってみてはどうでしょうか？

たとえば世界一周はどうでしょうか。豪華客船で夫婦2人、1年くらいかけてゆったり世界一周すれば素敵な思い出となるでしょう。そこまでしなくても、高級な温泉旅館に行くとか、三ツ星レストランを食べ歩くとか、楽しみはいろいろとあります。

まじめな日本人は、いかに財産を子供に遺すかを考えます。

一方、イタリア人は遺産ゼロで死ぬのが一番かっこいいといわれております。ちょっと考えを切り替えれば、もっと楽しい老後が送れるかもしれません。

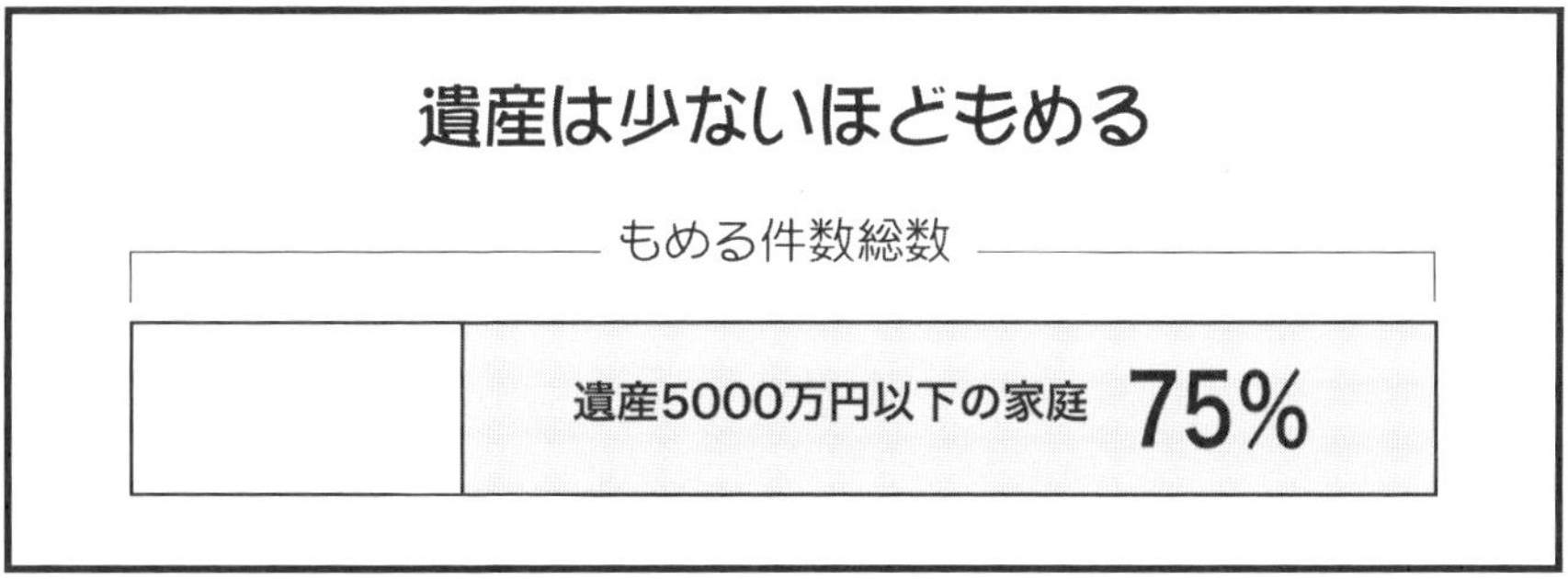
遺産は少ないほどもめる
もめる件数総数
遺産5000万円以下の家庭　75%

遺産があるから
もめるのです
いっそ使い切る
ことも選択肢です
豪華客船で
世界一周するとか…

まじめな日本人
子どもに
財産を
残したい
イタリア人
遺産ゼロで
死ぬのが一番
かっこいいと
言われています
アモーレ♥

新しい相続対策「家族信託」

「家族信託」という言葉を、聞いたことはありますか? 新しい相続対策の手法です。

信託とは文字通り、「自分の財産を、信じて、託す。」という行為です。平成19年の信託法改正により、信託銀行などでなくても、親族などで一定の要件を満たしている場合は、財産を託されることが可能となりました。

信託では、登場人物が3人います。「委託者」「受託者」「受益者」の3人です。

「委託者」は財産を託す人、「受託者」は財産を管理・処分する人、「受益者」は利益を受け取る人です。

信託は、受益者のために行われます。たとえば、「父の持つ不動産を、妻のために娘が管理・処分する」ということになります。

不動産の所有者は、父から娘となります。娘(受託者)は、父(委託者)の代わりに財産を管理します。父に代わって、財産を売ったり貸したりすることができます。ただし、売却や賃貸で得られた利益を、娘は自分で受け取ることはできません。利益は、妻(受益者)のものになります。

家族信託のメリットは、いくつかあります。たとえば、父が認知症になってしまった場合、父は自分では財産の処分ができなくなります。

一方、事前に父と娘との間で信託契約をし、父の持つ不動産の管理・処分は、娘がすべて引き受けることにしたとします。事前に契約をしておけば、娘は父に代わって、不動産の相続対策をしたり、売却をしたりということができるようになります。父の認知症が始まってから亡くなるまでの間、娘が手を打つことができるようになるのです。

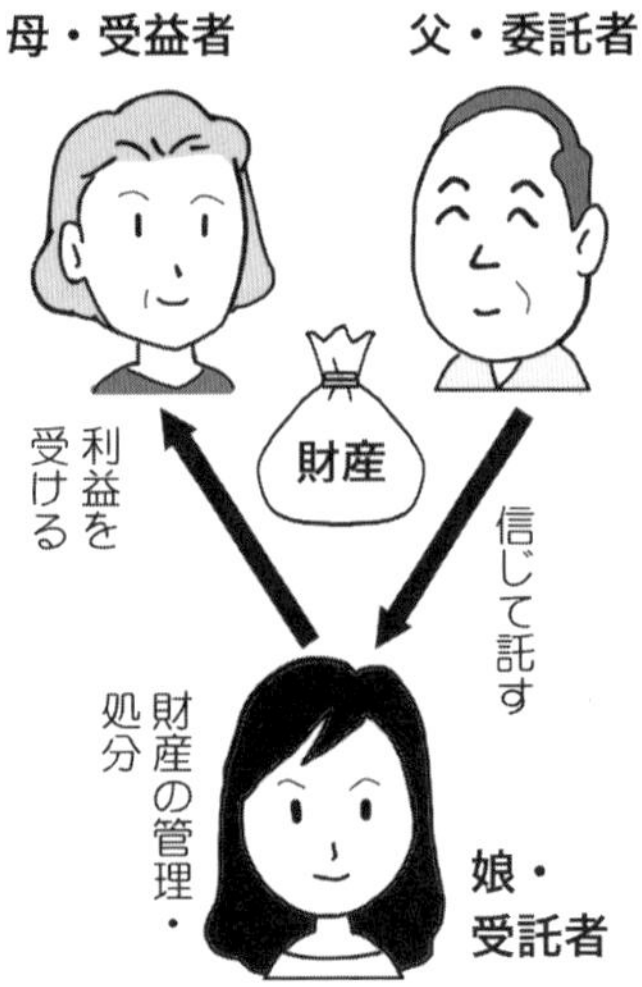

第３章

遺言

～今すぐ書くべきです～

1 遺言にはどのような種類があるの？

大きく分けて普通方式と特別方式があります

基本的には、その効力に争いが生じにくい公正証書遺言をしておくべきと考えられますが、遺言をする目的と作成にかけられる時間を考えて適切な遺言を作成すべきです。

●普通方式の遺言は3種類あります

普通方式の遺言には、遺言者が、その全文、日付及び氏名を自署し、印を押すことにより作成する「自筆証書遺言」、公正証書によって作成される「公正証書遺言」、遺言の存在は明らかにしながらもその内容を秘密にすることができる「秘密証書遺言」があります。

自筆証書遺言は、遺言者本人だけで作成できるので作成は容易ですが、要件を満たさない場合には無効となったり、偽造される危険もあります。

公正証書遺言は、公証人が関与して作成し、遺言書原本も公証人役場で保管されることになるため、無効となるリスクが低く、偽造されるおそれもありません。公証人とは、裁判官など長年法律関係の仕事をしていた人のなかから法務大臣が任命し、公正証書を作成することのできる国家機関です。

秘密証書遺言は、遺言の内容を秘密にできるメリットがありますが、利用はそれほど多くありません。

●特別方式の遺言の種類

危急時遺言と隔絶地遺言があり、危急時遺言には、疾病その他の事由によって死亡の危急に迫った者が行う「一般危急時遺言」と、船舶が遭難した場合に船舶中にあって死亡の危急が迫った者が行う「船舶遭難者遺言」があります。

一般危急時遺言は、証人3人以上の立ち会いをもって、その1人に遺言の趣旨を口頭で話し、それを受けた人がこれを筆記し、遺言者及び他の証人に読み聞かせるなどして、各証人がその筆記の正確なことを承認した後、これに署名し、印を押します。

遺言書の種類

普通方式
●自筆証書
遺言者本人が作成
簡単ですが
要件を満たさず
無効になったり
偽造の危険が
あります
●公正証書遺言
公証人が関与して作成
公証役場で保管
偽造の危険がありません
●秘密証書遺言
内容を秘密にしたまま
公証人に「存在」を
証明してもらうもの
自筆遺言書は一字でも印刷されている文字があれば無効です
公証役場
公証人
遺言書
?

特別方式
一般危急時遺言
急に死亡の危機が迫ったとき
証人３人の立ち会いのもと
口頭で遺言を残す
ことができます
証人は推定相続人、
その親族、
未成年者はなれません
オレはもうダメだ遺言を残したい

2 遺言書はいつ書いたらいいの？

いつでも書けると思っていると…

●まだまだ元気だから大丈夫？

遺言書はいつ書いたらよいのでしょうか？

法律上は15歳以上という制限があるだけで、いつ書くべきかという指定はありません。まだまだ体も元気だし、書くつもりはない、そんなふうに思っていませんか？

ところが、遺言をするには、遺言能力というものが必要です。たとえば、泥酔して自分の行為の結果を理解するだけの能力がないときに土地の売買契約をしても無効となるのと同様、遺言も自分の行為の結果を認識するだけの能力が必要です。

もちろん、泥酔しているのなら、酔いが覚めてから改めて書けば問題ないですが、認知症などの脳の病気になった場合はどうでしょう。気づいたときには遺言能力もなくなっていたということも考えられます。

●怖いのは不慮の事故や突然の病気

認知症の場合は、急激に症状が進行しない限り、その兆しが出てから急いで書けば、遺言書としては有効と判断されることもあるでしょう。

本当に怖いのは、交通事故などの不慮の事故や脳梗塞などの突然の病気です。亡くなった場合はもちろん、幸い亡くならなくても脳に障害が残れば、遺言能力がなくなってしまうこともあります。

こうなってしまっては、もう有効な遺言書は作成できません。危急時遺言というものもありますが、これができるのは極めて限定的な場合です。「生前は私にすべての財産を残すと言っていたのに」といくら主張しても遺言書がなければ意味がありません。

このように遺言書は、今すぐ書くべきなのです。遺言能力がある限り、遺言書の書き直しはいつでもできます。不慮の事故や病気はいつあなた自身やあなたの大切な人に起こるかわかりません。

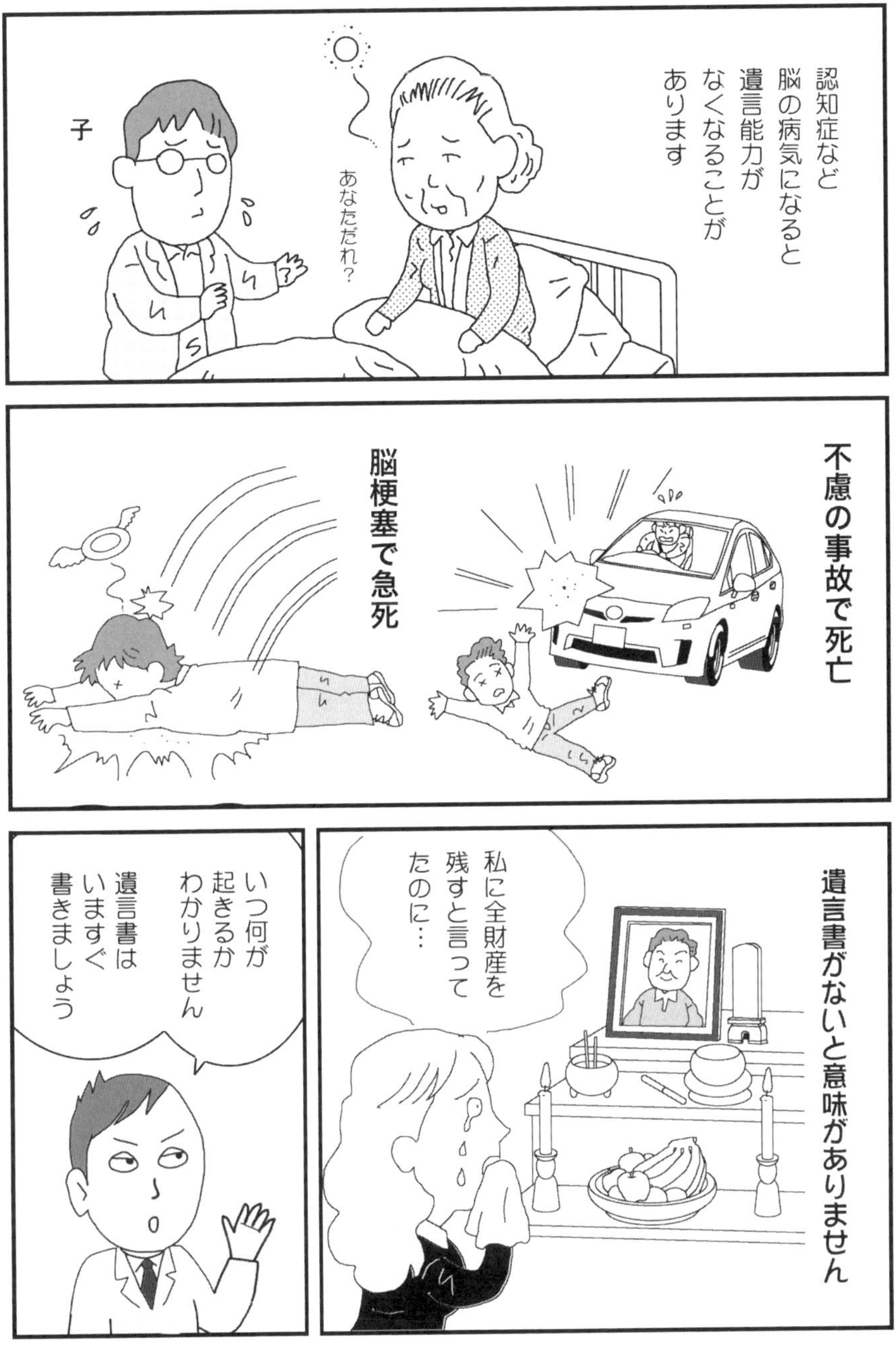

認知症など脳の病気になると遺言能力がなくなることがあります
あなただれ？
子
不慮の事故で死亡
脳梗塞で急死
遺言書がないと意味がありません
私に全財産を残すと言ってたのに…
いつ何が起きるかわかりません遺言書はいますぐ書きましょう

3 遺言書が2つ出てきた！

内容が抵触するときには後の遺言が有効に

●複数の遺言が存在する場合

遺言は、遺言者の最終意思を尊重するものですから、日時が異なる2つの遺言がある場合には、後に書かれた遺言が優先します。

もっとも、前の遺言を失効させなければ、後の遺言の内容を実現できない程度に内容が矛盾している場合（前の遺言が後の遺言と抵触するとき）でなければ、どちらの遺言も有効となります。

たとえば、まず高齢の夫が、「妻に遺産をすべて譲る」との自筆証書遺言を作成しました。その後に、「夫の死後は土地家屋の現状を維持するとともに、妻の死後はその売却代金を子供らに一定の割合で与える」旨の自筆証書遺言を作成したという事例があったとしましょう。

後の遺言は前の遺言を前提に、妻が死亡後の遺産分割の方法について指示したものであるとして、2つの遺言書の間に抵触はなく、2つの遺言書とも有効であると判断されています。

また、有効な遺言書である限り、遺言書の方式（公正証書遺言と自筆証書遺言など）によって優劣の差はありません。

●遺言書を破棄した場合

遺言者が故意に遺言書を破棄したときは、破棄した部分については、遺言は撤回されたものとみなされます。そのため、後から作成された遺言書を遺言者が故意に破棄した場合には、内容が抵触していても前の遺言が有効となります。

もちろん破棄は遺言者自身あるいは遺言者の意思に基づくものである必要があります。遺言を発見した相続人が自らに不利な内容の記載のある遺言書を破棄した場合には、相続人の欠格事由となり、さらに犯罪にもなります（私文書毀棄）ので、注意が必要です。

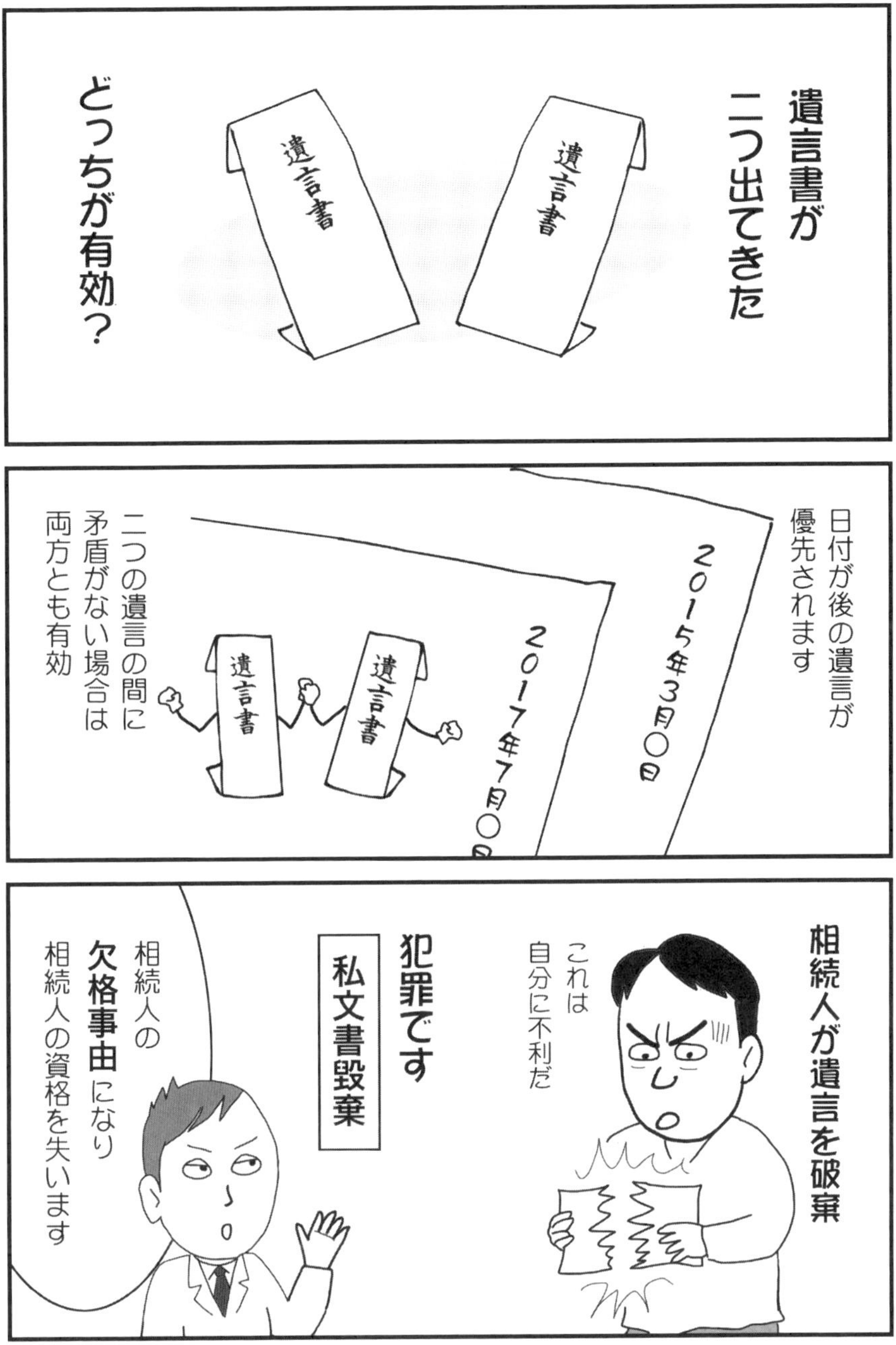
遺言書が
二つ出てきた
遺言書
遺言書
どっちが有効？
日付が後の遺言が優先されます
2015年3月〇日
2017年7月〇日
遺言書
遺言書
二つの遺言の間に矛盾がない場合は両方とも有効
相続人が遺言を破棄
これは自分に不利だ
犯罪です
私文書毀棄
相続人の欠格事由になり相続人の資格を失います

4 遺言を書いたのに子供が先に亡くなった

遺言書の書き直しなどを検討すべきです

●その遺産は誰に行くのか

ある遺産を特定の相続人に相続させるという遺言については、特段の事情がない限り、「遺産分割方法の指定」とされています。この場合、当該遺産は被相続人の死亡の時に相続により当該相続人に承継されるとされています。

しかし、当該相続人（本設例の場合は子供）が被相続人より先に亡くなってしまった場合は、どうなるのでしょうか？

当該相続人のさらに子供（孫）が代襲相続して、当該遺産を当然に取得するのでしょうか？

これについては判例で、「遺言者が、先に亡くなった相続人の代襲者その他の人に遺産を相続させる旨の意思があったとみるべき特段の事情がない限り、その効力を生ずることはない」とされています。つまり、孫がその遺産を取得できるとは限りません。

そのため、当該遺産について、相続人の間で遺産分割協議を行う必要があります。

●再度の遺言書の作成や予備的遺言も

そこで、財産を遺そうとした子供が先に亡くなってしまった場合には、再度その子供以外に誰に遺すべきなのかを考えて、遺言書を作成すれば問題がありません。もっとも、再度遺言書を作成するときにしっかりとした判断ができる（遺言能力がある）保証はありません。

そのため、あらかじめ子供が先に亡くなった場合に備えて、予備的遺言というものをしておくことも考えられます。

たとえば、「万が一、遺言者より先に長男○○が死亡したときは、遺言者は、前条記載の財産を遺言者の次男△△に相続させる」と記載することが考えられます。

遺言書を書くときにこのことも念頭に置いておきましょう。

相続させたい人物が先に亡くなった場合
遺言書
長男の○○○に
左記財産を相続させる
長男が先に亡くなりました
長男の子は遺言にある財産が相続できるとは限りません
この場合は再度遺言書を書き直しましょう
子が先に亡くなる場合に備えて予備的遺言書を作成しておくこともできます
遺言書
万が一遺言者より先に
長男○○が亡くなった場合は
前条記載の財産を
次男△△に相続させる

5 遺言は勝手に開けていいの？

公正証書遺言以外は、勝手に開けてはいけません

●遺言書の検認・開封

被相続人の自宅に遺言書が保管されているような場合には、相続人としては、早く遺言書の内容を知りたいので、すぐに開けてしまうこともあり得るでしょう。

しかし、公正証書遺言以外の遺言書は、遺言書の検認という手続を経る必要があります。検認に先立ち、封印のある遺言書については、相続人またはその代理人立会いのもとで家庭裁判所における開封が義務づけられているのです。

これに反して家庭裁判所外において開封した者は、5万円以下の過料に処せられます。

遺言書の検認は、遺言書の偽造・変造を防ぎ、かつ遺言書を確実に保存するための検閲・認証手続です。検認の請求を受けた裁判所は、遺言の方式に関する一切の事実を調査し、遺言書の外部的状態を検閲・認証して、検認調書を作成します。

検認手続が終了したときは、家庭裁判所は、検認に立ち会わなかった相続人等関係者に検認した旨を通知することになります。

●勝手に開けた場合には遺言書は無効になるの？

もっとも、家庭裁判所においてきちんと検認を経ずに勝手に開けてしまったからといって、それだけで遺言書が無効になるということではありません。

ただ、開封してしまった者に有利な内容が記載されているような場合には、遺言書の偽造や変造を疑われてしまうような場合もあるでしょう。ですので、無用な争いを防ぐためにも、封印のある遺言書については、必ず未開封のまま家庭裁判所に提出しましょう。

遺言者としても、相続人がうっかり開封しないように、遺言書の封筒に「開封せずに家庭裁判所に提出すること」と記載しておいたほうがよいでしょう。

長患いの父親
遺言書に何て書いてあるのかしら
確か金庫に入っているよ
姉
弟
勝手に見ていいの?
見るだけだもの いいわよ
ダメです
封印のある遺言書は相続人またはその代理人の立ち会いのもとで家庭裁判所で開封しなければなりません
封
家
裁判所
勝手に開封すると偽造を疑われますよ
5万円以下の過料が課せられることもあります
まだ開けてないわよ

6 遺言書の内容があいまいなのですが……

あいまいな遺言はトラブルの元

●あいまいな内容の遺言が有効か

あいまいな内容の遺言については、形式的に判断するだけでなく、作成当時の事情や状況などを考慮して、遺言者の真意を探り、遺言を解釈すべきであるとされています。遺言書の文言以外の諸事情も考慮することが許されています。

しかし、遺言書の文言以外の諸事情を考慮することが許されるといっても、遺言書の文言からかけ離れた解釈が許されるわけではありません。厳格な要式性が要求される遺言書においては、あくまで遺言書以外の事情は、補助的な解釈資料であると考えられます。

そのため、結局のところ、あいまいな内容の遺言書の解釈については、個別の事案に応じて判断されているのが実情です。

●あいまいな内容を書かないのが一番

たとえば、「○○に財産をすべてまかせる」という遺言書については、「財産をすべて○○に相続させる」という意味にも、「○○に遺産分割手続を行ってほしい」という意味にもとらえられ、裁判例においても、個別の事情に応じて判断は分かれています。

公正証書遺言の場合は、専門家である公証人が被相続人の意向を確認しながら作成するため、あいまいな表現が使われることはほぼありません。

遺言者が単独で作成する自筆証書遺言に、「まかせる」のようなあいまいな表現が多く見られます。

とはいえ、何があいまいな表現かは、普通の人ではわかりにくいでしょう。

自筆証書遺言で作成する場合にも、必ず弁護士など法律の専門家のチェックを受けて、あいまいな表現をなくすことが一番です。

あいまいな内容の遺言で相続人を困らせたり、無用な争いが起こらないようにしましょう。

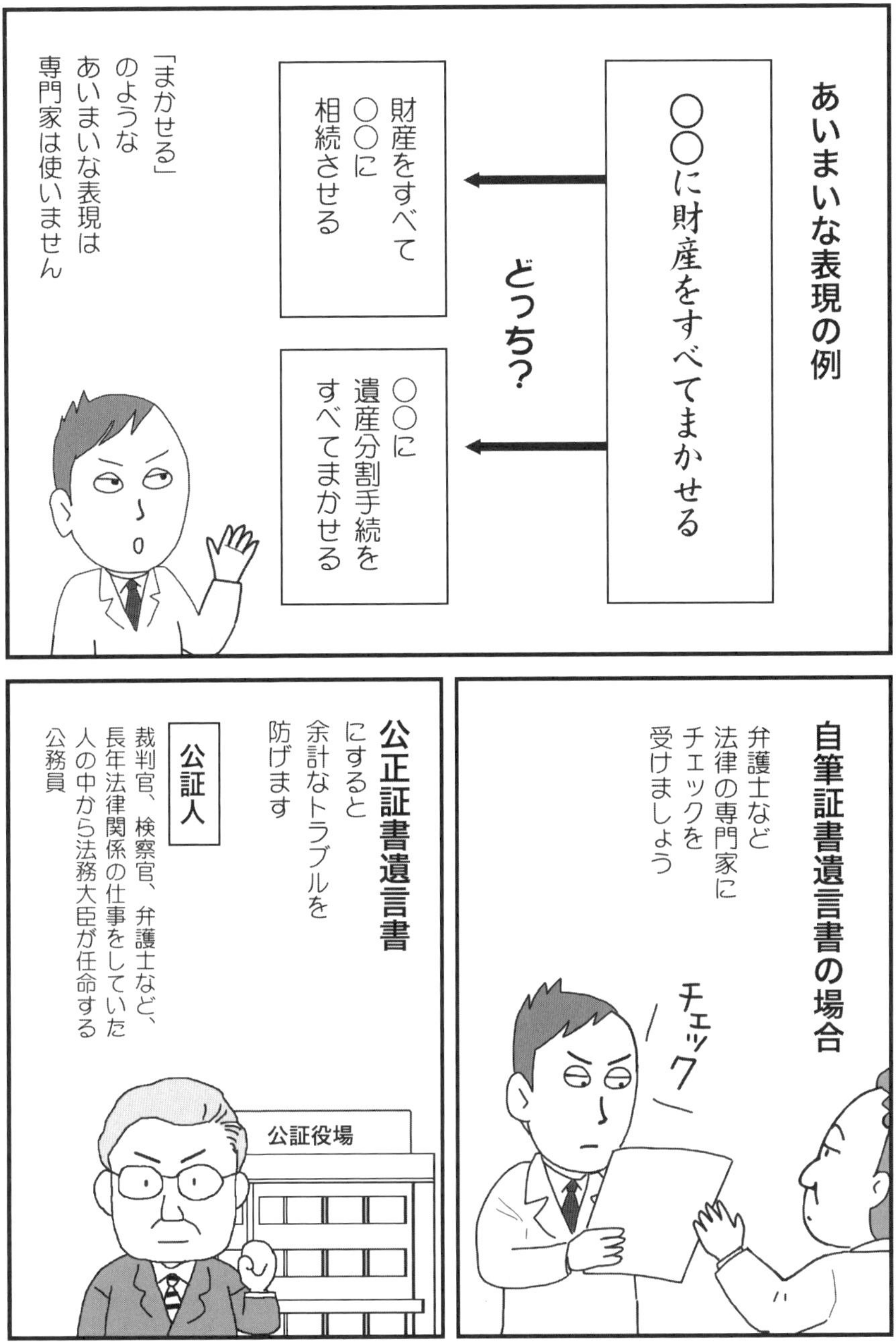
あいまいな表現の例
○○に財産をすべてまかせる
どっち？
財産をすべて
○○に
相続させる
○○に
遺産分割手続を
すべてまかせる
「まかせる」
のような
あいまいな表現は
専門家は使いません
自筆証書遺言書の場合
弁護士など
法律の専門家に
チェックを
受けましょう
チェック
公正証書遺言書
にすると
余計なトラブルを
防げます
公証人
裁判官、検察官、弁護士など、
長年法律関係の仕事をしていた
人の中から法務大臣が任命する
公務員
公証役場

7 ペットの犬に財産を遺したいのですが……

ペットは相続できません

●ペットも財産を取得できる?

ペットをわが子同様に可愛がっている人たちは少なくありません。自分が亡くなった後もペットがそれまでと変わらず生きていけるよう、自分の財産をペットに遺そうと考える方もいるでしょう。

しかし、ペットは人ではなく、日本では私法上の権利義務の主体となる資格(「権利能力」といいます)がないため、ペットに財産を遺すことは不可能と考えられます。

そのため、仮にペットに財産の全部を相続させるというような遺言書を作成したとしても、その遺言は法律上の効果を生じませんので、注意が必要です。

●それでもペットが心配な場合にどうするか

財産を取得できないとしても、飼い主の意思としては自分が亡くなった後も、ペットが健康に生活してほしいというのが一番でしょうから、そのためには、負担付贈与や信託を利用することが考えられます。

負担付贈与は、遺産を譲り受ける受遺者に対して、一定の法律上の義務を負わせた上で遺贈を行うことです。遺言書において、ペットを飼育してほしい人に財産を遺贈すると共に、その人に対してペットの介護扶養を義務づけることになります。

信託とは、契約や遺言によって、他人に一定の目的で財産の管理や処分を託すことです。

そのため、ペットについても、自分が亡くなった場合に(あるいは亡くなる前から)財産を信託銀行等に預けて管理してもらい、自分の代わりにペットの世話をしてもらえる人を指定し、その人が定期的に信託銀行等からペットの飼育に関する費用や報酬を受領することが考えられます。

負担付贈与も信託もきちんと内容を定めておく必要がありますから専門家に相談しておきましょう。

この子は
家族と同じ
財産を
残したいの
ペットは
権利能力が
ないので
相続できません
自分の死後の
ペットの飼育が気になる場合
負担付贈与
遺言書にペットを
飼育して欲しい人に
財産を遺贈
ペットの世話を
義務づけるもの
遺言書
承知
しました
信託
財産を信託銀行に預けて
管理してもらう
ペットの世話をする人が
定期的に費用や報酬を
受け取るもの
この子を
ヨロシク

8 こんな遺言は、いやだ！

相続人が困らないようにしましょう

●遺言書は正確に作成しなければいけません

遺言書にはいくつかの方式があることは既に説明したとおりです。

しかし、そもそも、きちんと作成のルールを守っていなければ、遺言書として有効となりません。公正証書遺言であればそれほど問題が生じませんが、自筆証書遺言で作成する場合は、特に専門家にチェックしてもらうことがない場合も多く、注意が必要です。

記載の要件を満たしていたとしても、遺言書の記載内容があいまいだったり、読み取れないような字で書かれていては困ります。

また、そもそも遺言書の存在自体、相続人に気づいてもらわないと意味がありませんから、あらかじめ相続人に遺言書の保管場所を伝えておくか、少なくとも被相続人の死後容易に発見できるようなところに保管しておく必要があるでしょう。

そして、特定の相続人に遺産を集中させるような遺言の場合には、何も理由がないと他の相続人にとって納得がいかないかもしれません。

そのような場合には、なぜそのような内容にしたのか説明するよう、文言を書き加えてもよいかもしれません（付言事項といって、相続人間の争いを防ぐことに役立つこともあります）。

●古すぎる遺言書は注意

遺言書は亡くなるどれだけ前に作成しても（15歳以上で作成していれば）有効です。

しかし、作成して何年も経過してしまうと、そもそも遺言書記載の遺産の内容自体が現在と異なっていたり、遺産の分配について遺言者の現在の希望とは異なっていることもあります。

ですので、遺言書は、数年に一度は見直したり、重要な財産に変動があったような場合には、その都度書き直すことを検討すべきでしょう。

こんな遺言はいやだ！
●文字が読めない
●どこにあるかわからない

●特定の相続人に遺産が集中している
遺言書
○○に全財産を相続させる
納得できない
付言事項（理由など）を書いておきましょう

●古過ぎる
遺産の内容が現状とぜんぜん合わない
遺言書は数年に一度は見直しましょう

9 「遺留分」って何？

一定の法定相続人が最低限もらえる分

●「遺留分」とは？

遺留分とは、一定の法定相続人に保証される相続財産の一定割合のことです。

たとえば、被相続人が亡くなる直前に相続財産のすべてを第三者に贈与してしまったり、法定相続人のなかの1人に相続財産をすべて遺贈する旨の遺言書が作成されていた場合、他の法定相続人の相続権は著しく侵害されることになります。

そこで一定の法定相続人に最低限の相続権を確保させるため、遺留分制度が定められています。

なお、「遺贈」とは、被相続人が遺言書によって特定の人に財産を与えることで、法定相続人以外にも与えることができます。

遺留分を有するのは、配偶者、子、直系尊属です。遺留分割合は、直系尊属のみが相続人であるときは、被相続人の財産の3分の1、その他の場合には被相続人の財産の2分の1とされています。

たとえば、法定相続人が配偶者と子2人であり、第三者にすべて遺贈されてしまった場合には、配偶者は4分の1、子はそれぞれ8分の1ずつの割合で遺留分（個別的遺留分）があります。もっとも、「あなたはもらい過ぎだから減らしますよ」と主張する（「減殺請求」といいます）かどうかは、遺留分権利者の自由ですので、遺留分減殺請求がなされないこともあります。

●遺留分減殺請求の方法

遺留分減殺請求権は、相続の開始及び減殺すべき贈与または遺贈があったことを知ったときから1年、知らなかったとしても、相続開始のときから10年を経過したときには時効消滅するため、注意が必要です。

遺留分減殺請求権は、受遺者に対して減殺請求の意思表示をすることによってその効力が発生します。ですので、減殺請求の事実が争われないように内容証明郵便を利用して通知することが一般的です。

遺言書
次男○○○に全財産を相続させる
次男
法定相続人は遺留分が保証されています
亡くなる直前に第三者に全財産を贈与
被相続人
第三者
財産
納得できない
長男
長女
配偶者

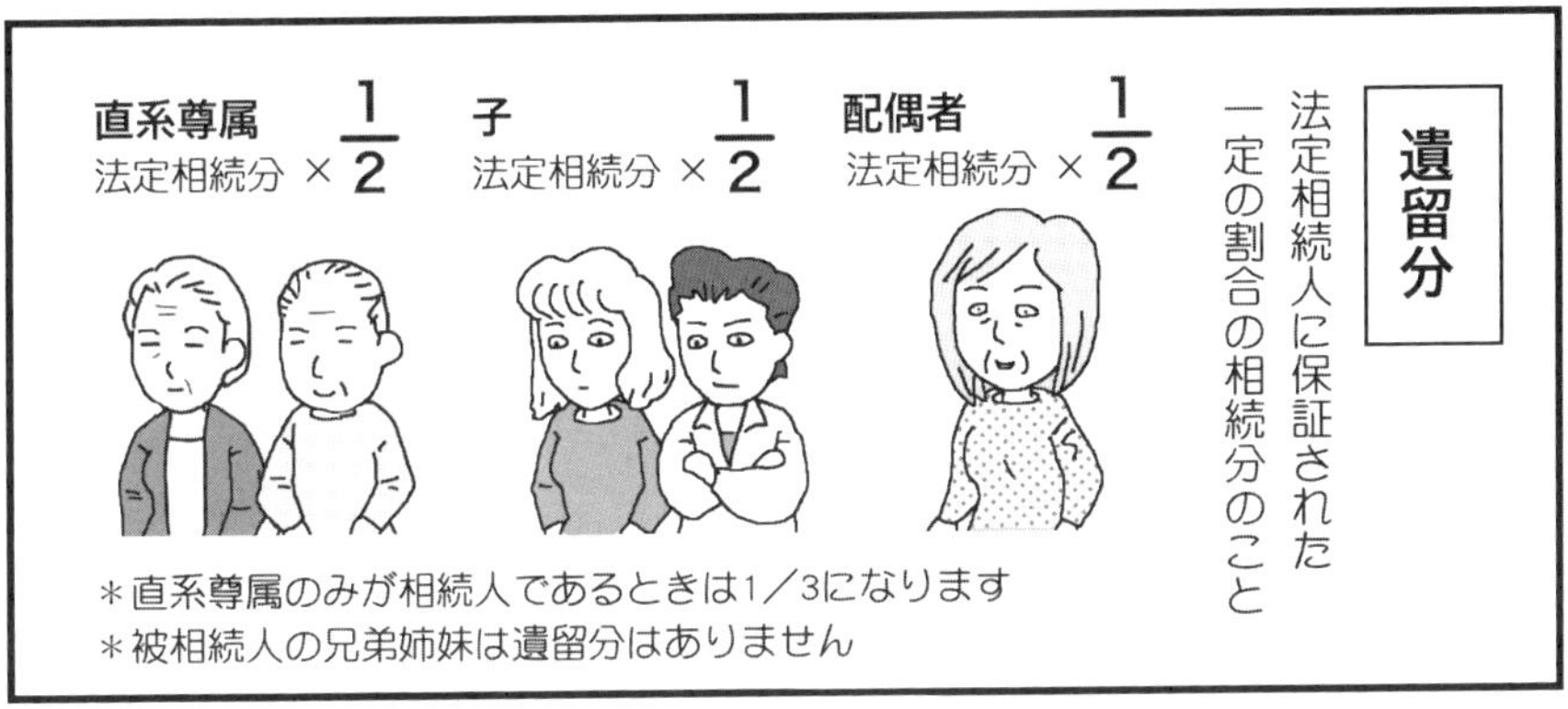
遺留分
法定相続人に保証された一定の割合の相続分のこと
配偶者
法定相続分 × 1/2
子
法定相続分 × 1/2
直系尊属
法定相続分 × 1/2
＊直系尊属のみが相続人であるときは1／3になります
＊被相続人の兄弟姉妹は遺留分はありません

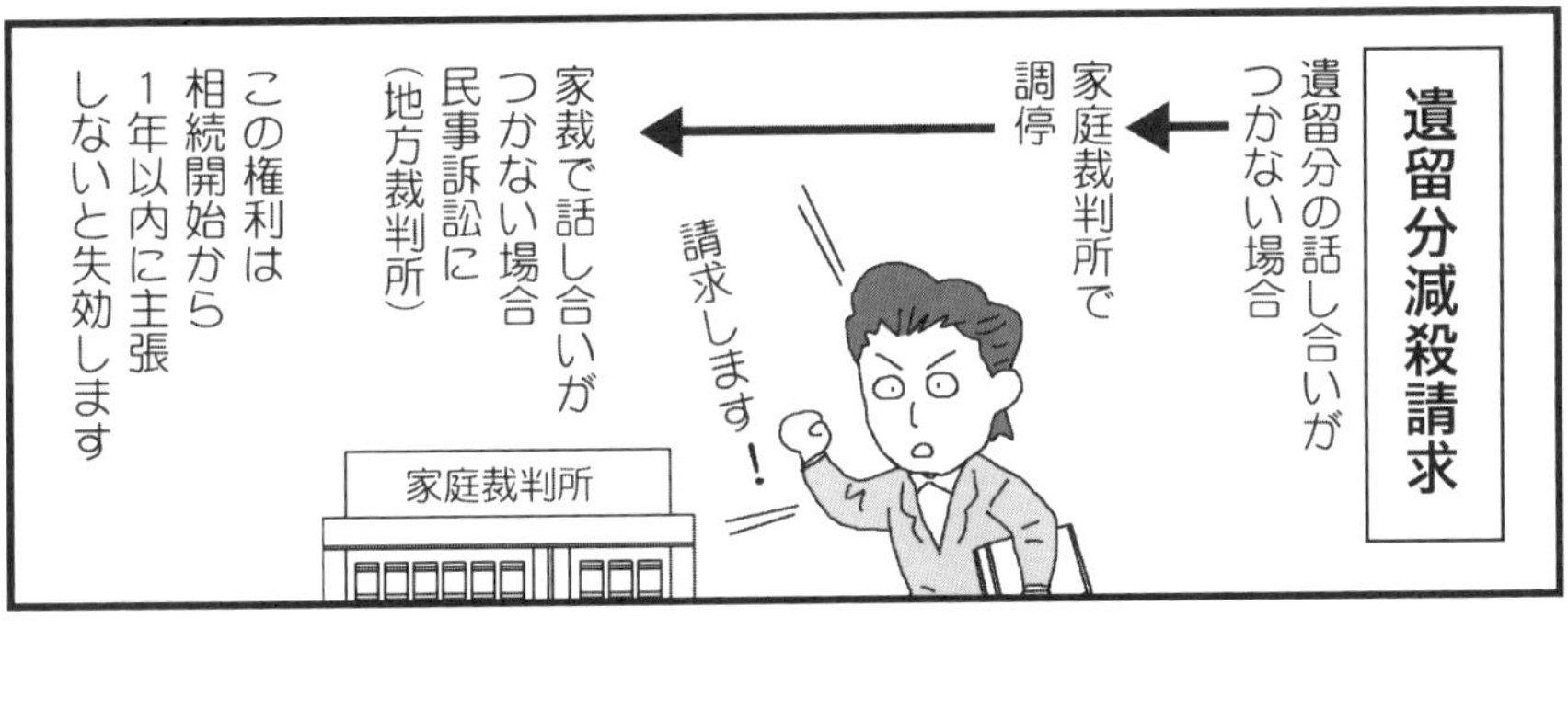
遺留分減殺請求
遺留分の話し合いがつかない場合
家庭裁判所で調停
家裁で話し合いがつかない場合民事訴訟に（地方裁判所）
この権利は相続開始から1年以内に主張しないと失効します
請求します！
家庭裁判所

10 全財産を愛人に??

家も渡さないといけないの?

●「遺産は全部愛人に」という遺言書が見つかった!

Aさんには、夫と娘がおり、同居していました。しかし、家族仲は冷えており、夫は家を留守にすることもしばしばありました。そのようななか、夫は不慮の事故で亡くなってしまいました。

夫の死後間もなくドタバタしていたときに、「遺言執行者」を名乗る人物から、下記の書面が届いたのです。「ご主人さんは遺言を残されています。遺言には、全財産をBさん(愛人)に渡すと書かれています」

これには、妻と娘はびっくり仰天してしまいました。家族仲が冷えており、浮気もしていることは何となく知っていましたが、まさか愛人に全財産を渡すだなんて!全財産ということは、家も渡さなければなりません。家族にどれほど迷惑をかければ気が済むのでしょうか?

Aさんは、弁護士に相談した結果、「愛人への遺言も有効です。『愛人には財産を渡さない』と主張することはできません」と言われてしまいました。

一方、愛人Bさんも「もらえるものは、もらいます!」といわんばかりに、譲る気配がありません。

●極端な内容の遺言書が残されたら……?

亡くなった人の意思を尊重するため、遺言書の内容は優先されるべきものです。

しかし、誰かに偏ると不満が爆発します。「自分が死んだら、赤の他人に全財産をあげる」という遺言書を作られてしまうと、残された家族は困ります。

そのため、前の項で紹介した遺留分があります。遺留分によって「最低でも、法定相続分の半分はもらえますよ」と保証されているのです。

今回の場合、相続人はAさん(妻)と娘の2人なので、遺産の半分は相続すると主張できます。愛人に全財産を持っていかれずに済みます。このような極端な内容の遺言を残さないように気をつけましょう。

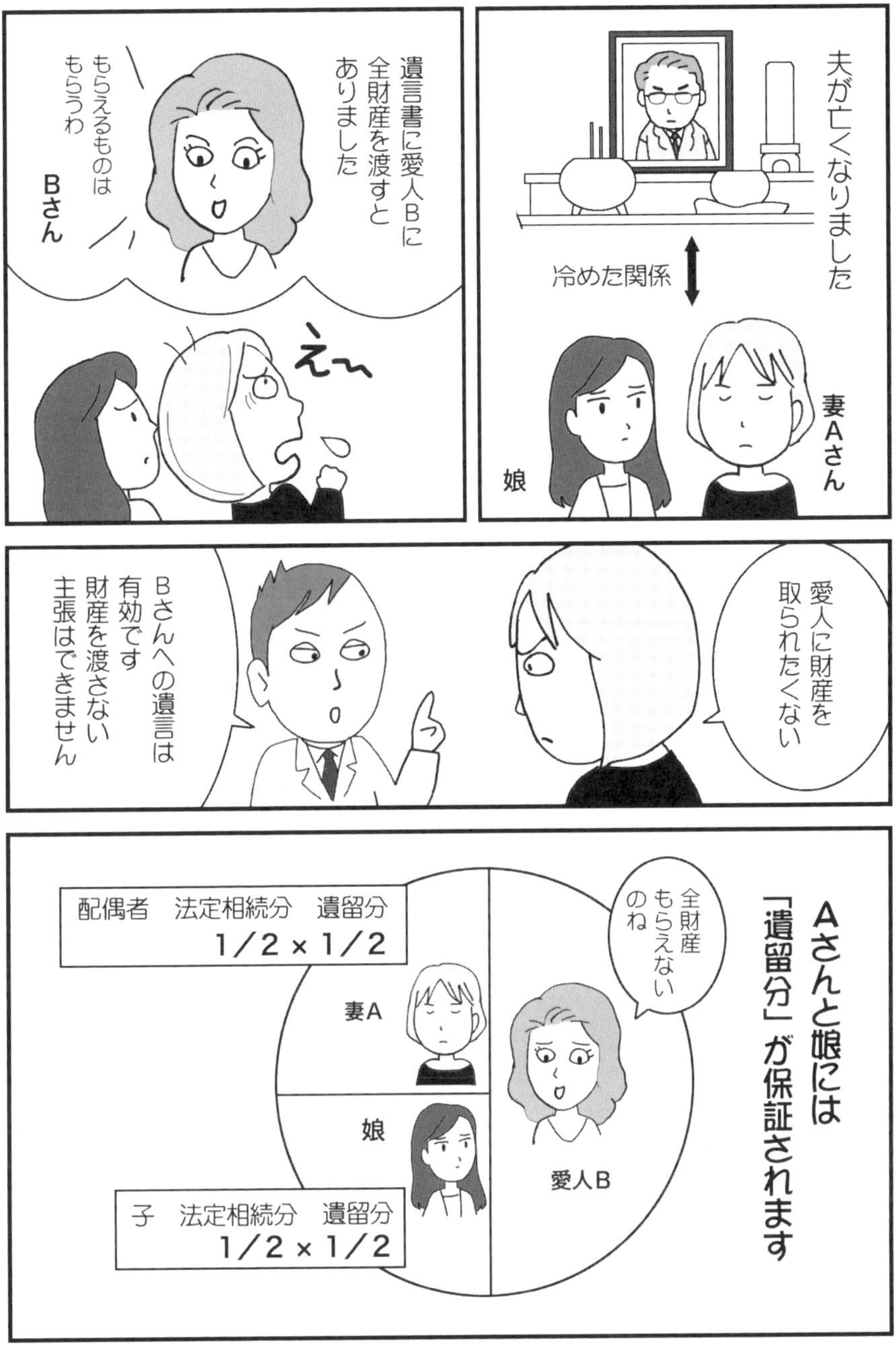
夫が亡くなりました
冷めた関係
妻Aさん
娘
遺言書に愛人Bに全財産を渡すとありました
もらえるものはもらうわ
Bさん
え〜
愛人に財産を取られたくない
Bさんへの遺言は有効です
財産を渡さない主張はできません
Aさんと娘には「遺留分」が保証されます
全財産もらえないのね
配偶者　法定相続分　遺留分
1／2 × 1／2
妻A
娘
愛人B
子　法定相続分　遺留分
1／2 × 1／2

11 家族に想いを伝えましょう

事務的ではちょっと……

「付言事項」で、家族に想いを伝えられる

遺言の内容には、法的な効力を持たせるために記載する「法定遺言事項」と、「付言事項」があります。「付言事項」には、家族への想いなどを記載します。

自宅兼店舗で商売をしている某山某男さんは、突然事故死してしまいました。奥さんも5年前に他界していました。某山さんには会社員の長男の一郎さん、某山さんの家業を手伝い同居していた次男の次郎さんがいます。預金は500万円しかありませんでした。

「次郎に自宅兼店舗を相続させる。預金500万円は一郎に相続させる」という、あっさりした遺言の場合、一郎さんは不満に思い、争いになるかもしれません。

家族への想いで「争続」はなくなる

一郎さんは大学卒業後に大手商社に就職、海外にいて、幸せな家庭も築いています。次郎さんは大学進学後に研究者になることを志望していましたが、次郎さんが高校生のときに母親は癌となり、闘病生活を余儀なくされました。商売と看病の両立で大変な状況になっていた父親を見かねて、次郎さんは家業を手伝うことにしたのです。

某山さんは、下記の想いがこもったメッセージを、遺言に残しました。

「一郎はとても優秀で、俺の誇りだ。妻が亡くなる前に、孫の顔を見せることができてよかった。預金500万円は一郎に相続させる。自宅兼店舗は、苦労をかけた次郎に相続させるが、一郎には他に遺せるものがないので許してほしい」

「あのとき、次郎が家業を継ぐと言ってくれて、本当に助かった。妻も安心して亡くなった。大学進学をさせてあげられなかったことは本当に申し訳なく思っている。このままこの場所で商売を続けてほしい」

海外にいる一郎さんは、ようやく事情をつかみました。不満に思うどころか、父親と母親に尽くしてくれていた次郎さんに深く感謝したのです。

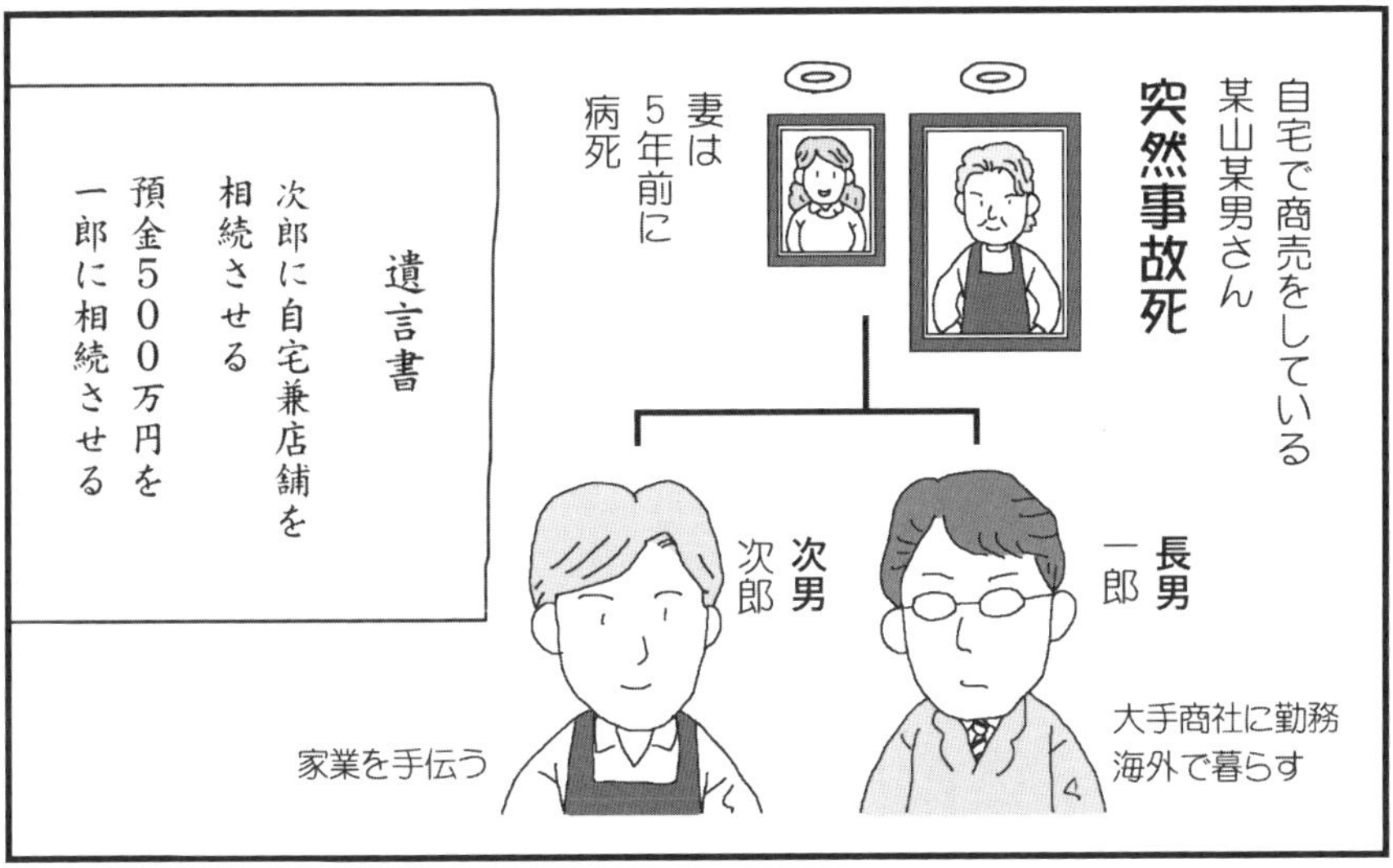

自宅で商売をしている
某山某男さん
突然事故死
妻は
5年前に
病死
遺言書
次郎に自宅兼店舗を
相続させる
預金500万円を
一郎に相続させる
長男
一郎
大手商社に勤務
海外で暮らす
次男
次郎
家業を手伝う

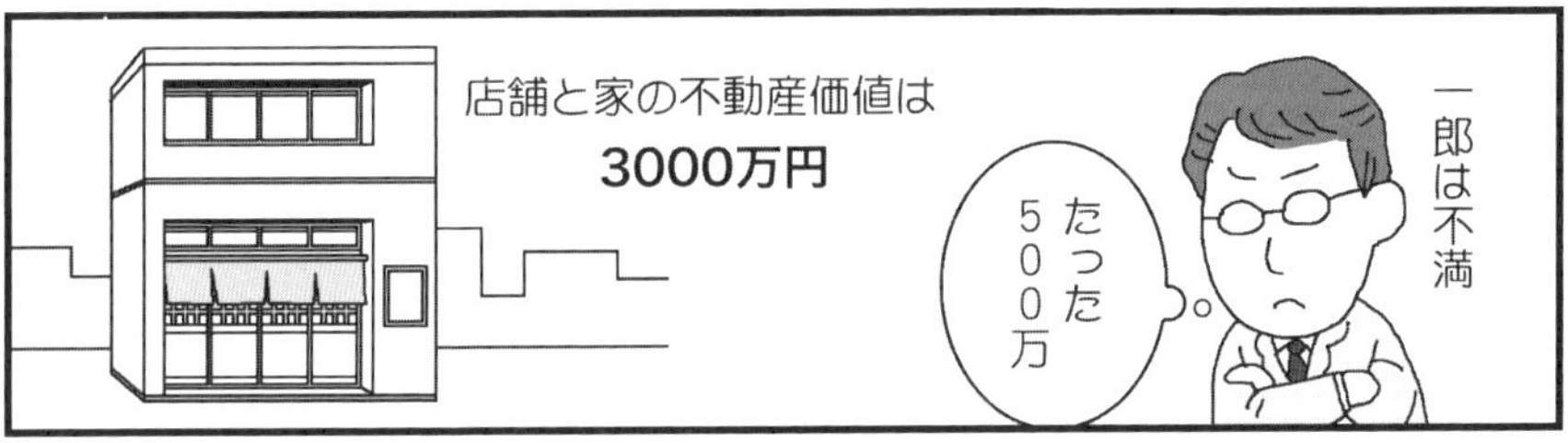

一郎は不満
たった
500万
店舗と家の不動産価値は
3000万円

付言事項で
想いを伝えましょう
一郎は
とても優秀で
俺の誇りだ。
自宅兼店舗は
次郎に相続させる
一郎には預金の他に
残せる物がないが
許してくれ。
母さんが死んだとき
次郎が大学進学を
断念して
家業を手伝ってくれて
本当に助かった。
母さんも安心して
亡くなった。
次郎
ありがとう

公正証書遺言の作り方

公正証書遺言は、遺言者が、公証人の面前で、遺言の内容を口授して、それに基づいて、公証人が遺言者の真意を正確に文章にまとめ作成するものです。公証人がいる公証役場は全国各地にあるため、最寄りの公証役場を調べてそこを訪れることになります。

実際にはその場で聞きとった内容をすぐその場でまとめて作成することはまれで、事前に公証人が遺言者あるいはその代理人と連絡をとり、メールや電話などで文案について相談・打ち合わせをすることになります。公証人はあくまで遺言者の意向を尊重して遺言書を作成するため、形式的な問題は残らないように遺言書を作成しますが、こうしたほうが税金が安くなるとか、この遺産はこの人に分けたほうがいいよ、といったアドバイスは通常は受けられません。ある程度遺産の分け方の方向性が定まってから公証役場に連絡したほうがよいでしょう。

下記のような必要書類もありますので、事前に用意しておいた方が打ち合わせもスムーズにいきます。

・遺言者本人の印鑑登録証明書
・遺言者と相続人との続柄がわかる戸籍謄本
・財産を相続人以外の人に遺贈する場合には、その人の住民票
・財産の中に不動産があるときには、その登記事項証明書（登記簿謄本）と固定資産評価証明書または固定資産税・都市計画税納税通知書中の課税明細書
・証人2名を遺言者の方で用意する場合には、証人予定者の名前、住所、生年月日及び職業をメモしたもの（公証役場で証人を紹介してもらうこともできます）

公正証書遺言作成の手数料は、遺言の目的となる財産の価額に応じて定められていて、たとえば1人の人に5000万円を超えて1億円以下の財産を遺す場合には5万3000円の手数料がかかります。受遺者の人数にもよって変わってきますので、公証役場で相談しましょう。

第４章

遺産分割

～各相続人が納得のいく分け方を目指して～

1 どうやって遺産を分けたらいいの？

遺産の分け方は様々です

●遺産分割の仕方

まず前提として遺言がある場合には、相続人の1人でもその遺言に従った分け方を希望していれば、その遺言に従って遺産は分けられることになります。それだけ遺言の効力は絶大です。

他方、遺言がなかった場合には、相続人の間でどのように遺産を分けるか話し合いをすることになります。これが遺産分割協議です。基本的には、相続人全員が合意できれば、どのような遺産の分け方もできます。

たとえば、遺産である不動産に居住している相続人はその不動産を取得し、他の相続人には、不動産以外の遺産である現金や預金を取得させたり、あるいは、特定の相続人がすべての遺産を取得し、他の相続人が一切遺産を取得しないような遺産分割もできます。

●遺産分割の前提で確認しておくべきこと

遺産分割協議には、相続人の全員が参加する必要があるため、戸籍謄本などを取り寄せて、相続人が誰なのか（「隠し子」がいるかもしれません）をきちんと確認する必要があります。相続人が1人でも参加しない遺産分割協議は無効です。

また、遺産の範囲（遺産に含まれるか否か）が定まらなければ、そもそも分割対象がわかりません。さらに遺産の評価についても、相続人の間で認識にずれがあると遺産分割協議はまとまらない可能性が高くなります。

特に不動産の場合、その評価について争いになることが多く、不動産鑑定士に評価を依頼する場合も出てくるでしょう。その評価を前提に、不動産を取得した人、取得しない人が法定相続分に従った割合になるように分割を進めることになります。

後々もめないように、相続人が誰か、遺産の範囲、遺産の評価はきとんと確認した上で遺産分割協議を行いましょう。

遺言書があれば
それに従って
遺産を分けます
遺言書
効力が大きい
遺言書がない場合
相続人が集まって
遺産分割協議をします
全員の合意が必要

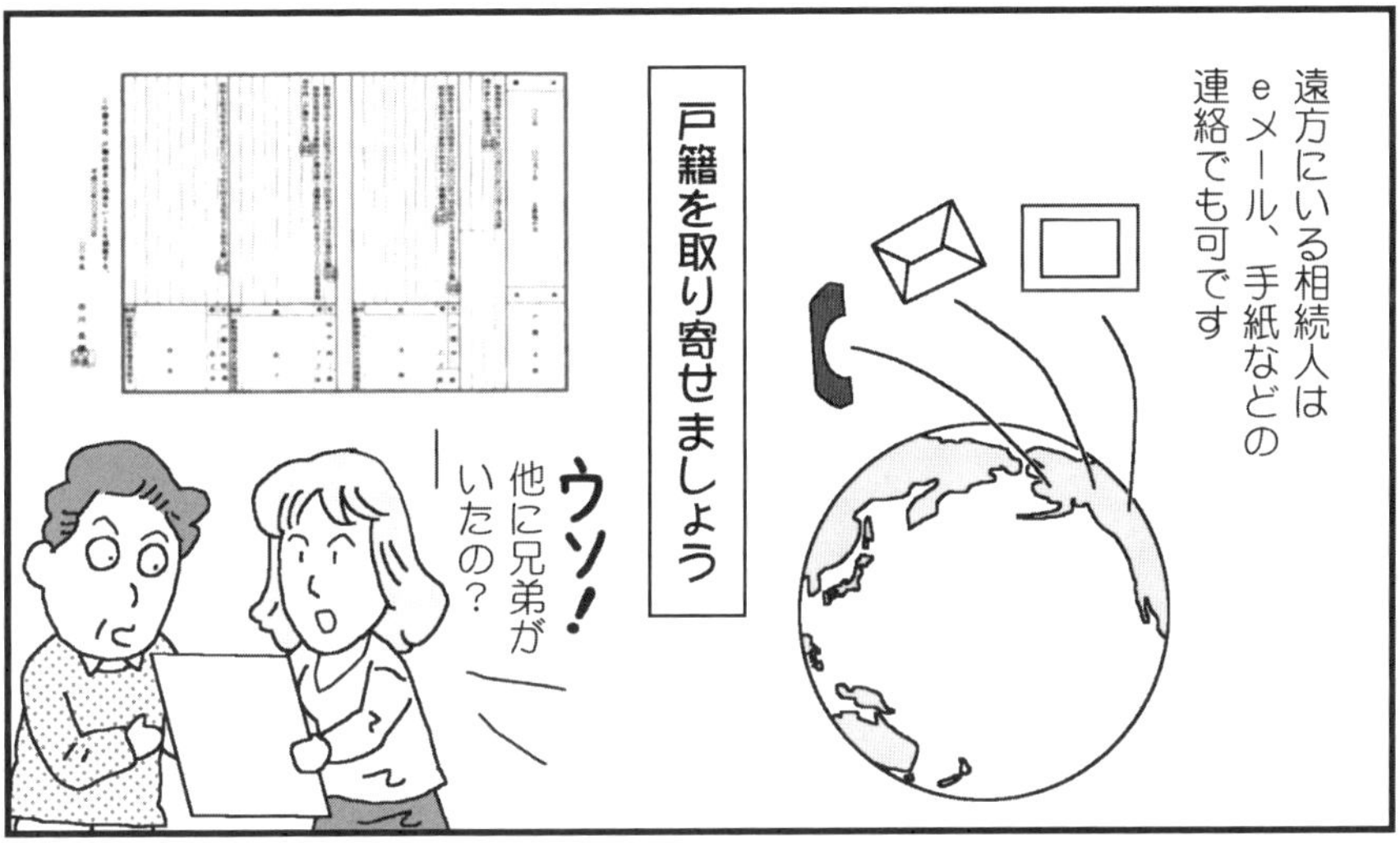
遠方にいる相続人は
eメール、手紙などの
連絡でも可です
戸籍を取り寄せましょう
ウソ!
他に兄弟が
いたの?

遺産全体の把握を
しましょう
不動産の評価をめぐって
もめることがあります
専門家に依頼を
不動産鑑定士に
お任せください

2 不動産がある場合の遺産分割

平等に分けるための方法

●不動産は分けるのが難しい

遺産分割のときに、相続人の間で一番争いが生じやすいのは、不動産しか遺産がないような場合です。

たとえば相続人が4人いて、遺産は100㎡の土地だけというときに、最も単純な分け方は25㎡ずつ4つに分けて、それぞれ取得することです（現物分割）。

しかし、そもそも条例で敷地面積が一定の広さ以下の分割は禁止されている場合もあり、よほど広い土地でない限り現物分割は難しいものとなっています。

実際には土地の上に建物があって土地を分けられない、細かく分けると使い勝手が悪く土地の価値が下がってしまうということもあります。

また、不動産は物理的に分けなくても、権利の割合（持ち分）を定めることができるため、100㎡の土地を4分の1ずつの持ち分で分ける（共有分割）ことも考えられます。共有分割は平等に分けられるというメリットがありますが、誰が不動産を使用するのか問題になったり、その後不動産を売却したいとなったときに1人でも反対すれば不動産全体を売却することはできず、問題を先送りにしているだけであまりお勧めはできません。

●換価分割と代償分割

そこで、誰もその不動産の使用を望まない場合には、不動産を売ってそのお金を分ける（換価分割）という方法があります。不動産を売却するのに時間がかかる場合もありますが、売ったお金を分けるので、平等に分けることができます。

また、不動産の取得を希望しているのが相続人のうちの一人だけであれば、その者が不動産を取得し、他の相続人には代わりのお金を分配することもできます（代償分割）。遺産に現金がなければ、自分のお金を出しても構いません。

ただこの場合は、不動産の価値を正確に把握する必要があり、不動産鑑定士による査定が重要になってきます。

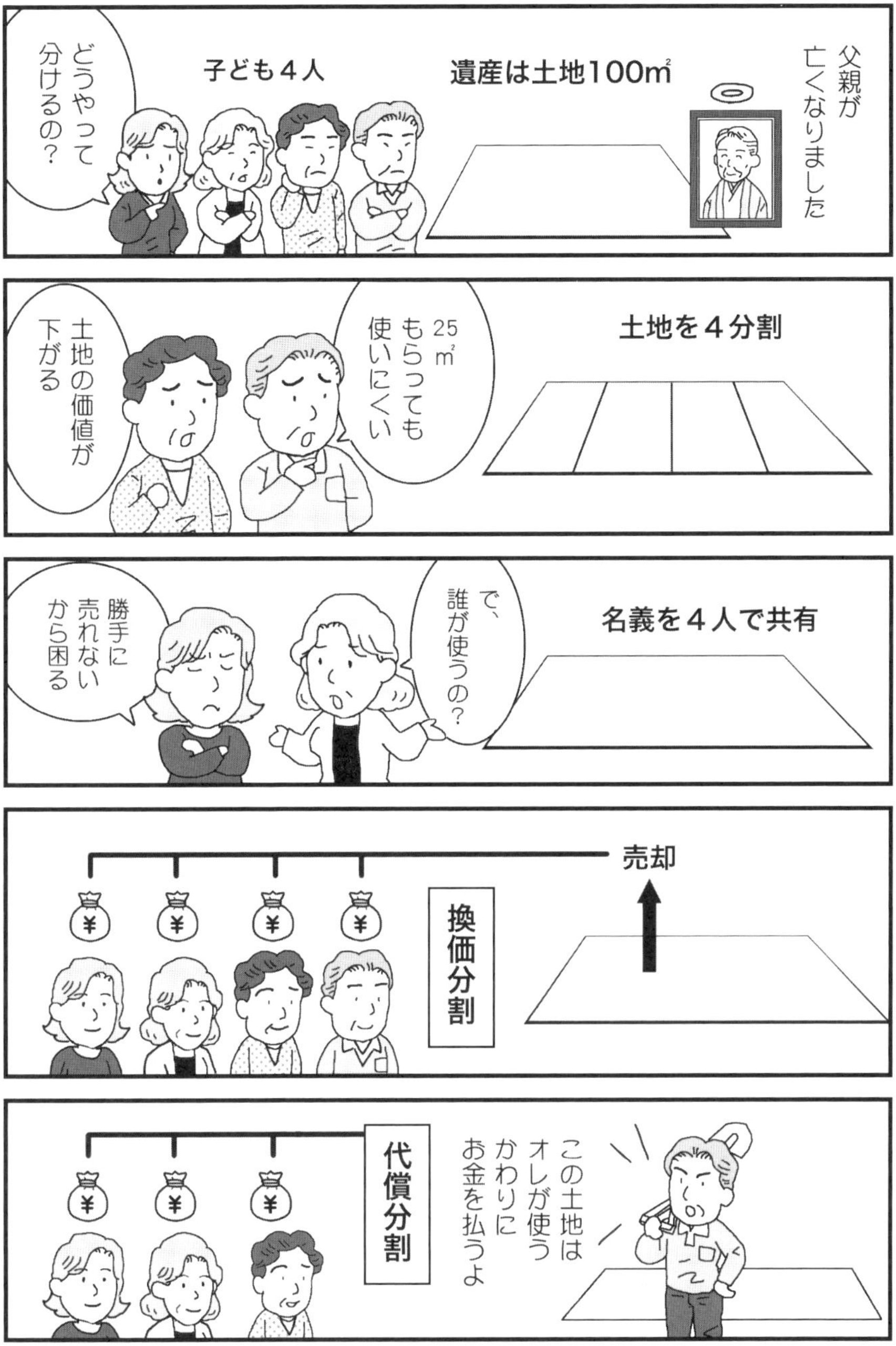
父親が亡くなりました
遺産は土地100㎡
子ども４人
どうやって分けるの？
土地を４分割
25㎡もらっても使いにくい
土地の価値が下がる
名義を４人で共有
で、誰が使うの？
勝手に売れないから困る
売却
換価分割
この土地はオレが使うかわりにお金を払うよ
代償分割

3 遺言が一番の遺産分割対策

相続人がもめない方法を考えましょう

●遺産分割でもめないために

自分が亡くなった後に自分の遺した財産をめぐって家族が争うことを望む人はいないでしょう。遺産分割対策を行うことの目的は、何よりも相続人の間の争いを防ぐことにあります。

何も遺産分割対策を行わなかった場合には、どの遺産を誰が相続するか、各相続人が自分に有利になるよう主張し、激しい争いになることは目に見えています。

基本的な遺産分割対策は、何よりも遺言書を作成することです。これによって、各相続人が取得する遺産を指定することができ、相続人の間で争うことは少なくなります。

もっとも遺言書作成にあたっては、各相続人が最低限取得できる遺留分（第3章9項参照）に対する配慮を忘れてはいけません。遺言書の記載内容が遺留分を侵害していると、結局各相続人の間で争いが生じてしまいます。

また、遺言書作成の前提として、きちんと相続財産を把握しておくことも重要です。遺言書に記載のない財産があった場合には、その分け方をめぐって結局争いになってしまうこともあります。

●遺言書以外の遺産分割対策

もちろん、遺言書を作成しない場合でも、生前贈与をうまく利用して各相続人に財産を分けておくことも考えられます。

たとえば、各相続人の間で分割がしやすいように、1つしかない不動産をいくつかの区分所有のマンションに変えたり、調整のしやすい現金を多めに残しておくという方法もあり得ます。

もっとも生前贈与による税金の発生や、相続税が増えてしまっては本末転倒ですから、税金面からの考慮も必要不可欠です。

わしが死んだら遺産分割でもめそうだな～
長女
長男
次男
よし遺言書を書こう
遺言書
!
遺言が一番の遺産分割対策です
遺留分を侵害しないようにね
遺留分って何？
＊遺留分…一定の法定相続人が最低限もらえる分
遺言以外の遺産分割対策
区分所有ができるマンションを建てました
これで分けやすくなった
生前贈与には税金がかかりますご注意を

4 生前に贈与があった場合

公平性を保つために遺産分割で考慮します

●特別受益の制度

特定の相続人が、被相続人から生前に贈与を受けていた場合には特別受益と判断されることがあります。そうなった場合には、遺産分割の際に、贈与されていた分を相続財産に加えて計算する方法（「持ち戻し」といいます）がとられます。

特別な受益ですので、日常的にもらっていた少額の小遣いなどは含まれません。結婚する際の支度金や、留学費用、住宅購入資金の贈与など、被相続人の資産や社会的地位にもよりますが、ある程度金額の大きなものが含まれると考えられます。

なお、持ち戻しは遺言によって免除することも可能です。

●特別受益がある場合の計算方法

相続開始時の相続財産に特別受益分を加えた（持ち戻し）ものを、みなし相続財産として、そのみなし相続財産を相続割合にしたがって割ります。そして、特別受益を受け取っている人は、その金額から特別受益分を差し引き、残った分をもとの相続財産から受領することになります。

計算の結果、特別受益者が相続財産から受領できる分が0以下になることもありますが、この場合は遺贈の財産を除いて受け取る財産はないことになります。もっとも、他の相続人の遺留分を侵害していない限り、マイナスになっても返金する必要はありません。

また、遺産分割の計算においては、特別受益の金額は贈与時の時価ではなく、相続開始時の時価で計算します。たとえば生前に不動産の贈与を受けていて、贈与時の時価は1000万円だったものが、相続開始時には2000万円になっていた場合には、持ち戻しの金額は2000万円としてみなし相続財産に加わり、2000万円が特別受益として相続分から差し引かれることになります。

父親が亡くなりました
アニキ、親に家のアタマ金を出してもらったよね
それは特別受益にあたります
特別受益
特定の相続人が被相続人の生前に贈与を受けること
おまえだって毎月小遣いをもらってたじゃないか
日常的にもらう少額の小遣いは特別受益になりません
姉キは結婚資金を出してもらったよね
そんな何十年も前のこと時効よ
特別受益に時効はありません
特別受益を受けた相続人は相続分からその分を引かれます
相続財産総額
相続財産
持ち戻し
特別受益分を加算

5 親の借金も相続するの？

資産だけを引き継ぐわけにはいきません

●借金も法定相続分にしたがって相続します

相続においては、資産だけを引き継ぐということはできません。法定相続人は、その法定相続分に従って借金（金銭債務）も当然に分割承継されるとされています。そのため、相続する資産より借金のほうが多いことが明らかな場合には、相続放棄を検討することになります。

また相続する債務には連帯債務や保証債務のような、単純な金銭債務ではないものも含まれます。父親が会社を経営していた場合などは、会社の債務（銀行からの借り入れなど）について父親が連帯保証しているような場合が多々あり、安易に相続してしまうと、莫大な債務を引き継ぐおそれがありますので、注意が必要です。

他方、お金ではなく他人が代わって引き受けられることのできない債務（たとえば芸術作品を制作する債務）や雇用契約上の労働を提供する債務などは、被相続人の一身に専属するもの（性質上他の人に行わせるべきでないもの）として、相続の対象とはなりません。

さらに、会社に入社する際によく要求される身元保証についても、被相続人の一身に専属する地位であり、特段の事情のない限り、相続人には引き継がれないとされています。

●1人だけに借金を相続させる？

相続人の間の協議で、特定の相続人に借金をすべて相続させるということができるのでしょうか？

これができれば、他の相続人は資産だけを引き継ぐことができます。

しかし、このような相続人間の取り決めは、債権者にはその効力が及ばないとされています。

そのため、債権者は、各相続人に法定相続分に従った割合の支払を求めることができます。特定の相続人に借金を含めて支払わせたい場合には、債権者との交渉も必要になってきます。

借金はマイナスの相続財産
死んだ父親は経営していた会社の債務の連帯保証人になっていました
借金１億～!?
長男
長女
次男
兄キは共同経営者なんだから借金は兄キが返してよ
私たちには遺産をちょうだい
わかった…
相続人が合意していても債権者には効力が及びません
公平に請求がきます
請求書
請求書

6 他の相続人が遺産分割協議に応じてくれません……

まずは調停の手続をとりましょう

●遺産分割協議がまとまらないとき

遺産分割協議は相続人全員の合意が必要なため、相続人の1人でも遺産分割協議に応じてくれない場合には、遺産が分けられません。

このような場合には、家庭裁判所に対し、遺産分割調停の申立をするのが一般的です。

遺産分割調停においては、家庭裁判所で、各相続人から具体的な事情やどのような分け方を希望するのか聞いたりしながら、場合によっては妥当な解決案を裁判所から示すなどして、合意による解決を目指します。

調停はあくまで話し合いによる解決を目指すものであり、それでも相続人間で合意が得られない場合、遺産分割はできません。

もっとも調停で合意が成立し、調停調書に記載されると、確定判決と同一の効力を有することになるため、その内容での遺産の分割はより確実なものになります。

●遺産分割調停の進行状況

遺産分割調停においては、いかに自分に有利に話し合いを進めていくかということを各相続人が考えます。そのため、争いとなる内容が多い場合には、それらを一つずつ解決していく必要があり、遺産分割手続は長期化しがちです。

たとえば、特定の財産が遺産に含まれるか否かについては、調停ではなく訴訟で決めなければならない場合もあります。いったん調停を打ちきりにして、訴訟を行い、その後再度調停を申し立てるということもあります。

なお、遺産分割調停でまとまらなければ、審判によって家庭裁判所が判断することになりますが、それまでの話し合いとは異なり、裁判官（審判官）の判断によって遺産分割の内容が示されることになります。もっともこの場合も、それまでの手続で裁判官が把握した事実関係をもとに判断します。

遺産分割協議でもめる
ケンケンガクガク

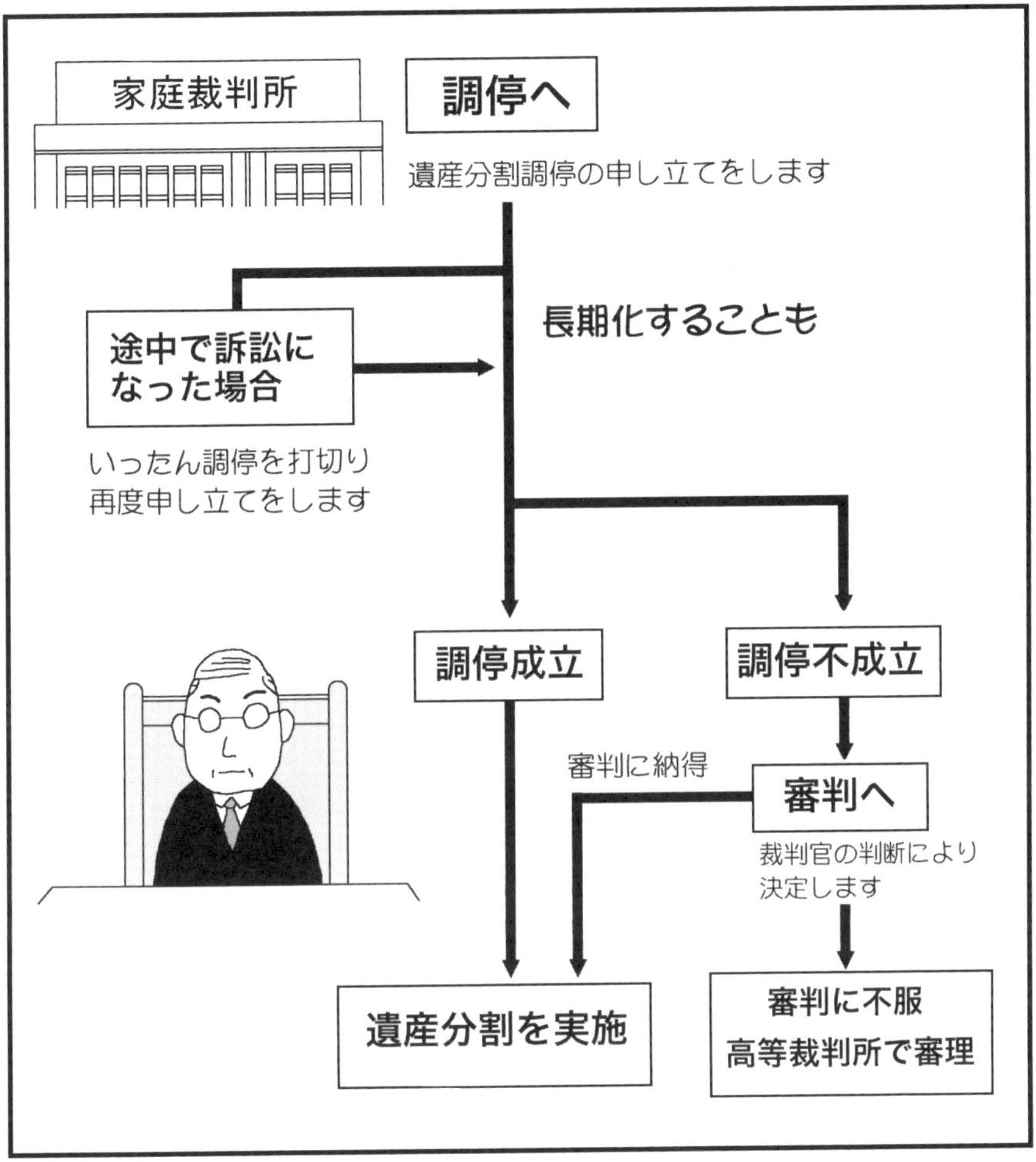
家庭裁判所
調停へ
遺産分割調停の申し立てをします
長期化することも
途中で訴訟になった場合
いったん調停を打切り
再度申し立てをします
調停成立
調停不成立
審判に納得
審判へ
裁判官の判断により
決定します
遺産分割を実施
審判に不服
高等裁判所で審理

7 全部奥さんに相続させるのは危険！

今がよくても、その次が大変です

●配偶者の税額軽減制度

被相続人の財産を取得した人が被相続人の配偶者である場合には、その配偶者が取得した遺産の金額が、次の金額のどちらか多い金額までは配偶者には相続税がかからないという制度があります。

① 1億6000万円
② 配偶者の法定相続分相当額

被相続人の配偶者であれば、法定相続分か、1億6000万円までの財産をもらっても、相続税は1円もかからないという制度です。

なぜ、被相続人の配偶者にだけは、こんなにも手厚い措置が認められているかというと、相続税はそもそも次世代へ財産が移転されるときに、無償で財産の移転を受ける人に税負担を課すことを制度の目的としております。被相続人と同一世代で、かつ、被相続人と共に財産を築き上げたと考えられる配偶者にまで相続税を負担させるべきではないと考えられているためです。

この配偶者の税額軽減制度を利用すると、相続税が1円もかからないので、被相続人の配偶者が生きているうちは、財産すべてをその配偶者に相続させてしまえば相続税の心配をしなくてもいいと考える人もいるかもしれません。しかし、そこには注意が必要です。

●二次相続も踏まえて相続税額全体の計算を

一次相続（被相続人の配偶者が存命のうちの相続）で、財産のすべてを被相続人の配偶者に相続させてしまうと、その配偶者が亡くなったときに財産を次の世代に相続させる二次相続のタイミングがすぐに来てしまいます。

この場合、かえって二次相続での税額が高くなってしまう可能性もあります。「法定相続人の数」を使って計算をする控除税や非課税額が確実に1人分減ってしまうのです。

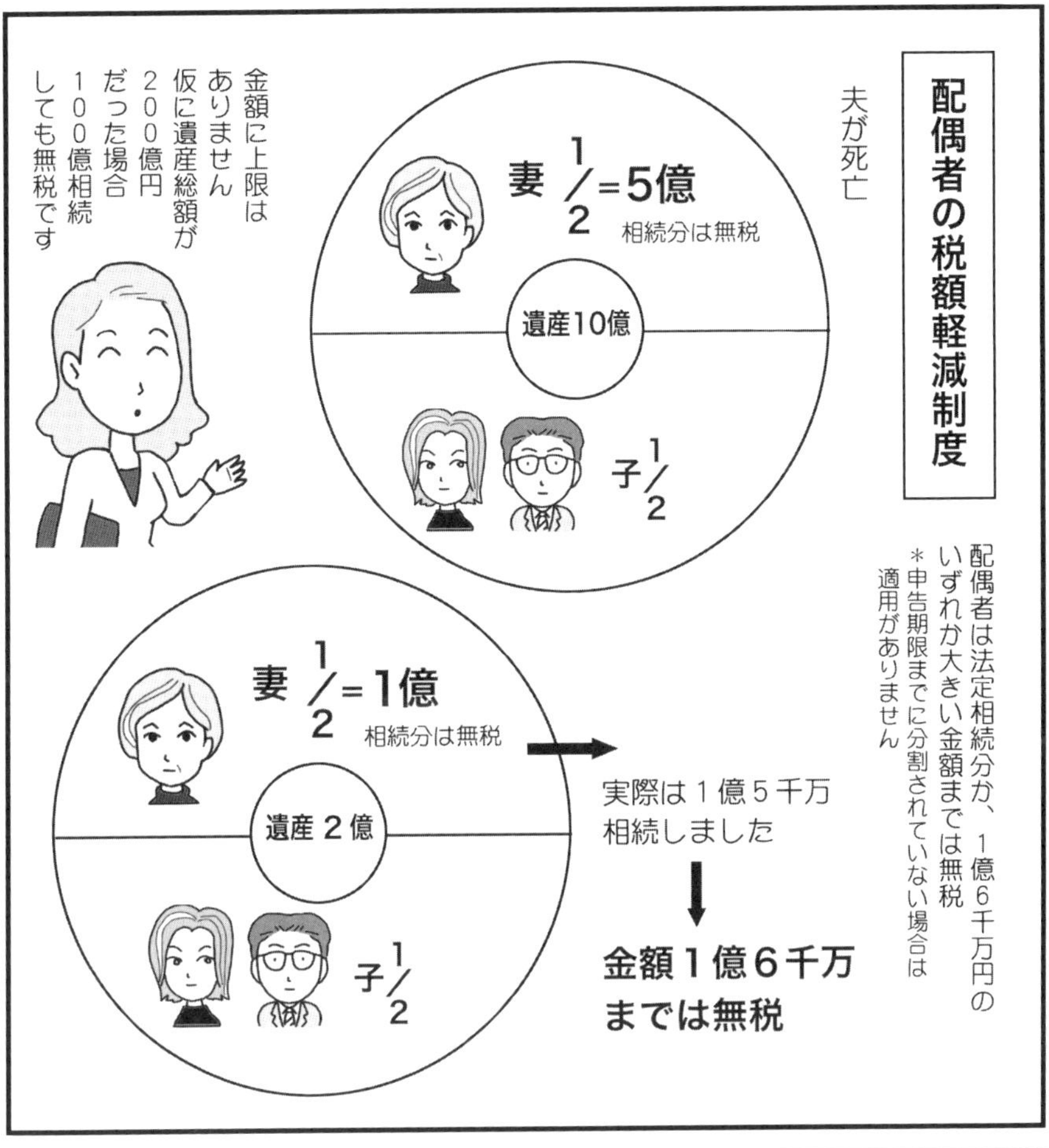
配偶者の税額軽減制度
夫が死亡
妻 1/2=5億
相続分は無税
遺産10億
子 1/2
金額に上限はありません
仮に遺産総額が200億円だった場合
100億相続しても無税です
配偶者は法定相続分か、1億6千万円のいずれか大きい金額までは無税
＊申告期限までに分割されていない場合は適用がありません
妻 1/2=1億
相続分は無税
遺産 2億
子 1/2
実際は1億5千万相続しました
金額1億6千万までは無税

お母さんは1億6千万まで無税だから上限いっぱい相続しておいてよ

母親も後を追うように死亡
二次相続発生
かえって税額が高くなることもあります
注意しましょう

8 お金がなくても「争族」が起きる！

理由は、分けるものがないからです

●お金がないのになぜもめるのか

相続のトラブルで多いのは何といっても、財産をどれだけもらえるのか、遺産分割に関することです。

「うちは資産家じゃないから大丈夫」「うちの子供たちは兄弟みんな仲が良いから、もめずに仲良く分割してくれるだろう」「親の財産なんてあてにしないように生前から言っている」なんて思っていると、意外にも残された家族は、被相続人が残してくれた財産に対して「誰が」「いくら」もらえるのかでもめます。

たとえ相続税がかからないほどの財産額であっても、老後の心配や子供たちの学費など、将来に対する不安から、少しでも多くの財産がほしいと、被相続人の生前は仲の良かった兄弟も、双方の配偶者などからの意見に惑わされて、結局のところもめてしまうのです。

たとえば、被相続人の生前に献身的な介護をしてくれた次男のお嫁さんに財産を残してあげたいと思っていても、被相続人の法定相続人にはなれません。

被相続人の生前はそのような状況を理解していた長男夫妻も、実際に遺産の分割協議を始めると、長男のお嫁さんにも財産がほしいとか、次男のお嫁さんには財産を分配する必要はない、などといってもめているケースはよくあります。

自分の意思で財産を残してあげたいと思っている人がいるなら、ぜひ遺言書は書いておきましょう。

●被相続人の財産が自宅の土地建物のみ

被相続人の財産として、分け合うことが難しいのが自宅です。同居している親族がいなければ、売りに出して、売却代金を仲良く分割すれば済むかもしれません。

同居している親族がいる場合、その親族に自宅の土地と建物をすべて相続させてあげたいと考えているなら、遺言書とともに必ず生命保険を活用するなどして、他の相続人への遺留分の弁済や相続税の納税資金の確保などをしてあげるとよいでしょう。

もめるほど財産ないよ
親のお金なんてアテにしてないわ
兄弟仲いいものね～

いざ相続になると財産がなくてももめます
あんなに仲が良かったのに
ないほうがもめます分けるものがないからです

長男夫婦と同居の親
長男の嫁には世話になったな～
特別に財産を残したい人がいれば遺言書を書いておきましょう長男の妻は相続人ではないので配慮が必要です
遺言書
同居長男に土地と建物を相続させる

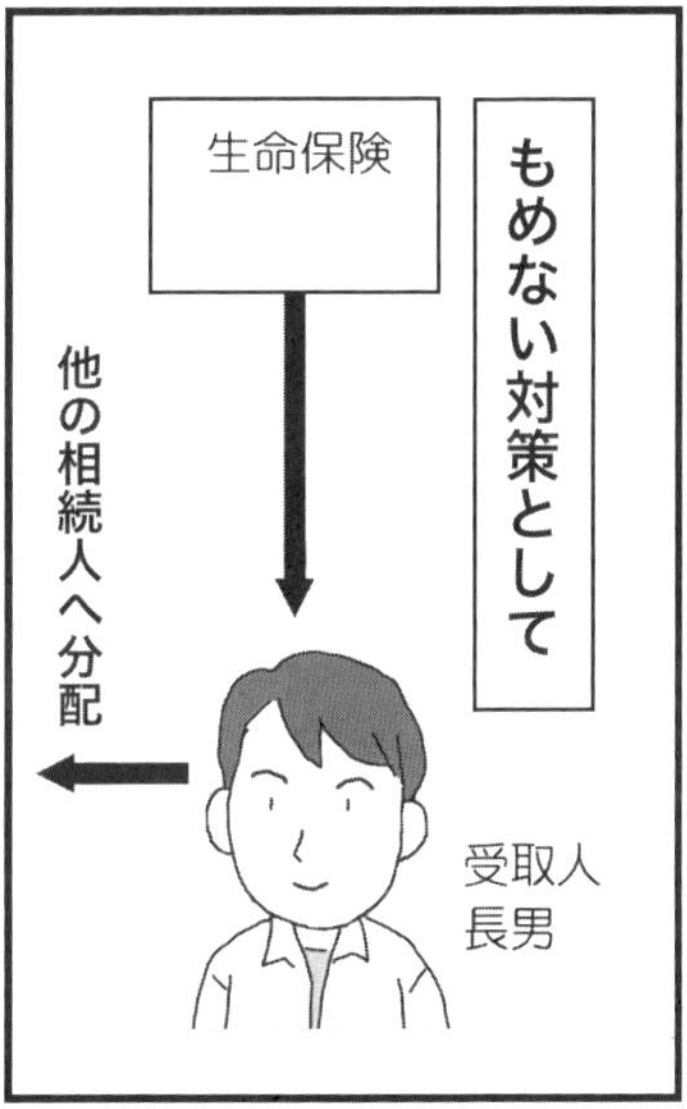
もめない対策として
生命保険
他の相続人へ分配
受取人長男

9 相続した土地が共有名義だった！

何人も相手にしなければいけないの？

●問題の先送りで取り返しのつかないことに……

共有名義とは、不動産を複数人で分けるのではなく、1つの不動産の持分（所有権の割合）を決めて複数人で共有することです。住宅購入の際に、夫婦で資金を出し合ったり、銀行融資を受けるために、夫が2分の1、妻が2分の1というように共有名義にする場合もあります。

また、相続した不動産を共有名義にする場合があります。たとえば、相続が発生したが財産が実家だけ、相続人は兄弟2人だとします。この場合、どちらかが単独で相続すると、非常に大きな不公平感が生じてしまいます。

不動産を相続したほうが相続しなかったほうに金銭を支払えば（代償分割）済むのですが、そのための資金がないことが多くあります。そこで、手っ取り早い解決方法として共有名義にすることがあります。たとえば兄2分の1、弟2分の1というような感じです。

しかしここで、次の相続が起きたとします。兄の子が相続した場合、甥と叔父との共有になってしまいます。さらにこれを放置していると、叔父のほうも相続が発生し、従兄弟との共有になります。こうして、何十人もの共有名義になってしまうこともあります。土地の売却には全員の同意が必要なので、そうなると手遅れです。共有者が少ないうちに、手を打つ必要があります。

●権利関係をシンプルにしましょう

土地の面積がある程度広いのであれば、共有者が少ないうちに、共有地の分割をする方法があります。持分2分の1ずつの共有の場合、面積で2等分するのです。

また、共有地が2箇所ある場合、共有地の等価交換をする方法があります。AさんとBさんの2人で共有している土地が2箇所ある場合、それぞれの持分を等価交換します。これにより、1箇所はAさんの所有、もう1ヶ所はBさんの所有になります。

共有者のどちらかに資金があれば、共有持分をもう一人から買い取る方法もあります。

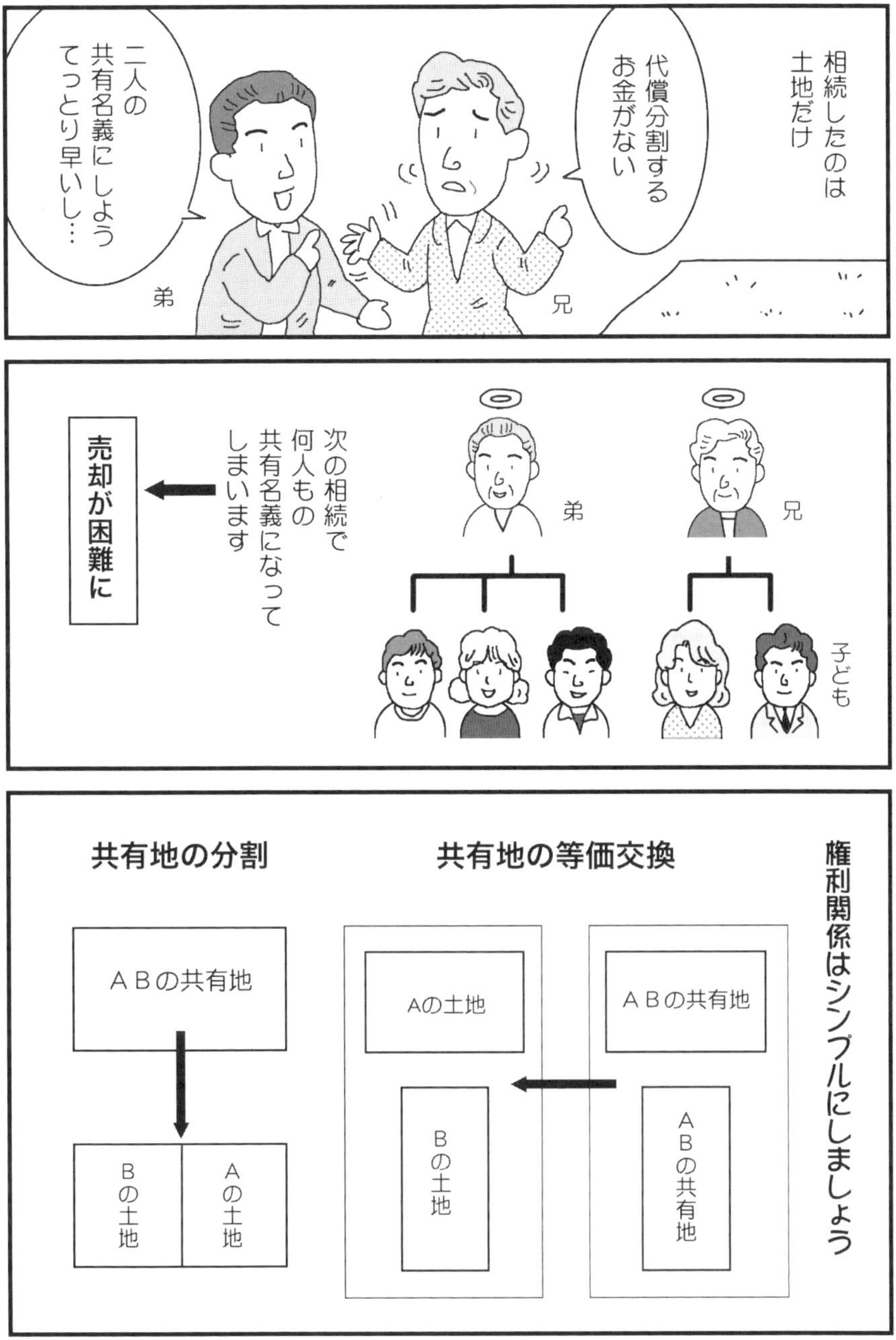
相続したのは土地だけ
代償分割するお金がない
兄
二人の共有名義にしようてっとり早いし…
弟
子ども
兄
弟
次の相続で何人もの共有名義になってしまいます
売却が困難に
権利関係はシンプルにしましょう
共有地の等価交換
ＡＢの共有地
ＡＢの共有地
Aの土地
Bの土地
共有地の分割
ＡＢの共有地
Ａの土地
Ｂの土地

10 私は仕事を辞めて母の介護をしていたのに……

寄与分が認められる可能性があります

●寄与分とは何か？

相続人のなかに、被相続人の生前に、その財産の維持や増加について特別な貢献（寄与）をした人がいるときは、その寄与をした相続人は、遺産分割の際に法定相続分よりも多くもらう権利があります。この相続人に与えられる利益のことを寄与分といいます。

遺産分割において寄与分が認められるためには、相続人が「被相続人の事業に関する労務の提供又は財産上の給付、被相続人の療養看護その他の方法」のいずれかで、被相続人の財産の維持や増加について、特別な貢献をしたと認められる必要があります。

療養看護については、親族間の扶養義務といった法律上当然とされる義務を尽くすだけでは足りず、それ以上の貢献が必要と考えられています。

たとえば、単にときどき病気の母のもとへお見舞いに行っていたという程度では足りません。介護人を雇うべきところを、その相続人が介護をしたために、その出費を免れたというような程度が必要と考えられます。

●寄与分の定め方

相続人の間の協議で定めることとなりますが、協議がまとまらなければ、家庭裁判所に寄与分を定める調停や審判を申し立てることとなります。実際のところ、遺産分割調停の中で事実上寄与分の主張が行われている例が多くなっています。

具体的な寄与分の算出は、たとえば療養看護については、介護人を雇う場合の費用を算定し、遺産の総額などを考慮して算出されることになります。

なお、相続人自身が介護のための費用を支出していた場合には、寄与分を主張するために領収書をとっておくのはもちろんですが、仮に被相続人の現預金から支出していた場合にも、横領などあらぬ疑いをかけられぬように領収書をとっておきましょう。

病気の母の世話をするため介護離職しました
すまないね～
母が亡くなりました
兄
妹
寄与分
妹は寄与分を認められる可能性があります
オレもしょっちゅう見舞に来たぞ
交通費かかった
それは親族なら当たり前特別な貢献にはなりません
寄与分の基準はあいまいなので相続人同士でもめることがあります
介護にかかった費用は領収書をとっておきましょう
介護人を雇う分を私が世話をしています
寄与分が認められます

11 勘当した息子にも、財産を遺さなければいけないの？

推定相続人の廃除という制度があります

●相続させたくない場合にどうするか？

遺言の内容として、他の相続人にすべての遺産を相続させ、その相続人に財産を遺さないようにすることは当然できます。

しかし、遺留分（第3章9項参照）があるため、その限度では相続が可能になってしまいます。

そこで、被相続人は、遺留分を有する推定相続人が、被相続人に対して虐待や重大な侮辱、著しい非行があった場合には、その推定相続人の廃除を家庭裁判所に請求することができます。

廃除の制度は、これが認められれば遺留分すら剥奪されるという強力なものです。廃除事由に該当するかどうかは、その行為が被相続人との家族的協同生活関係を破壊させ、その修復が著しく困難なものであるかどうかというような基準で判断されます。

よって、一時的なものでは廃除事由に該当しないとされることもあります。

そのため、息子にはそれほど問題がなく、相続人側の一方的な感情で勘当していたような場合には、推定相続人の廃除は認められないことも考えられます。

●遺言による廃除もできる

推定相続人の廃除は、被相続人が生前に行う方法だけではなく、遺言によって廃除の意思表示をすることもできます。

この場合、遺言執行者が推定相続人の廃除を家庭裁判所に請求しなければならないとされていることから、被相続人としては、遺言で遺言執行者も定めておくことが必要になります。

排除ができない場合には、相続人以外に早めに生前贈与をしたり、第2章7項に記載したように生きているうちに使い切ってしまうことを考えてみてもいいかもしれません。

けんかが絶えない親子
おまえは勘当だ
こっちから出ていくよ
あいつとは親子の縁を切った相続はさせんぞ
相続人の廃除
家庭裁判所に申し立てます
遺言書に明記
相続のときに遺言執行者が廃除の申立てをすることになります
遺言執行者
家庭裁判所
廃除の条件
被相続人への日常的な暴力、虐待、侮辱、名誉毀損など
No
家庭裁判所
廃除したい相続人に特別な非行はありません
勘当は被相続人の感情によるもの
廃除は認められません

12

相続人である弟が行方不明です

当然に弟を抜きにして遺産分割していいというわけではありません

●**7年以上生死が不明な場合**

この場合、失踪宣告という制度を利用する必要があります。失踪宣告がなされると、生死不明となった時から7年間の期間満了のときに死亡したものとみなされます。

失踪宣告は、利害関係人（共同相続人も含まれます）の請求により、家庭裁判所によってなされるものです。

失踪宣告によって死亡したものとみなされますので、もし弟に子供がいれば、その子が代襲相続することになり、その子と遺産分割協議を行うこととなります。

●**失踪宣告の請求ができない場合**

生死不明の状態が7年続いていない場合や、場所はわからないがどこかで生きているというような場合には、失踪宣告はできません。もっとも、そうなると遺産分割がいつまでたってもできなくなってしまう可能性があります。

そのため、この場合には、不在者の財産管理人を選任する方法が考えられます。これは、不在者（住所を去ったまま容易にそこに帰ってくる見込みのない人）について、利害関係人などの請求に基づき家庭裁判所が選任するものです。

財産管理人は、通常は、不在者の財産について、現状を維持したり、利用、改良する限度での行為が認められますが、それを超える行為（「処分行為」といいます）を行うには家庭裁判所の許可が必要となります。

遺産分割は不在者の財産に対する処分行為の一種と考えられるので、財産管理人が遺産分割の協議や調停を行うには、家庭裁判所の許可が必要と考えられます。

遺産分割協議の結果、不在者が財産を取得した場合、財産管理人は、その財産を管理し、不在者が現れたときには不在者がであった者に、不在者について失踪宣告がされたり、不在者が死亡したときは不在者の相続人に、それぞれ財産を引き継ぐことになります。

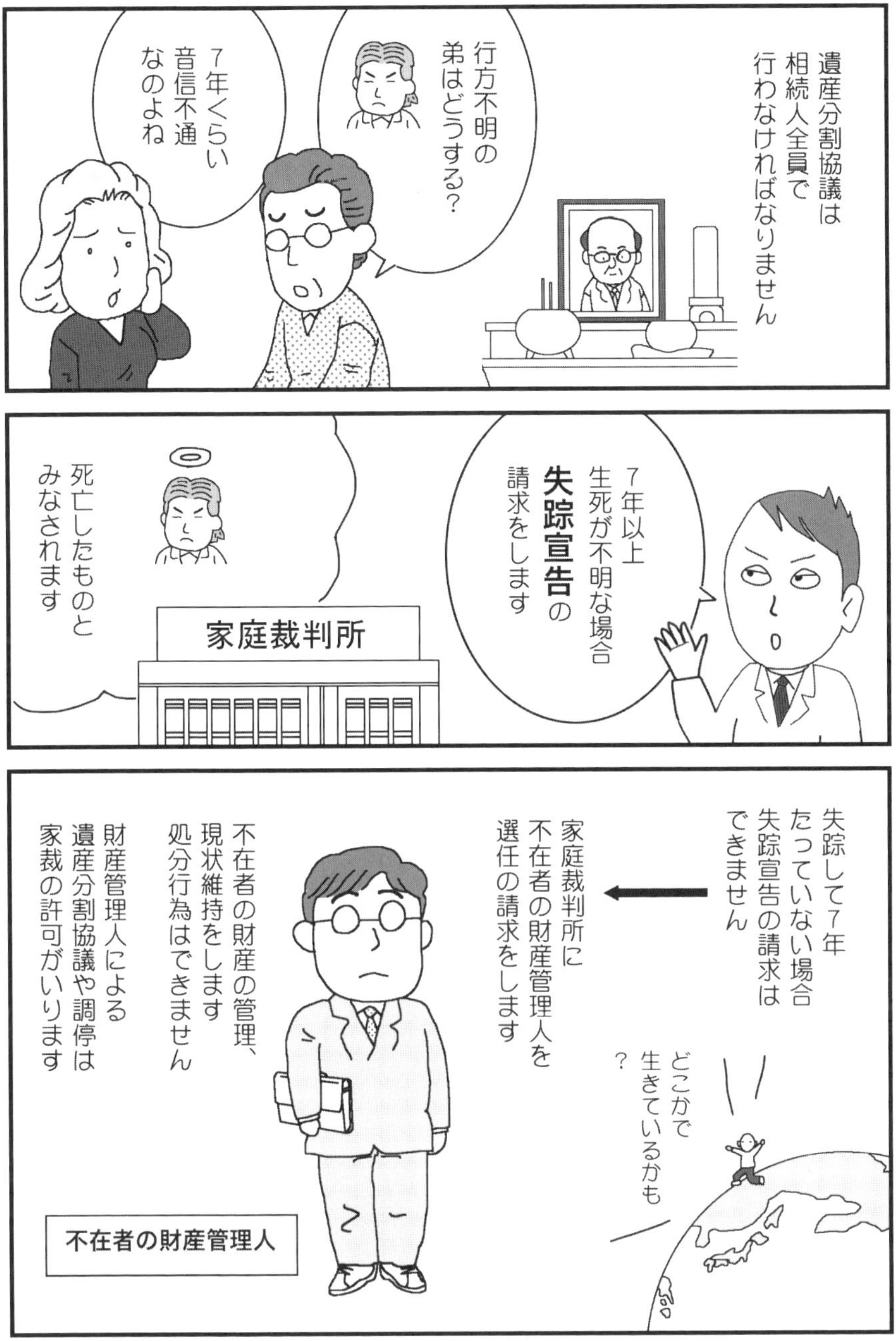
遺産分割協議は相続人全員で行わなければなりません
行方不明の弟はどうする?
7年くらい音信不通なのよね
7年以上生死が不明な場合**失踪宣告**の請求をします
死亡したものとみなされます
家庭裁判所
失踪して7年たっていない場合失踪宣告の請求はできません
どこかで生きているかも?
家庭裁判所に不在者の財産管理人を選任の請求をします
不在者の財産の管理、現状維持をします
処分行為はできません
財産管理人による遺産分割協議や調停は家裁の許可がいります
不在者の財産管理人

13

「特別縁故者」って何？

相続人がいない場合には相続財産がもらえる場合も

●「特別縁故者」の制度

相続人がいない場合には、相続財産は国庫に帰属するのが原則です。

しかし、たとえば被相続人が亡くなる前に内縁の妻が献身的に世話をしていた場合などには、国庫に帰属させるよりは、内縁の妻に相続財産を分与することが被相続人の遺志に合致すると考えられます。

そのため、特別縁故者として相続財産の全部または一部を取得することが認められています。

もちろん遺言をしておけば法定相続人以外の者に相続させられますが、遺言制度があまり活用されていない実情もあるため、設けられている制度と考えられます。

特別縁故者として相続財産の分与を受けるには、「被相続人と生計を同じくしていた人、被相続人の療養看護に務めた者その他被相続人と特別の縁故があった人」で、家庭裁判所に対し、相続財産の分与の請求を申し立てる必要があります。

申立があると、相続財産管理人（相続人がいない場合には家庭裁判所が相続財産管理人を選任します）にその旨が通知され、相続財産管理人の意見を聴いて裁判所が分与の審判を行うことになります。

審判にあたっては、特別の縁故関係の有無・内容・程度、相続財産の種類・内容、被相続人の遺志などを総合的に考慮して分与するか否か、および分与の額を決定することになります。

●特別縁故者の具体例

個々の具体的な事情によりますが、20年以上生活を共にした内縁の妻、30年以上共同生活により苦楽をともにしてきた事実上の養子、被相続人と同居し、家事一切の世話や療養看護に務め、田畑の工作をして生計の一端を担い、葬儀や法要を営んできた叔母、被相続人の妻の死後、被相続人を引き取って世話をしてきた妻の兄の妻などが特別縁故者として認められています。

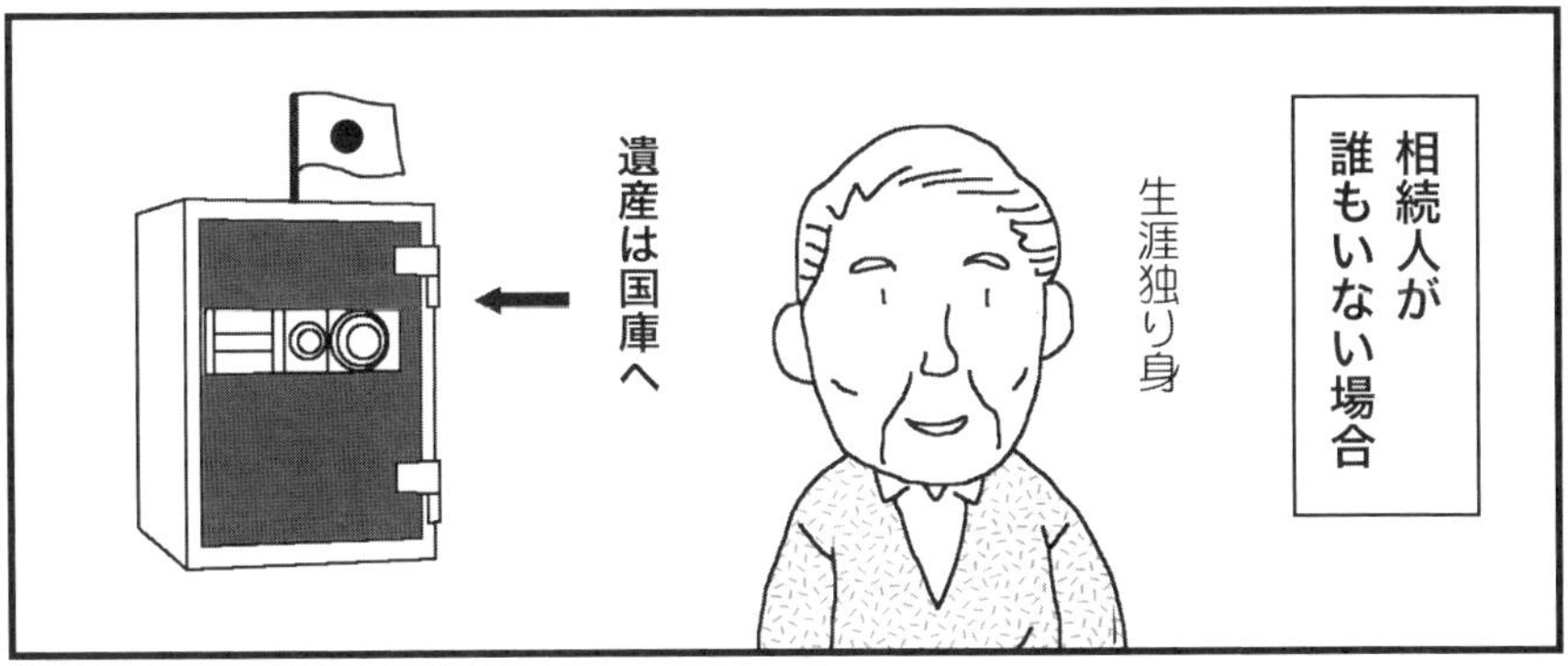
相続人が誰もいない場合
生涯独り身
遺産は国庫へ

特別縁故者の制度
法定相続人以外でも被相続人に特別な貢献があったと認められれば財産を相続できます
事実上の養子
20年以上生活をともにした内縁の妻
介護をしてくれた縁故者
被相続人の田畑を耕作し生計の一端を担った縁故者

14

夫と前妻の間には子がいますが……

連絡をとらないことには遺産分割ができません

●前妻の子に連絡を取る方法

前妻の子にも当然相続権があり、遺言がない場合には、遺産分割協議を行わないことには遺産分割自体ができません。

しかし、前妻と共に夫のもとを離れた前妻の子が、どこに住んでいるかということ自体分からない場合も多いと思います。

相続人の調査にあたっては、被相続人の出生から死亡までのすべての戸籍謄本を取得します。

そして、前妻の子についても当然そのどこかに記載があり、その子の移転先となる戸籍も記載されているため、その戸籍を取得し、またその戸籍が作成されてからの住所の移転がわかる書類（「戸籍の附票」といいます）を取り寄せることになります。前妻の子がきちんと住民票を移している限り、これにより現在の居場所は判明します。

このような手続は、役所に申請して行いますが、遺産分割協議という理由があるため、共同相続人の立場である限り、他人の戸籍であっても取得が可能と考えられます。もっとも、戸籍を遡る作業は慣れていないと大変であり、また役所によっては断られてしまうこともあるため、弁護士などの専門家に依頼してもよいでしょう。

●住所がわかったらどうするか？

遺産分割協議をしたい旨を申し出ます。手紙で状況を伝えるのがよいでしょう。

もし被相続人の死亡直後であれば、最初は被相続人が亡くなったということを伝えるだけにとどめてもよいでしょう。

葬儀が終わりある程度落ち着いた段階で、遺産分割の話を切り出します。

どのような内容で切り出すのかによって相手の態度も変わる可能性がありますので、このような連絡から弁護士に依頼することを検討してもよいでしょう。

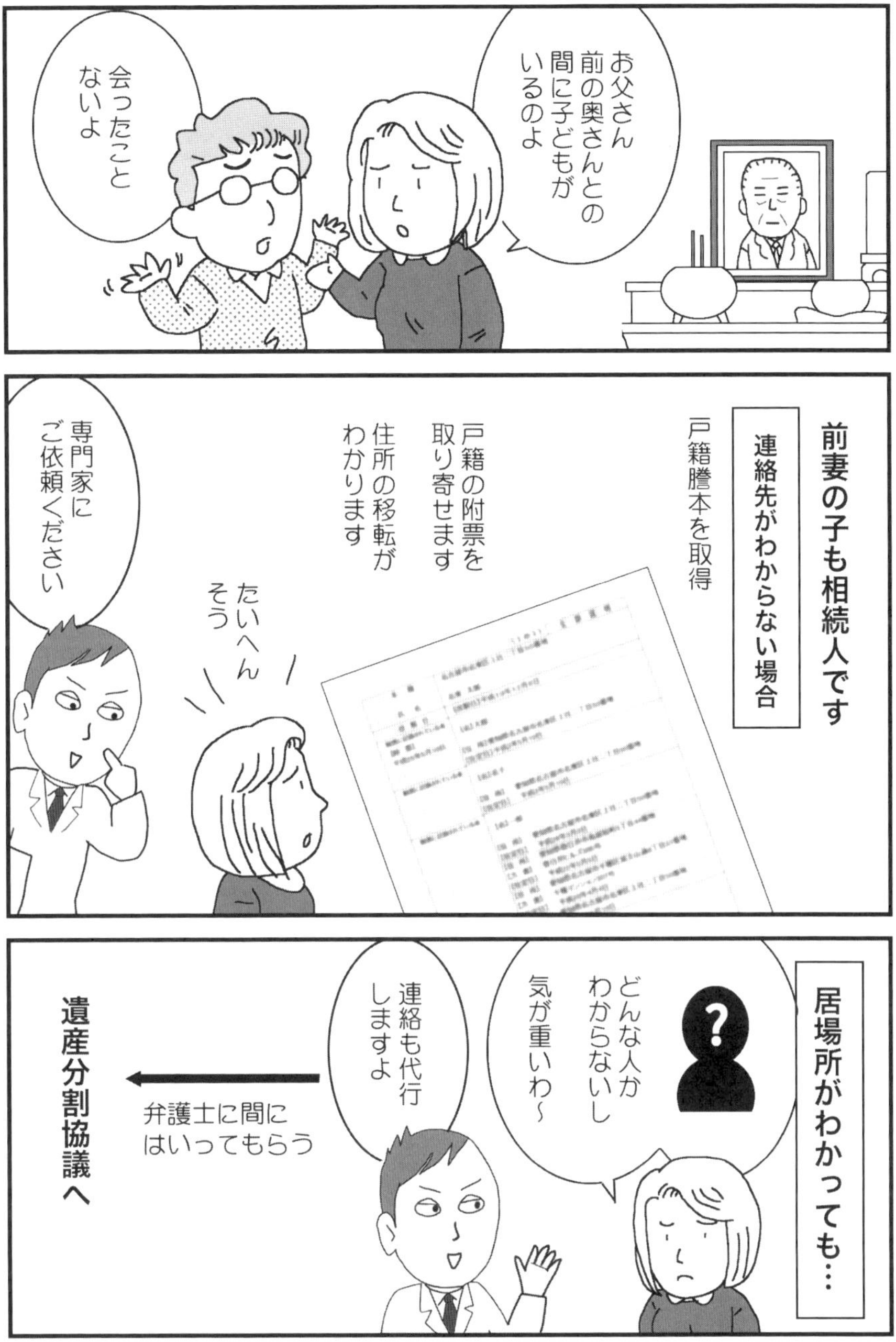
お父さん前の奥さんとの間に子どもがいるのよ
会ったことないよ
前妻の子も相続人です
連絡先がわからない場合
戸籍謄本を取得
戸籍の附票を取り寄せます
住所の移転がわかります
たいへんそう
専門家にご依頼ください
居場所がわかっても…
?
どんな人かわからないし気が重いわ～
連絡も代行しますよ
弁護士に間にはいってもらう
遺産分割協議へ

15 兄が勝手に母の預金を引き出していた!?

遺産分割に影響を与えることも

●同居の家族による使い込みの危険

母（被相続人）が亡くなる前の財産は当然母（被相続人）のものであって、その同意なく預金を引き出したりすることは許されないはずです。

しかし、被相続人が病気をしていたり、母の判断能力がしっかりしておらず、同居の家族が事実上財産の管理をしている場合など、多く見受けられます。

そのような場合に、被相続人にとって必要な範囲を超えて預金を引き出し、自らのために浪費するといった行為は後を絶ちません。

このような行為は横領罪という犯罪にも該当します。

遺産分割にあたっても、当然その分は本来被相続人の遺産となるべきものであり、それを生前に受領してしまった相続人はその分不利に計算されるべきと考えられます。

しかし、使い込みをしたと思われる相続人が、被相続人の預金を引き出したことを否定したり、仮に引き出しを認めたとしても、被相続人に頼まれ治療費などやむを得ない事情があったと説明するような場合、その相続人自身が使い込みをしたという立証は難しいのが実情です。

●使い込みを防ぐには?

もし被相続人の判断能力がしっかりしておらず、他人の言うがままに行動してしまうおそれがあるようであれば、その財産を守るために家庭裁判所に対し成年後見人の選任の申立（貢献開始の申立）を検討すべきです。

同居の親族の使い込みの危険があるような場合には、その旨を裁判所にも説明することによって、親族ではなく、弁護士や司法書士といった第三者が成年後見人に選ばれるのが通常です。

これによって、同居の親族も必要以上に預金の引き出しはできなくなります。

もっとも成年後見人は、基本的には財産の現状を維持しようとするため、生前の相続（税）対策は、事実上困難になることについて注意が必要です。

母は認知症で同居の兄夫婦が世話をしてくれています
それはありがたいのですが…

兄夫婦の使い込みが発覚
お母さんの預金が勝手に引き出されている
治療費に使ったんだよ
お母さんに頼まれたのよ
BANK

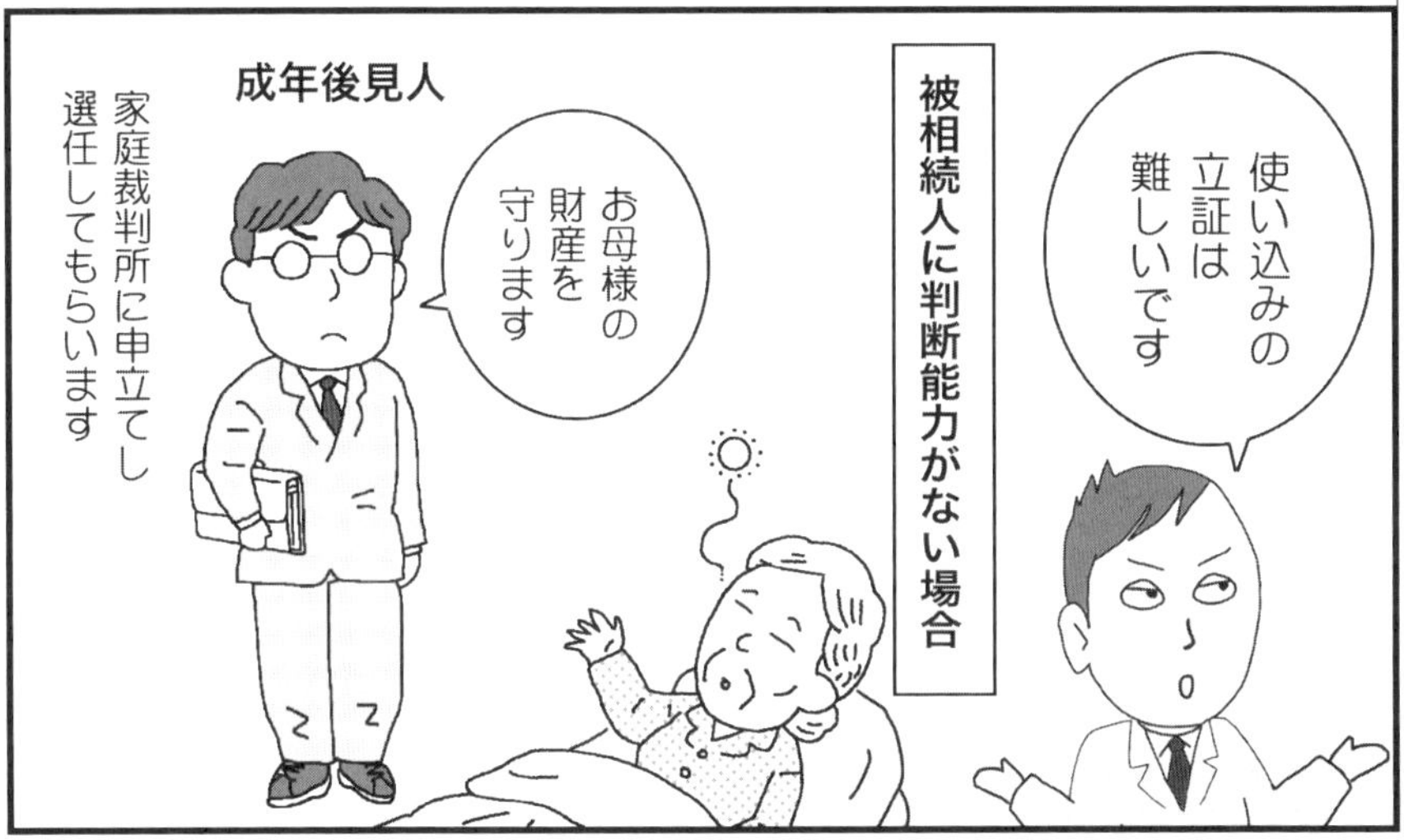
被相続人に判断能力がない場合
使い込みの立証は難しいです
お母様の財産を守ります
成年後見人
家庭裁判所に申立てし選任してもらいます

16 亡くなった父の相続財産がわかりません

相続財産の調査は重要です

●相続財産がわからない…

亡くなった被相続人と同居している人がいなく、遺産の内容が書かれた遺言書もないような場合、どのような相続財産があるのか、相続人がすべてを把握するのはたやすくありません。

もちろん、わかる範囲で遺産分割を行ってもよいのですが、そもそも遺産を見逃して損をしていたり、逆に多額の負債が発見され相続放棄をしておくべきだったということも考えられます。亡くなってすぐの段階で遺産（負債も含めて）の調査は徹底的にすべきです。

基本的な遺産の調査の方法としては、被相続人が居住していた家を調べ、遺産の手がかりとなる書類を探すことが重要です。

たとえば、遺産で価値が大きなものとしては不動産が挙げられますが、不動産は通常、固定資産税の納税通知書が毎年届いているはずですので、その書面によって不動産の有無及びその所在は把握できるでしょう。

仮に納税通知書が見つからず、不動産の正確な所在がわからなかったら、その不動産があるかもしれない市区町村に対して、被相続人が所有している不動産の一覧が記された「名寄帳」を請求しましょう。そうすることによって判明することも多々あります。

●通帳の確認も

預金については、通帳があればその存在がわかりますが、それと共に、通帳の記載（取引履歴）によって、被相続人が何にお金を使っていたかがわかります。

消費者金融への返済があれば、借り入れがあるのか問い合わせをしたり、生命保険会社への引き落としがあるようであれば、当該生命保険会社へ保険金がないか問い合わせをしたりするといったことも必要になってきます。

通帳だけで判断せずに、取引銀行などで、貸金庫がないか、契約していた投資信託などがないか、確認するのも有効です。

一人暮らしの父が亡くなりました
お父さんの財産って何があるの？
さあ？
姉
弟
家探し開始
お父さんが元気なうちに聞いておけばよかった
不動産は**固定資産税の納税通知書**の有無で確認を
通帳も確認
毎月引き落とされているのは何？
ローン？
借金があると大変
生命保険の引き落としがあるね
取引銀行に連絡
貸金庫投資信託の確認を
BANK

17

お通夜に隠し子が現れた！

法律上の親子関係が認められるかが重要です

●隠し子が相続できるか

生前に認知されている子であれば、当然、子として相続人となります。

ここでは、「隠し子」とは婚姻関係にある夫婦から生まれた子ではなく、また生前に認知もされていない子（つまり戸籍からは被相続人の子なのか判断できない子）として、その「隠し子」が現れた場合にどうなるのか考えてみます。

隠し子が相続人となるには、やはり認知がなされる必要がありますが、父が亡くなった後には、その請求の相手方となる父がいません。そのため公益を代表すると考えられている検察官を相手に隠し子は認知の訴えを提起することになります。

この請求は父の死後3年を経過すると行えなくなります。親子関係の判断には、通常ＤＮＡ鑑定が用いられることとなりますが、父が死亡していてＤＮＡの採取ができないような場合には、他の近親者からＤＮＡを採取して判断を行うような場合もあります。

つまり、通夜に訪れた隠し子に対しては、このような認知の訴えが認められない限り、相続人として扱う必要はないことになります。

●遺産分割後に認知が認められた場合

認知が認められると、隠し子は当初から相続人であったことになり、相続人を除外して行われた遺産分割は無効となるのが基本ですから、この場合も遺産分割が無効となってしまうとも考えられます。

しかし、認知の訴えは、死後3年を経過するまでは認められるため、既に行われた遺産分割を無効としてしまうと、遺産分割を前提に生じている様々な法律関係に影響を与えてしまうことになります。

そのため、既に他の相続人で遺産分割を行っていた場合には、隠し子はその相続分に応じた価額の支払い請求のみ認められています。

父のお通夜で…
お父さん…
誰？
？
認知されていれば相続人です
非嫡出子
認知されてない場合
相続人になるためには認知の訴えを起こします
隠し子
DNA鑑定へ
父親が亡くなっているので近親者からＤＮＡを採取します
認知の訴えができるのは父の死後３年以内です

18

遺言の内容は無視できるの？

相続人全員の合意は必要です

●遺言に反対の相続人がいる場合

遺言書の内容は、当然すべての相続人にとって納得のいくものとなっているとは限りません。それでも、1人でもその内容通りの遺産の分配を希望している相続人（受遺者）がいれば、その内容通りに分配されることになります。

しかし、たとえば、遺言書通りだと全財産を相続することになる相続人自身が、今後の相続人間での対立を避けるため、遺言書の内容とは異なる遺産分割を希望するような場合、遺言書の内容を相続人に押しつける必要はないと考えられます。

そのため、相続人全員が遺言の内容を正しく認識した上であれば、遺言の内容と異なる遺産分割協議を行うことも可能と考えられています。遺言よりもより現実に即した、各相続人の希望にそった遺産分割も可能ということになります。

もっとも、遺言の内容を正しく認識したうえで行うべきですから、そもそも遺言の存在を知らないで遺産分割協議を行ったような場合には、無効となる可能性が高いものと思われます。

●遺言執行者がいる場合

遺言書のなかに、遺言内容が適切に執行されるように遺言執行者を定めておく場合があります。この遺言執行者がいる場合には、相続財産に対する管理処分権が相続人でなく、遺言執行者に帰属することになるため、遺言と異なる相続人の相続財産の処分は無効となるのが原則です。

この遺言執行者がいる場合に、遺言執行者の同意なく遺言と異なる内容の遺産分割協議ができるかは、裁判上も明確な判断がなされていません。そのため、相続人としては、遺言執行者の同意を得たうえで、遺産分割協議を行うべきでしょう。

父親の遺言
遺言書
・長男○○に土地、建物
全てを相続させる
・次男△△は……
・長女□□は……
これ
不公平よ
兄キ
ばっかり
何で
遺言書に不満の
相続人がいても
一人でも遺言通りの
分配を希望すれば
おれは
遺言に従う
遺言の通りに分割されます
やっぱり
みんなが
納得のいく
分配にしよう
相続人全員の
合意があれば
遺言と異なる
遺産分割が可能です
しかし遺言執行者がいる場合には
相続人全員の合意に加えて
遺言執行者の同意も得ておく
べきでしょう
遺言執行者
遺言の内容を実現するために
必要な手続きをする人
私の同意を
得てください

正しい遺産分割ってどうやるの？

具体的な遺産分割の内容（遺産の分け方）はさまざまです。法定相続分というものはありますが、相続人全員が納得すればどのような分け方も可能です。

たとえば、1人の相続人は全く遺産を取得せず、他の相続人で遺産を分ける内容でも、その全く遺産を取得しない相続人が納得していれば、法律上は問題ありません。そのため正しい遺産分割なんていうものは存在しないとも言えます。

弁護士に相談が来る遺産分割は、どのように分けたらいいかわからないということもありますが、「他の相続人からこのような遺産分割協議書が送られてきたが、これに署名押印していいのかわからない」というものも多くあります。

この場合、当該遺産分割協議書の記載内容は、法定相続分から考えた場合、相談者にとって一方的に不利な内容になっている場合がほとんどです。相談に来なければ妥当かどうかもわからず署名押印してしまい、そのまま遺産分割が行われていたのです。妥当かどうかわからないとしても署名押印してしまえば、その内容で納得したということになってしまい、後から争うことは非常に難しいものになります。

そのため「正しい遺産分割」というものを1つ定義するとするならば、「すべての相続人がその取得する財産の価値を正しく把握したうえで、それに納得してなされた遺産分割」といえるのでないでしょうか。

なお、本書を読んでいただいている方には、正しい遺産分割を行う能力が身についていくのは間違いありません。

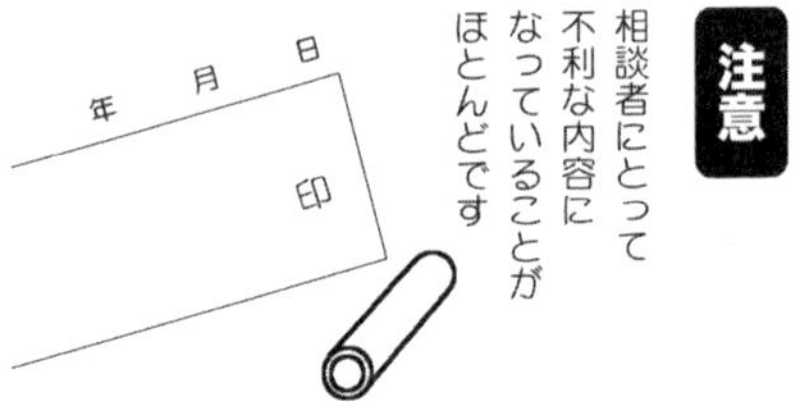

第５章

不動産の評価と対策

～相続対策、一番効果があるのが不動産～

1 そもそも、土地の評価はどうやるの？

まずはネットで検索

●相続税の申告では、「路線価」を使う

自宅を相続したときは、自宅の敷地を評価する必要があります。自宅以外に、相続した土地がある場合も同じです。

もちろん、土地の評価は一定ではないため、相続した土地は、時価で評価するのが原則です。

しかし、すべての土地の時価を計算するのは大変です。そこで、道路に土地1㎡当たりの価格が表示されています。これを「路線価」といいます。1㎡当たりの価格に、土地の面積をかけて、相続した土地の評価額とすることになっているのです。土地の評価は、路線価がある地域では、路線価を使用して行います。

また、路線価は、すぐに知ることができます。インターネットで、「路線価」と検索してみてください。すると、国税庁のＨＰの「路線価図」が出てきます。

たとえば、「２００」という数字が書かれている場合、この数字は千円単位なので、その道路に接する宅地は、1㎡当たり20万円を使って計算します。価格が高くなる要素や、低くなる要素がなければ、このまま1㎡当たり20万円が使われます。１００㎡の土地は、２０００万円となります。

●しかし、実際に売れる価格は違う……？

「路線価」は、毎年発表される1月1日時点の「公示価格」の、80％の水準に設定されています。このため、路線価による評価額が２０００万円の土地は、通常であれば、実際には２５００万円で売れると考えられます。ただし、条件が悪い土地の場合は、２０００万円よりも低くなるときもあります。

長男が路線価評価で２０００万円の土地、次男が２０００万円の現金という相続をした場合、一見公平に見えても、実はどちらかが損をしている可能性があります。相続した土地は、実際にいくらで売れるかを把握しましょう。必要に応じて、不動産鑑定士の鑑定をお勧めします。

相続のときの土地の評価は

路線価 を使います

＝

標準的な宅地

1㎡当たりの価格のこと

国税局が公表します

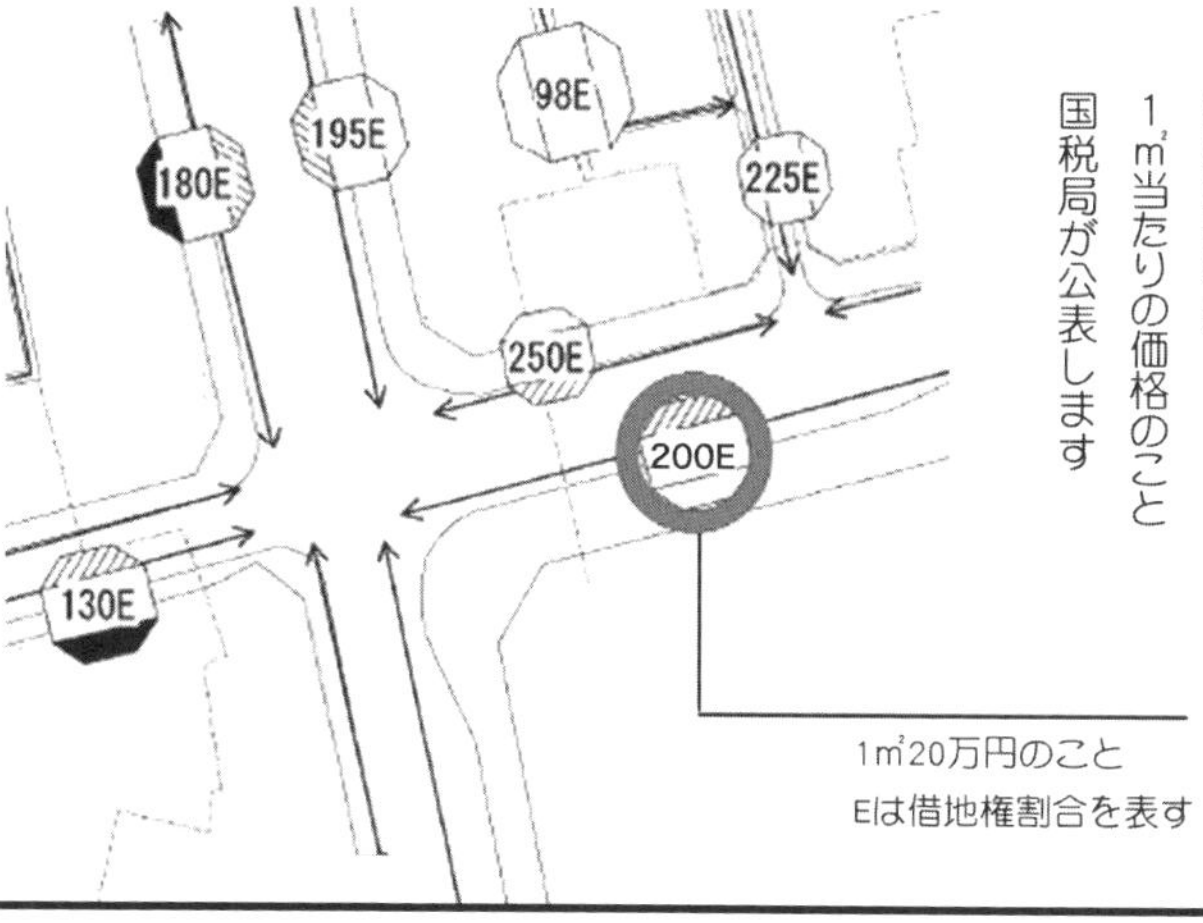

公示価格

＝

国土交通省が1月1日時点の

土地の正常価格を鑑定したもの

路線価は公示価格の**80％**に

設定されています

つまり…

公示価格で評価　2500万円

↓

路線価で評価　2000万円

＊実勢価格、

実際の売却価格は異なります

現金2000万円 ＝ **路線価評価2000万円**

相続　　　　土地を相続

↓

実は公平ではない

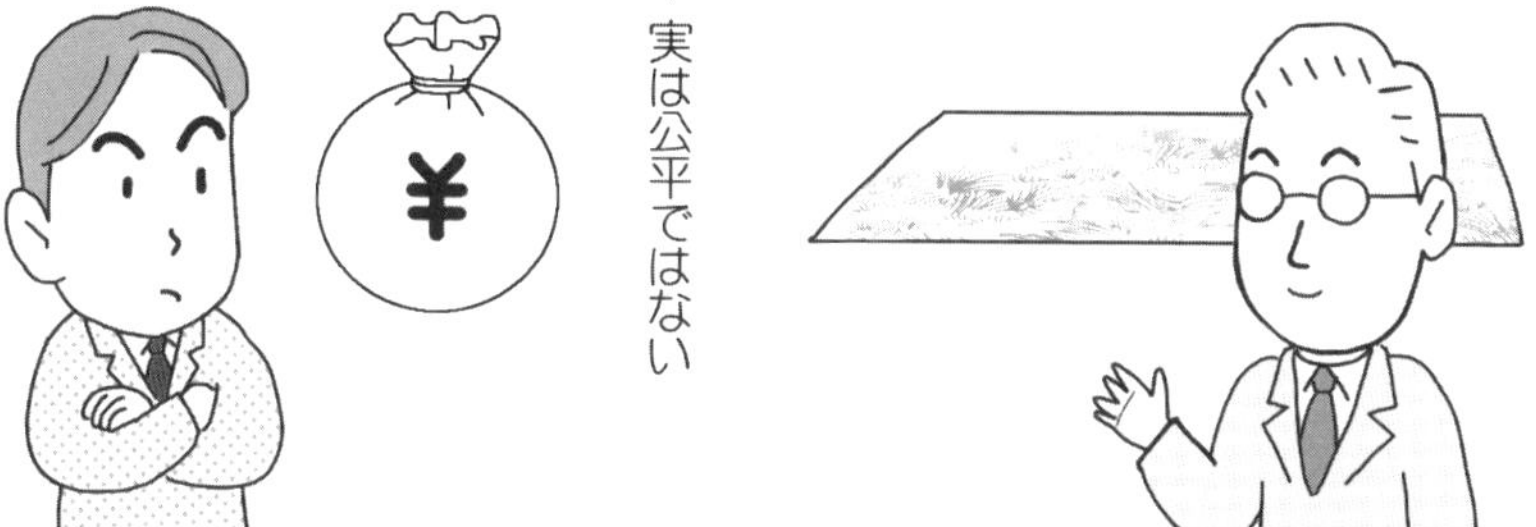

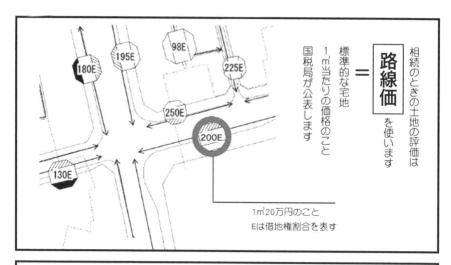

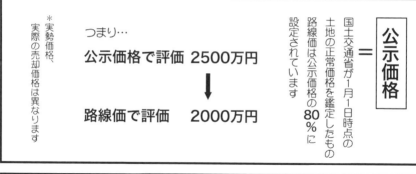

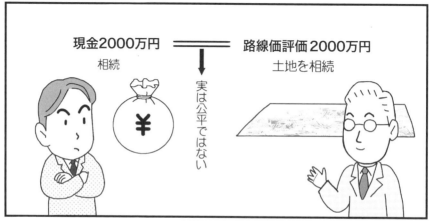

2 路線価での評価額は、実際に売れる価格よりも安い

公示価格の80％です

●土地の価格は「一物四価」といわれている

土地の価格は、「一物四価《いちぶつよんか》」といわれています。「一物四価」とは、ひとつの土地に4つの価格があることをいいます。実勢価格（実際の取引が成立する価格）、公示価格、路線価、固定資産税評価額の4つです。

公示価格とは、国土交通省が毎年公示する、1月1日時点における標準地の正常な価格です。毎年ニュースでも取り上げられております。

路線価は、毎年発表される1月1日時点の公示価格の、80％の水準に設定されております。路線価が公示価格の80％の水準に設定されている理由は主に2つあげられます。税金を払ってもらいやすくなるためだったり、年に1回の評価で1年間のうちに経済状況が変わって路線価が割高になる可能性を考えて、安全性を考慮したためなどです。

また、路線価が80％ではなく、１００％の水準で設定されていたら、不公平が生じるときがあります。２０１7年1月1日に亡くなった人も、２０１７年12月31日に亡くなった人も、どちらも同じ２０１７年の路線価を使用します。もしその地域で、1月1日～12月31日の間で地価が10％下落していたら、12月31日に亡くなった人は、10％程度割高な土地の評価となってしまいます。

●標準的な形状・規模の宅地は路線価より高く売れる

このため、標準的な形状・規模の宅地であれば、路線価による評価額よりも高く売れるケースが多いです。相続した不動産を売却するときや、売却して相続税の支払いに充てる計画をするときは、路線価＝売れる価格と勘違いしないように気をつけてください。

不動産業者に売却を依頼する際には、不動産業者が売れる価格を査定してくれます。また、相続の争いに成る前に鑑定評価書を参考にしたい場合は、不動産鑑定士に売れる価格の鑑定を依頼することもあります。実際にはいくらで売れるのかを、計画的に把握しましょう。

土地の価格は一物四価《いちぶつよんか》

ひとつの土地に４つの評価があるということ

- ●実勢価格（不動産の時価）
- ●公示価格（国土交通省が公示）→毎年１月１日に公示
- ●路線価（国税局が公示）
  → 相続税は路線価を元に評価されます
- ●固定資産税評価（市町村が決める課税評価）

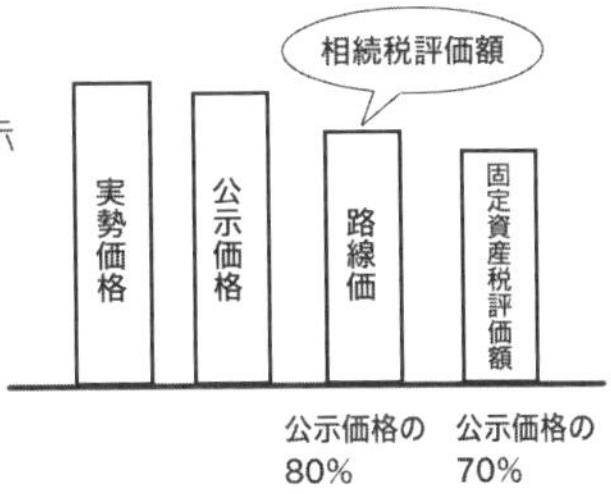
相続税評価額
実勢価格
公示価格
路線価
固定資産税評価額
公示価格の80%
公示価格の70%

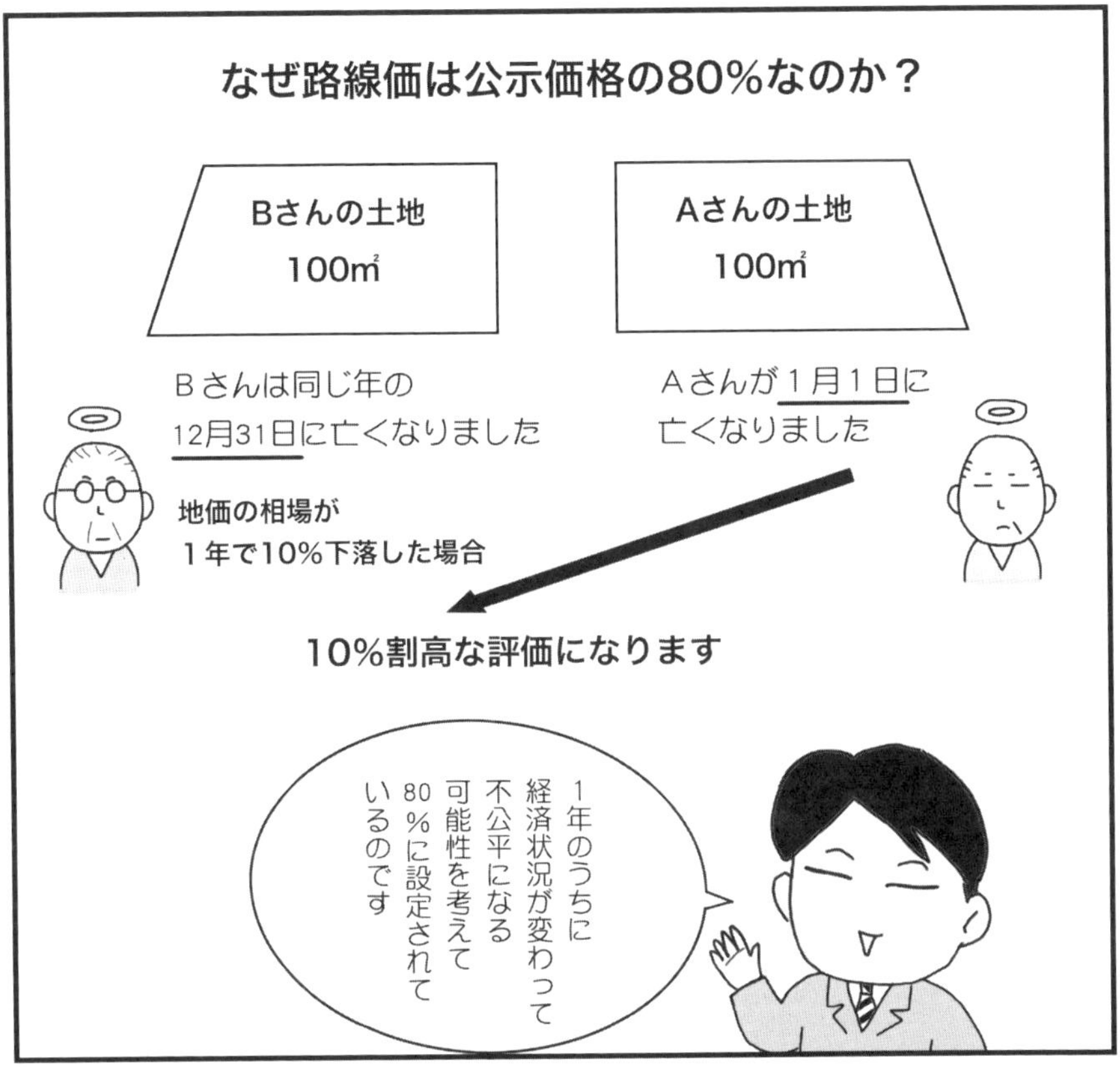
なぜ路線価は公示価格の80%なのか？
Bさんの土地
100㎡
Aさんの土地
100㎡
Bさんは同じ年の12月31日に亡くなりました
Aさんが１月１日に亡くなりました
地価の相場が１年で10%下落した場合
10%割高な評価になります
１年のうちに経済状況が変わって不公平になる可能性を考えて80%に設定されているのです

3 路線価で評価すると、実際に売れる価格よりも高くなる？

そんなときは不動産鑑定士の出番

●条件が悪い土地は、安くしなければ売れないかも？

先ほどお話ししたとおり、路線価は、毎年発表される1月1日時点の「公示価格」の水準よりも、安く設定されています。このため、条件が悪くない土地は、路線価による評価額よりも高く売れます。

しかし、かなりの造成費がかかる土地や、形が相当悪いなど、条件が悪い土地は、実際に売れる価格は、路線価による評価額よりも安くなってしまう場合があります。

路線価による評価でも、形が悪い、造成費がかかる等のマイナス要因がある場合、減額して評価することができますが、マイナスの数値は一律に定められております。実際に売れる価格が、この数値ではカバーしきれないほど安くなってしまう土地もあるのです。

●鑑定評価で土地の評価額を下げられる？

路線価による評価額が実際に売れる価格よりも高くなってしまう場合、不動産鑑定評価書を税務署に提出すれば、評価額を安くすることができます。これにより、相続税を大きく節税できる場合があります。

埼玉県某市に実家のあった某さんの例です。市街地のなかにあった山林450㎡を相続しました。この地域は遺跡が数多く発掘されているので、市役所の窓口で確認したところ、この山林も埋蔵文化財包蔵地に含まれていて、この地域の発掘費用の平均的な額もわかりました。

埋蔵文化財包蔵地は、宅地開発を行うとすれば発掘調査が不可欠ですし、その費用は開発者の負担となります。

不動産鑑定士は、この地域では、敷地100㎡程度の戸建住宅が一般的ですので、450㎡では規模が大きすぎることから、戸建ての分譲用地が最も有効な土地利用の方法だと判断しました。

さらに、この土地には約20本の木が生い茂っており、伐採費用がかかることなどから、造成費用が通常よりも高めになりました。その結果、路線価が9万円なのに対し、鑑定評価額は1㎡当たり5万円になりました。

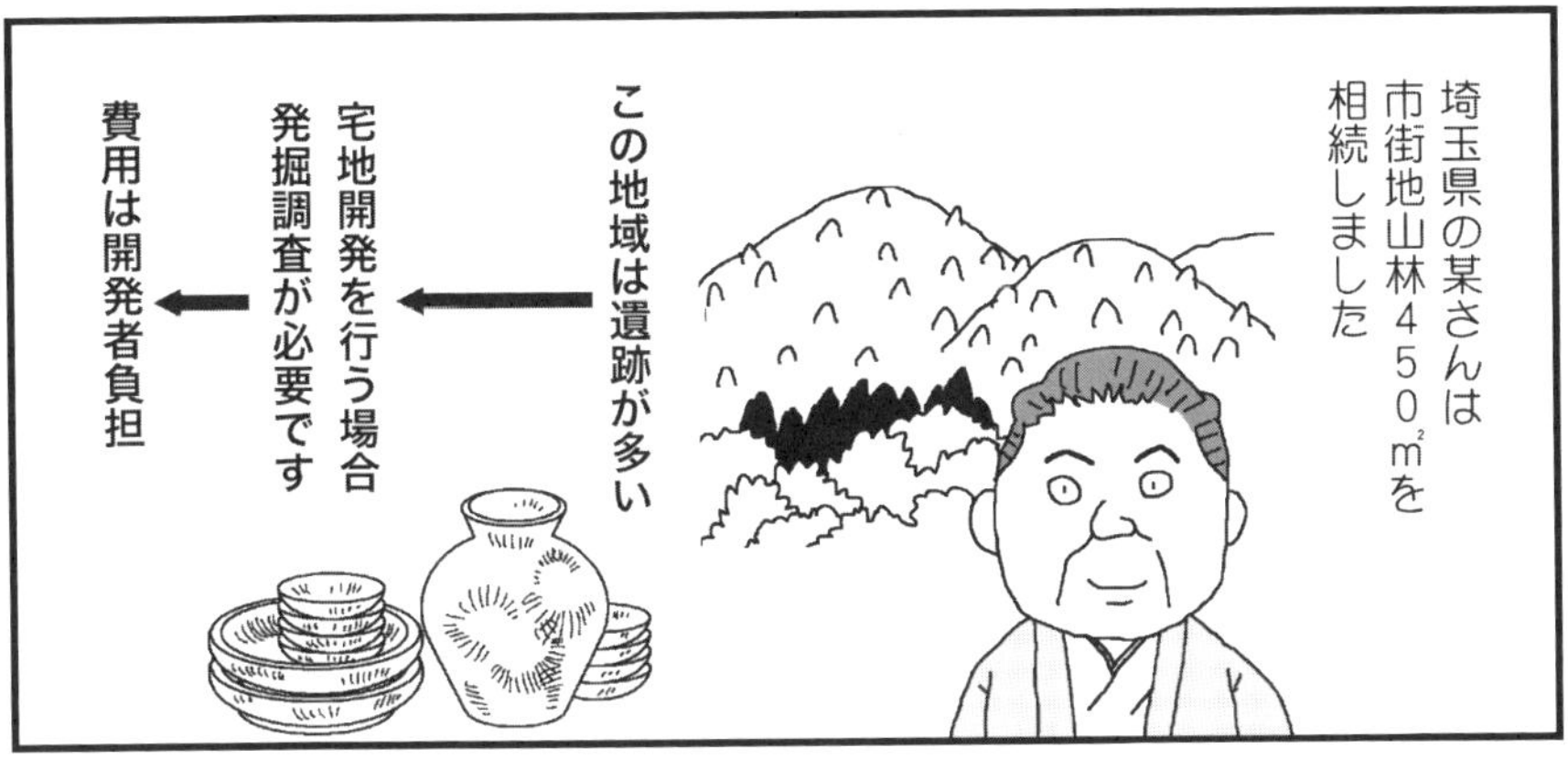
埼玉県の某さんは
市街地山林４５０㎡を
相続しました
この地域は遺跡が多い
宅地開発を行う場合
発掘調査が必要です
費用は開発者負担

木が20本
生えているので
開発のために
伐採します
造成費がかかります

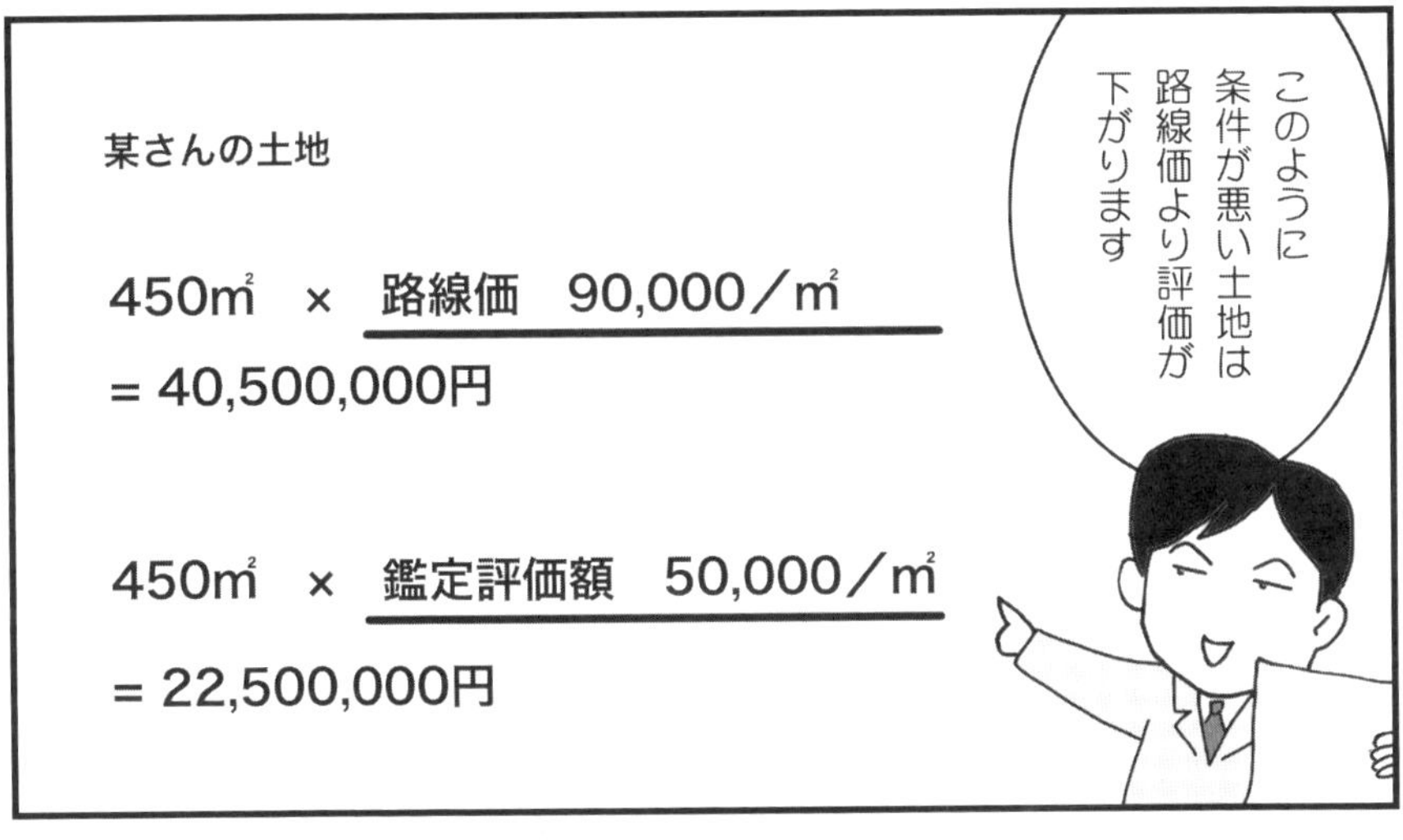
このように
条件が悪い土地は
路線価より評価が
下がります
某さんの土地
450㎡　×　路線価　90,000／㎡
= 40,500,000円
450㎡　×　鑑定評価額　50,000／㎡
= 22,500,000円

4 そもそも、建物の評価はどうやるの？

毎年送られてくる納税通知書が重要

●相続税の申告では「固定資産税評価額」を使います

自宅を相続したときは、自宅の建物を評価する必要があります。自宅以外に、相続した建物がある場合も同じです。

毎年5～6月に、役所から郵送されてくる「固定資産税納税通知書」には、土地と建物の固定資産税評価額が記載されています。「固定資産税」とは、土地や建物を所有している人にかかる税金です。

相続税の申告では、建物の評価は、固定資産税評価額をそのまま使用します。ただし、賃貸されている建物の場合は、30％減額ができます。賃貸されている物件は、借り手がいた場合、「すぐに出て行って下さい」とお願いすることが難しいため、30％減額ができることになっているのです。

●しかし、実際に売れる価格は違う……？

役所が「固定資産税評価額」を算定するにあたっては、そのスタートとなる建築費が、実際の建築費の60％くらいで考えられています。そして、築年数が古くなると、固定資産税評価額はだんだん低くなっていきます。

たとえば5年前に3000万円で建てた建物の場合、固定資産税評価額は1200万円～1500万円まで安くなるのもザラです。

しかし、実際に売れる価格は、もっと高い場合があります。逆に、かなり築年数が古くて値段がつかない建物の場合でも、固定資産税評価額はそれなりの価格となっている場合があります。

長男が固定資産税評価額1000万円の建物、次男が1000万円の現金という相続をした場合、一見公平に見えても、実はどちらかが損をしている可能性があります。

相続した建物は、実際にはいくらで売れるかを把握しましょう。必要に応じて、不動産鑑定士の鑑定をおすすめします。

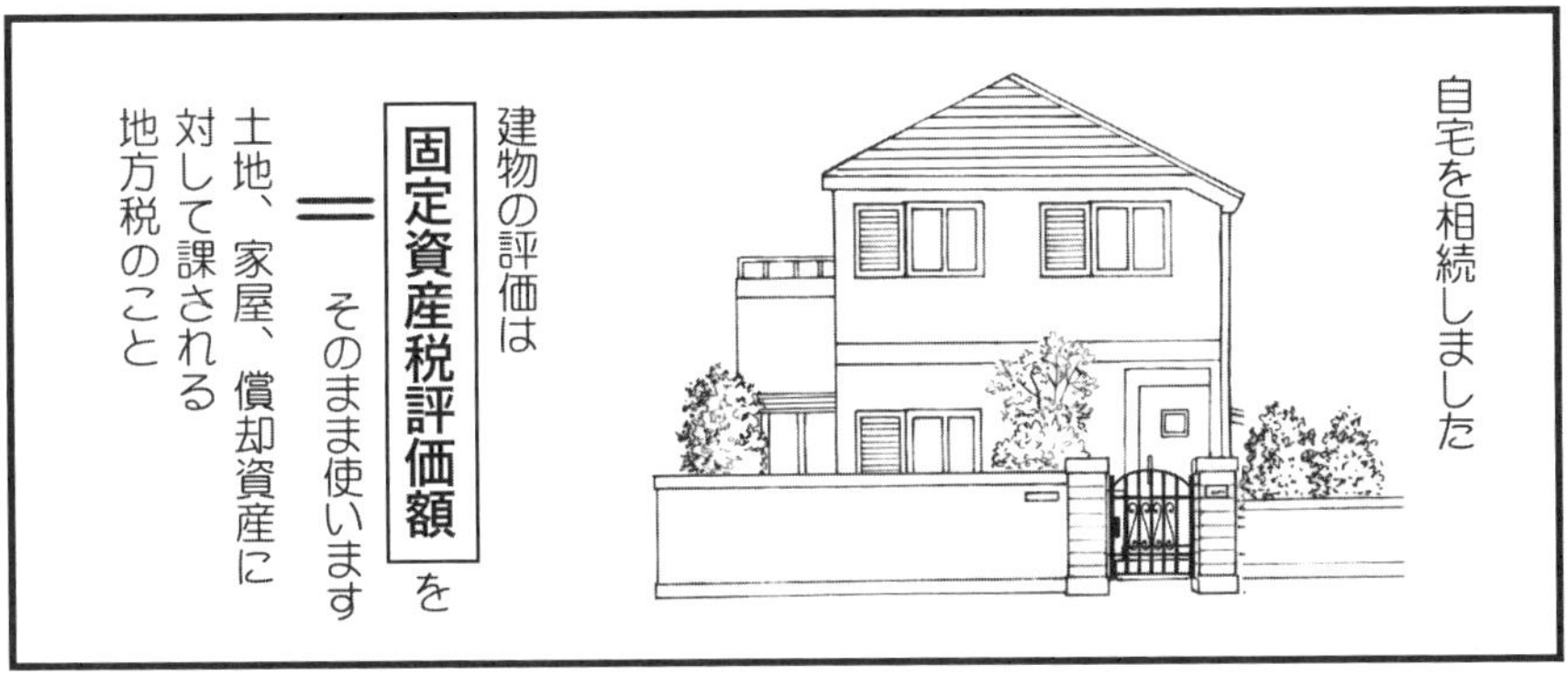
自宅を相続しました
建物の評価は
固定資産税評価額を
そのまま使います
＝
土地、家屋、償却資産に
対して課される
地方税のこと

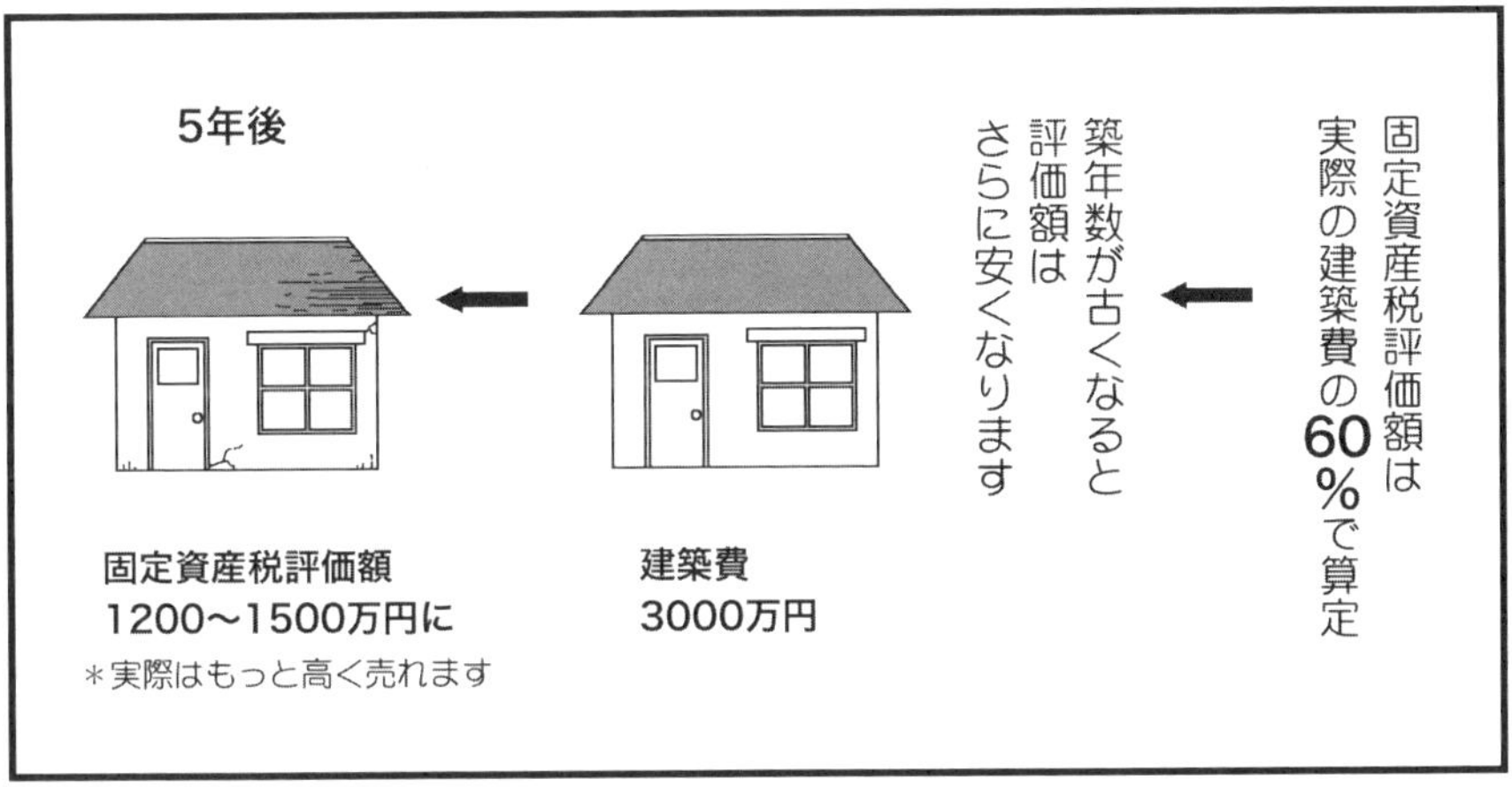
固定資産税評価額は
実際の建築費の60％で算定
築年数が古くなると
評価額は
さらに安くなります
建築費
3000万円
5年後
固定資産税評価額
1200～1500万円に
＊実際はもっと高く売れます

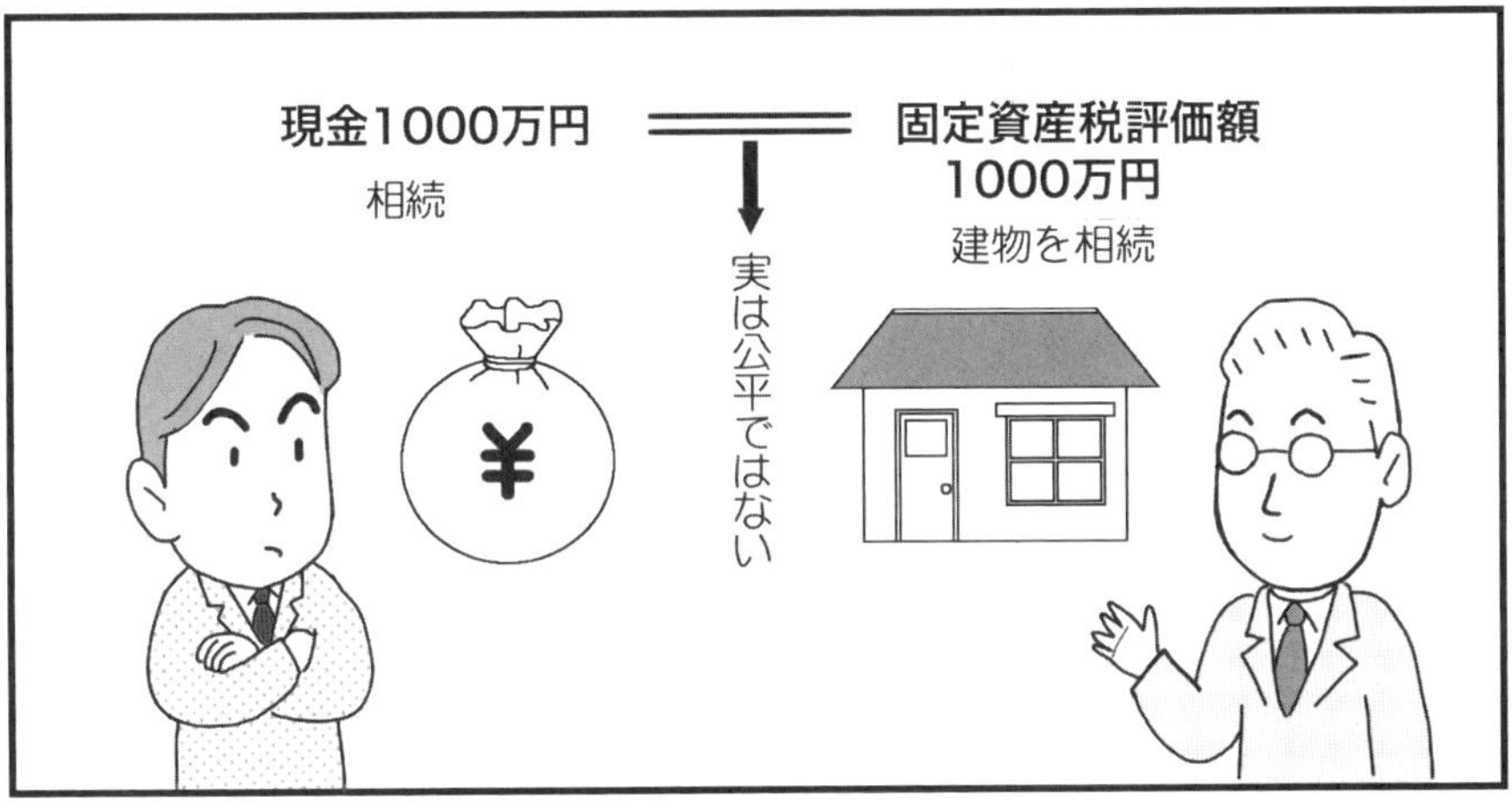
現金1000万円
相続
固定資産税評価額
1000万円
建物を相続
実は公平ではない

5 タワーマンションを買うと、相続税評価額が安くなる？

現金よりもタワーマンション！

●現金や預貯金は、まるまる評価されてしまう

この本をお読みの方は、かなりの所得があり、堅実な方だと思われます。

しかし、相続にあたっては、手放しで喜んではいられないのです。現金や預貯金を相続した場合、金額＝相続税の評価額となります。1億円の預貯金の場合、まるまる1億円が相続税上の評価額となります。1億円から基礎控除債務などを控除した残額に対して、所定の税率で課税されます。

たしかに、手元にお金があったほうが相続税は簡単に納められますが、このようなケースでは、生前にタワーマンションを購入すると、相続税上の評価額を下げることができます。

●実際に購入した価格の半値以下になる場合も！

不動産の場合は、実際に売買された価格が相続税の評価額になるのではありません。路線価や、固定資産税評価額に基づいて評価されます。この結果、タワーマンションは、購入した価格よりも評価額は低くなります。半値以下になることもあります。

筆者が携わったケースでは、1億円で購入したタワーマンションの相続税評価額が、4000万円くらいであったこともあります。購入後に賃貸した場合は、さらに評価額が低くなります。

ただし、2018年以降に引き渡される20階建以上のタワーマンションについては、高層階は評価額が高く、低層階は評価額が安くなる税改正がされる予定です。

とはいえ、1階上がるごとに0・25％という差でしかないので、1階と20階の間でも5％、1階と40階の間でも10％の差しか出ません。

引き続き、現金や預貯金よりも相続税評価額は低くなる見込みなので、タワーマンション購入は節税対策になります。

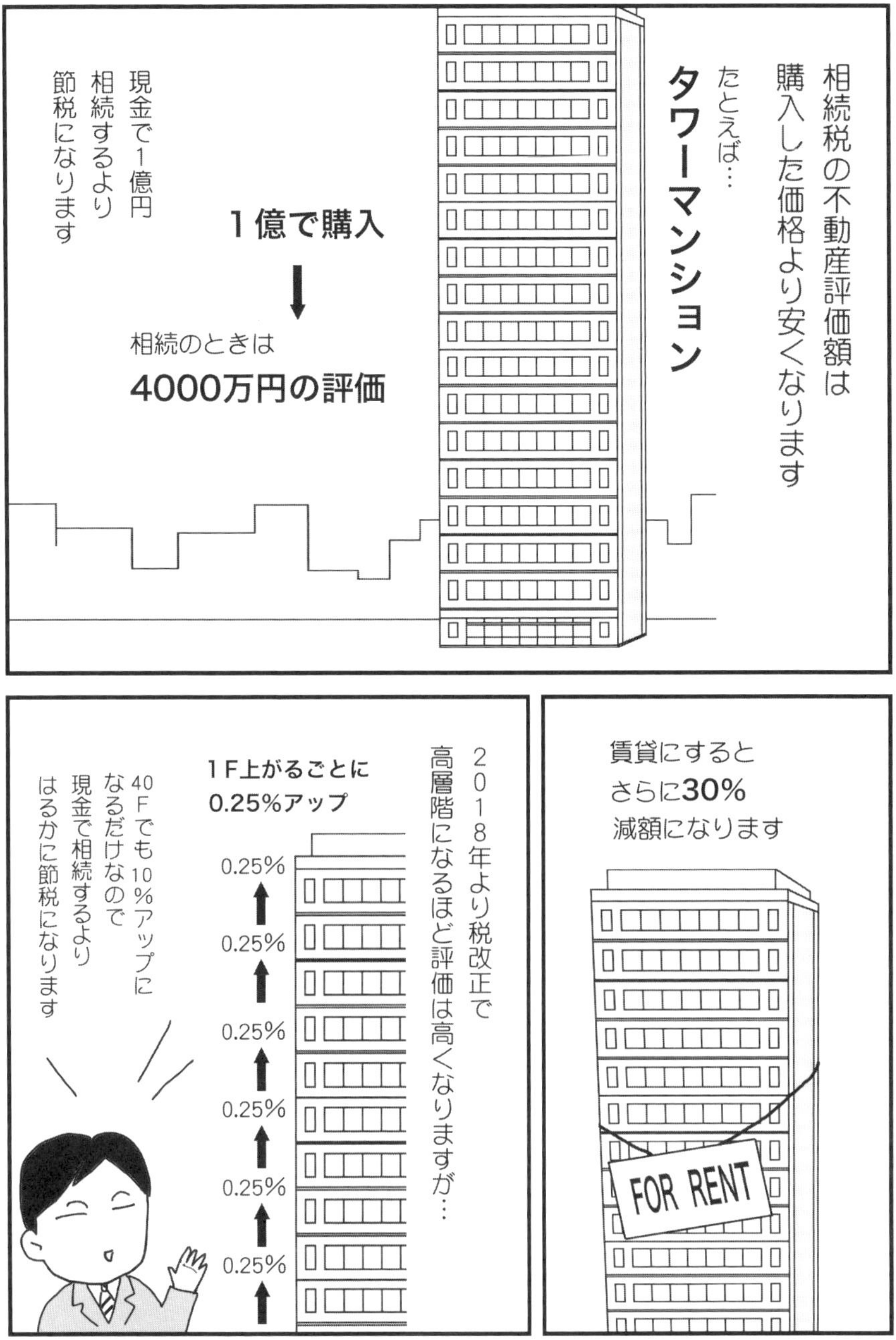
相続税の不動産評価額は
購入した価格より安くなります
たとえば…
タワーマンション
1億で購入
相続のときは
4000万円の評価
現金で1億円
相続するより
節税になります
賃貸にすると
さらに30%
減額になります
FOR RENT
2018年より税改正で
高層階になるほど評価は高くなりますが…
1F上がるごとに
0.25%アップ
0.25%
0.25%
0.25%
0.25%
0.25%
0.25%
40Fでも10%アップに
なるだけなので
現金で相続するより
はるかに節税になります

6 空き地を持っているのですが……収益を生まず、経費ばかりかかります

●空き地は、経費がかかるだけ

実はどこかに、空地を持っている方もいらっしゃると思います。アパートや賃貸マンション、駐車場ならともかく、空地は経費がかかるだけです。毎年、固定資産税(土地や建物を所有している人にかかる税金)がかかります。たとえば、先祖代々受け継いできた土地の場合は、手放すことに抵抗がある方もいるかもしれません。

しかし、将来利用する可能性がない土地を相続しても、お荷物になりかねません。毎年固定資産税がかかるだけでなく、相続のときにはしっかり評価されてしまいます。路線価が10万円の、500㎡の広さの土地を持っていた場合は、5000万円で評価されてしまいます。

●売却か? 有効活用か?

ときには、「先祖代々の土地を守る」という考えにとらわれずに、思い切って売ることも考える必要があります。残すべき不動産と、売却すべき不動産を、明確に分けて考えましょう。売却ができれば、固定資産税や管理の負担から解放され、売却代金を相続税の支払いに充てることができます。

また、利用していない土地を全部売り、その資金で都市部に収益用のマンションなどを購入するというのも有効です。これを、「資産の組み換え」といいます。収益物件を相続させるほうが、子に喜ばれますし、相続税上の評価額が下がる場合もあります。

どうしても先祖代々の土地を残したい方は、有効活用という選択肢があります。土地の広さによっては、アパート、戸建の貸家、賃貸マンションなどの建築が考えられます。空き地よりも固定資産税も安くなり、相続税の評価額も下がります。

しかし、地域によっては、入居者がなかなか決まらないケースもあります。ハウスメーカーの提案だけを鵜呑みにせず、賃貸物件に強い不動産業者に市況をヒアリングしたり、情報収集したりして、慎重に進めましょう。

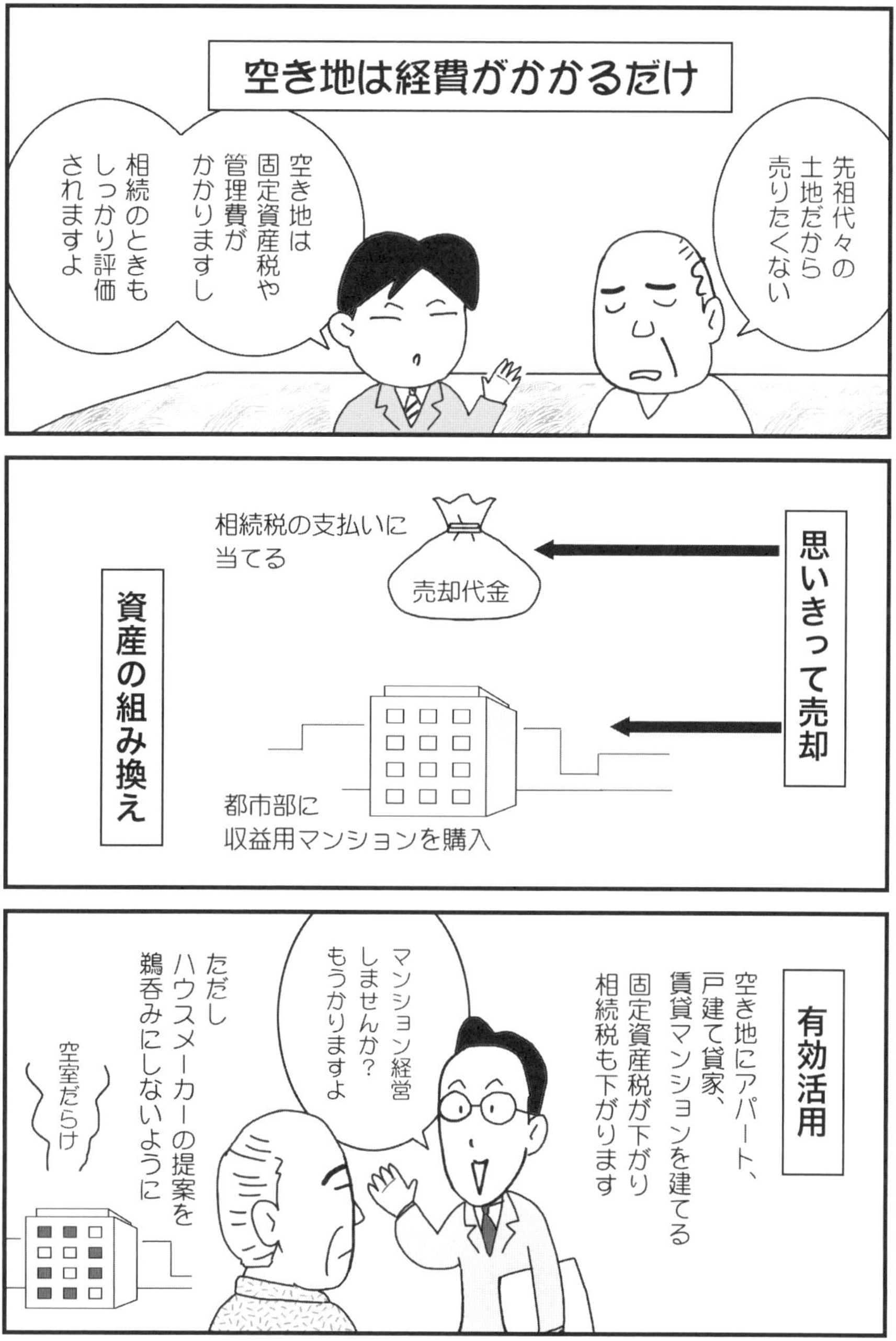
空き地は経費がかかるだけ
先祖代々の土地だから売りたくない
空き地は固定資産税や管理費がかかりますし相続のときもしっかり評価されますよ
思いきって売却
売却代金
相続税の支払いに当てる
都市部に収益用マンションを購入
資産の組み換え
有効活用
空き地にアパート、戸建て貸家、賃貸マンションを建てる
固定資産税が下がり相続税も下がります
マンション経営しませんか？もうかりますよ
ただしハウスメーカーの提案を鵜呑みにしないように
空室だらけ

7 広い土地でも、安く評価できるかも？

なんと半値以下に？

●「広大地」が適用できれば、広い土地でも安く評価

広大地とは、広い土地を相続した場合、条件をすべて満たせば、最大で65％土地の評価額を減額できる規定です。

たとえば、路線価が1㎡当たり10万円であれば、最大の減額で1㎡当たり35、000円で評価をすることができます。

広大地は、次の条件のすべてを満たせば、適用ができます。

①大規模工場用地ではない
②マンションなどの敷地に適していない
③標準的な宅地と比べて著しく地積が広大
④開発を行う場合、道路などをつくる必要がある

駅から遠い土地や、法令上の規制が厳しいため高い建物が建てられない土地は、マンション用地として売却することは難しいです。

しかし、新築の戸建住宅を建てるために、分譲する業者には売れる場合があります。そして、なかに新しく道路を造らなければ分譲できない広い土地は、広大地の評価ができるのです。

●専門家の意見書を提出しましょう

実際に分譲業者に売らなくても、条件に当てはまれば、広大地の評価ができます。広大地に該当する場合、路線価の半値近く、場合によっては半値以下まで評価額を下げることができます。

しかし、条件をすべてクリアーする必要があります。しかも、条件をクリアーできるかどうかの判定は一般の方では難しいため、不動産の専門家の意見が必要な場合が多いのです。

相続税の申告書に、広大地が適用できるという意見書を添付すると、税務署への有力な説明材料になります。

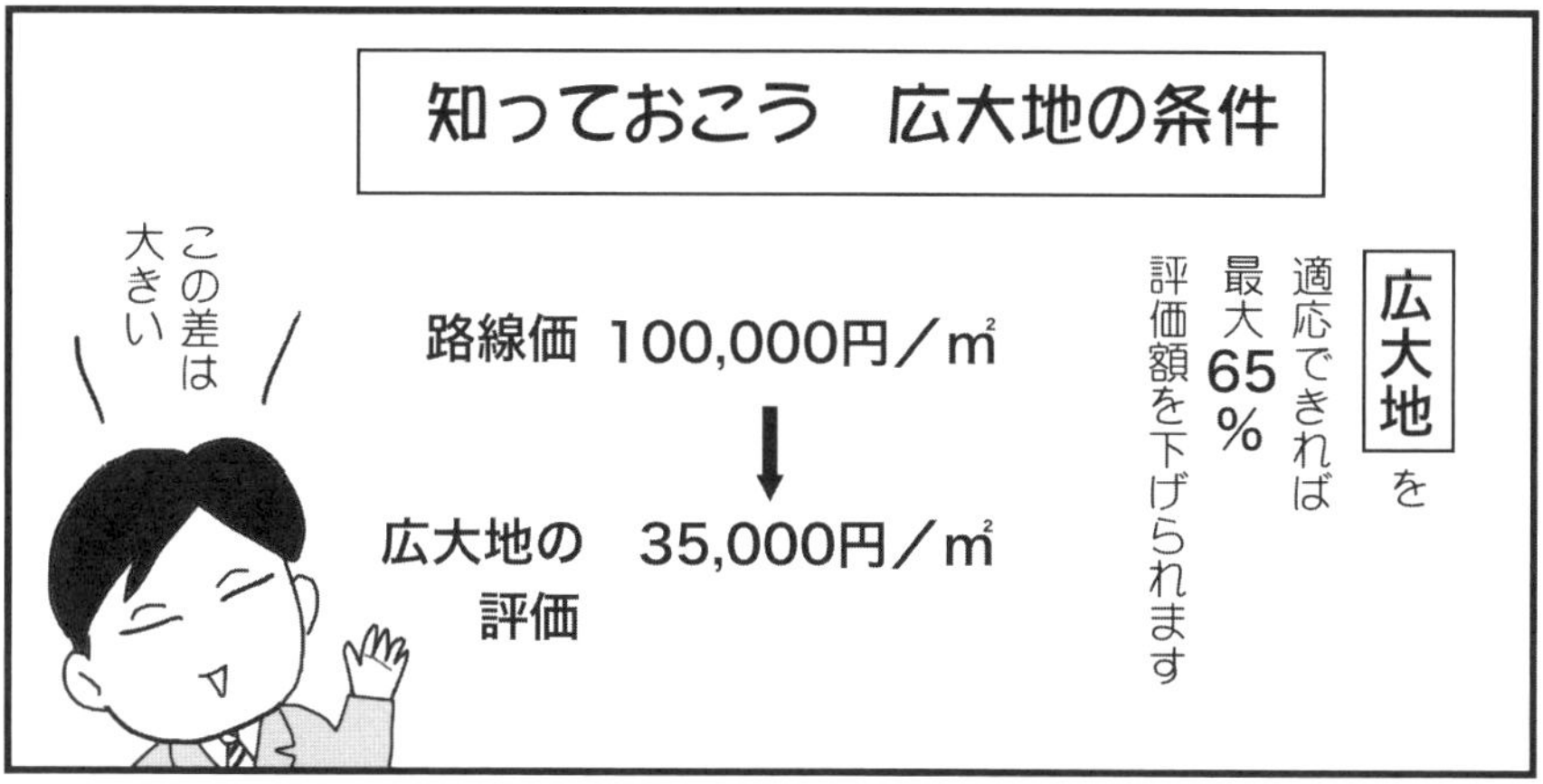
知っておこう　広大地の条件
広大地を
適応できれば
最大65％
評価額を下げられます
路線価　100,000円／㎡
広大地の評価　35,000円／㎡
この差は大きい

マンション建築には向いていません
道路を造れば戸建住宅の分譲地として売れる可能性があります
道路を造らなければ分譲できないような土地は広大地になります

広大地の条件

①大規模工場用地ではない
②マンション等の敷地に適していない
③標準的な宅地と比べて著しく地積が広大
④開発を行うとした場合、道路などをつくる必要がある

8 コンクリートブロック塀を作ってみよう！

2つに分けて、安くなる場合も……？

●「評価単位」という考え方

相続税における宅地の評価では、「利用の単位となっている1区画の宅地」ごとに評価します。

「1区画の宅地」とは、つまり「使用収益権」です。使用収益できる宅地ごとに評価するということです。自宅と貸家が隣接している場合には、同じ宅地であっても、分けて評価します。貸家は、正当な自由がなければ入居者を立ち退かせることができず、自宅の敷地と貸家の敷地を分けて評価するのです。

登記簿上の地番ではなく、現況の利用状況で分けて評価します。「○○1丁目2番3　300㎡」という宅地のうち、200㎡は自宅の敷地、100㎡は貸家の敷地であるなら、200㎡と100㎡に分けて評価します。

●境界を明確にした例

たとえば、左記のように、同じ宅地に2棟の貸家が建っているケースです。貸家Aは道路側、貸家Bは奥にあります。貸家Aと貸家Bの間の、境界ははっきり決まっていません。

このように、境界がはっきり決まっていないと、まとめて1つの宅地として評価してしまうケースが散見されます。そうすると、きれいな形の土地として評価されてしまうため、評価額が高くなってしまいます。

このケースでは、貸家Aと貸家Bの間の境界をはっきり定め、1つの宅地を2つに分筆し、コンクリートブロック塀を設置して明確にすると効果的です。そうすれば、形が悪い土地が発生するので、土地の評価額を安くすることができます。

なお、奥にある建物が自宅、手前にある建物は子供にただで貸している（「使用貸借」といいます）場合は、評価単位を2つに分けることができません。このような場合は、子供からも家賃をもらえば、評価単位を2つに分けることができます。家賃は相場よりも安くて結構です。

相続税は **１区画の宅地** ごとに評価されます

‖

使用者収益権　ごとに評価するということ

つまり同じ宅地でも

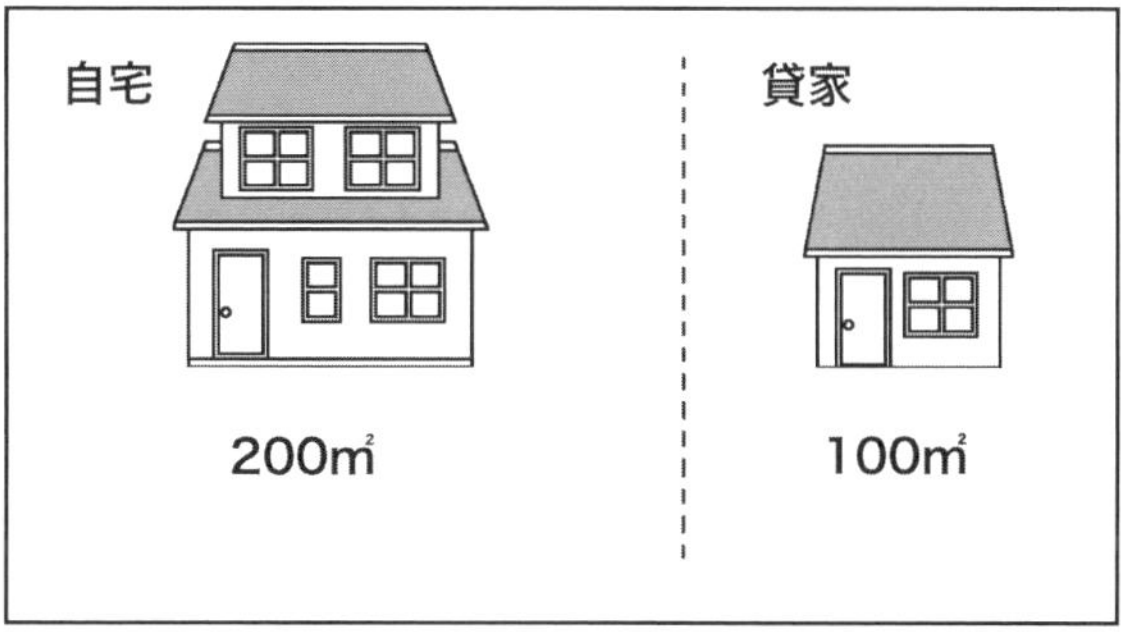

自宅と貸家は分けて評価します

境界線は明確にしましょう

同じ宅地に貸家が２軒

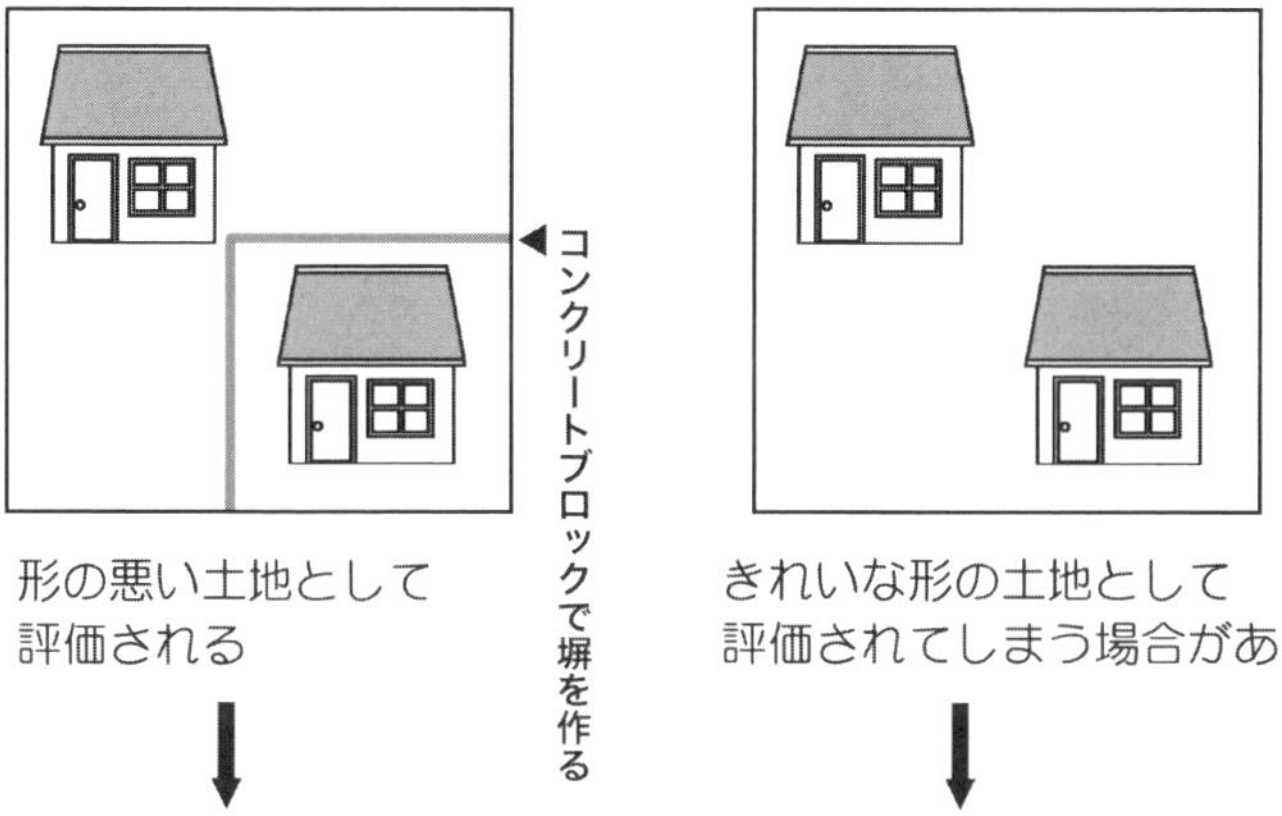

形の悪い土地として評価される

↓

評価額が下がる

きれいな形の土地として評価されてしまう場合がある

↓

評価額が上がる

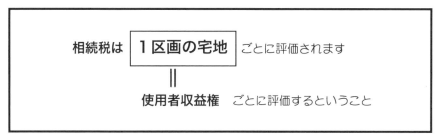

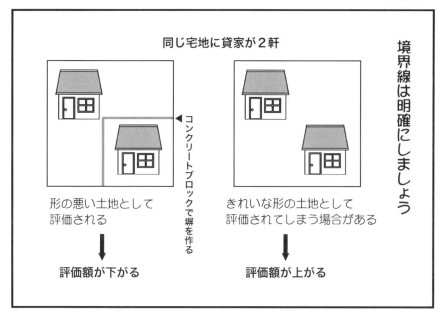

9 垣根を撤去しよう

わずかの差で、こんなに違う！

●畑は宅地と分けて家庭菜園は宅地と一体で評価

先ほど、相続税における宅地の評価単位のお話をしましたが、その前に1つ前提があります。

宅地、田、畑、山林、原野、牧場、池沼、鉱泉地、雑種地のいずれかの地目に区分して、地目ごとに評価するというものです。2つ以上の地目を一体として評価する場合などもありますが、大原則は地目ごとです。

たとえば、農家の敷地のとなりに大きな畑があるような場合は、分けて評価をします。

一方、自宅の敷地と畑の位置関係、畑の大小、利用形態などから見て、家庭菜園程度の畑である場合には、自宅の敷地に含めて一体で評価します。部分的にわずかな差異があるときでも、土地の現況や利用目的に重点を置き、土地全体としての状況を観察して地目の判定をしているのです。自宅の敷地の一部を利用している家庭菜園程度の畑で、塀や垣根などによって明確に区分されていない場合、その全体を「宅地」として評価します。

しかし、家庭菜園であっても、宅地との間に垣根があり、明確に区分されている場合、分けて評価をしなければならない場合があります。これにより、土地の評価額を下げられるケースもあれば、逆に高くなってしまうケースもあります。

●垣根を撤去して一体評価した例

では、ここで垣根を撤去して一体で評価したことにより、評価額を下げられたケースを紹介しましょう。

千葉県に住むAさんの自宅の敷地は450㎡で、そのとなりに100㎡の家庭菜園がありました。自宅の敷地との間には垣根があり、自宅の敷地からは直接出入りできませんでした。

「広大地」の規定は、首都圏の一定の地域であれば500㎡以上の土地から使えますが、自宅の敷地は450㎡しかないので、広大地が使えません。そこで、生前に垣根を撤去した結果、自宅と家庭菜園を一体となり500㎡を超え、広大地が使えるようになりました。

土地は地目ごとに評価されます

地目の種類

宅地
田
畑
山林
原野
牧場
池沼
鉱泉地
雑種地

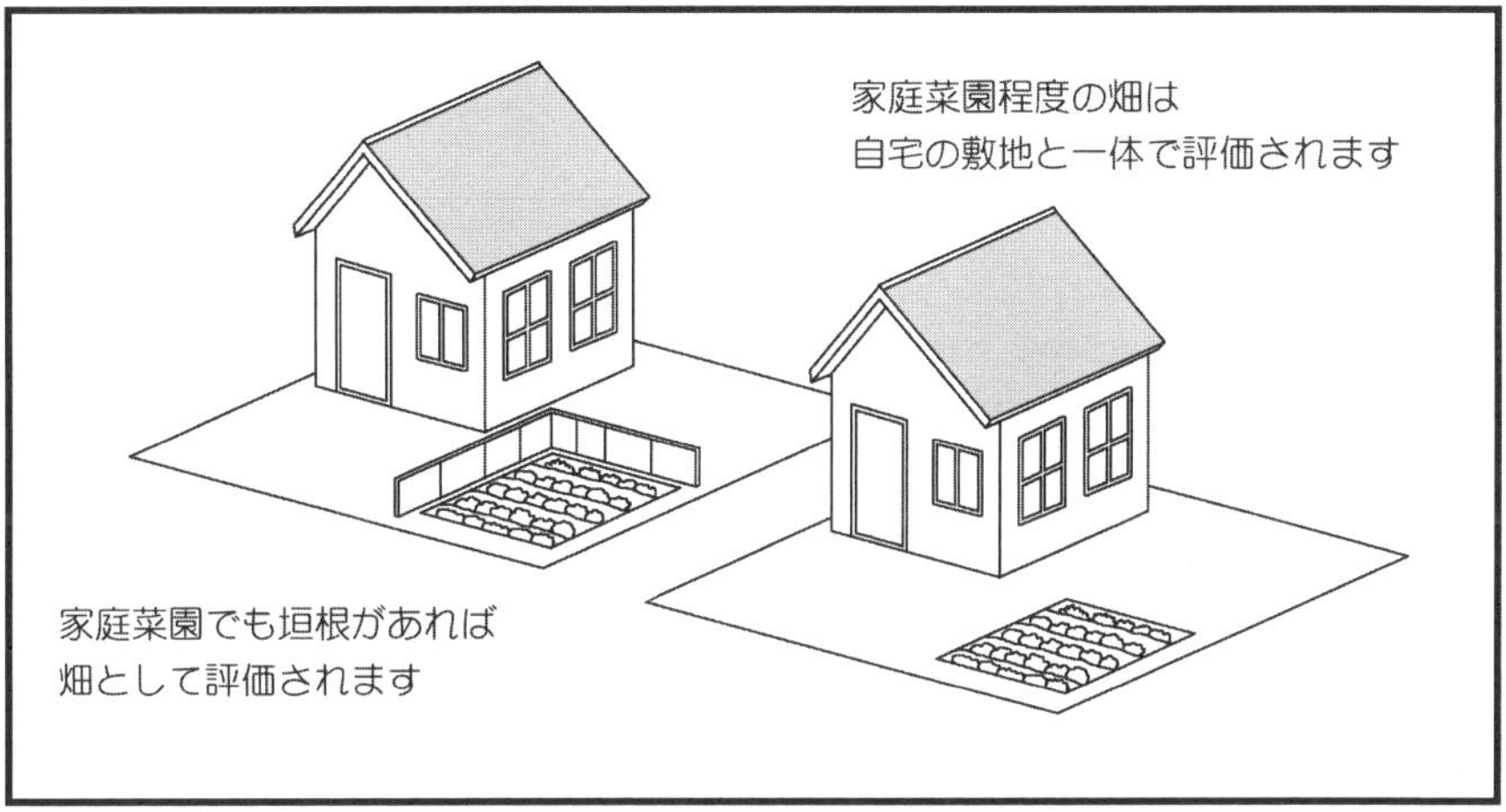

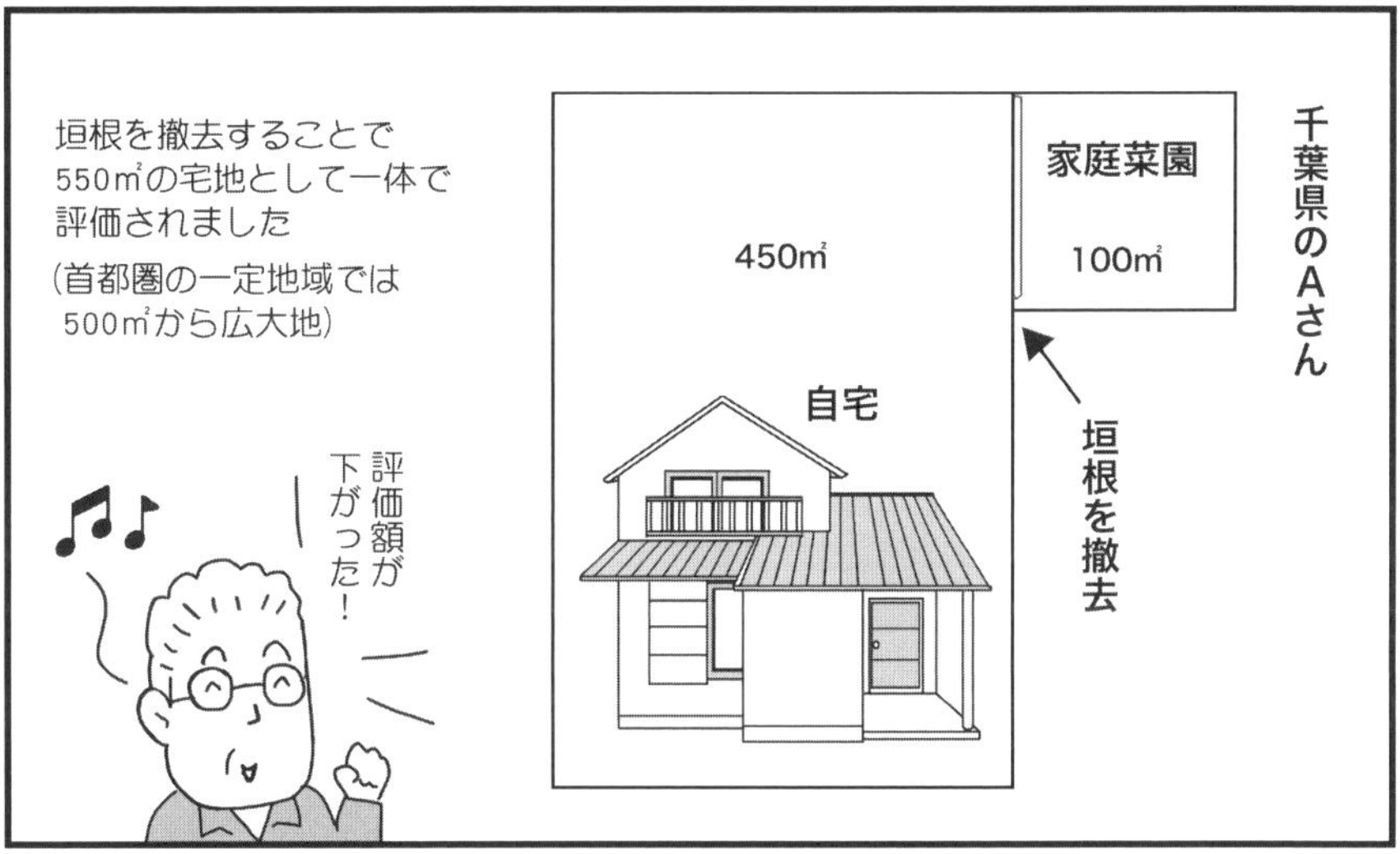

10 となりの駐車場を庭にしよう！

一体にすれば、こんなに違う！

●自宅のとなりの駐車場は時に、評価単位が異なる

「1区画の宅地」とは、つまり「使用収益権」です。自分や他人の権利の及ぶごとに土地を分けて評価します。

自宅と駐車場が隣接しており、その駐車場を自分で利用している場合や、家族が無料で使用している場合は、自宅の敷地と駐車場を一体で評価します。駐車場に他人の権利が及ばないからです。

一方、貸し駐車場としている場合は、自宅の敷地と駐車場を分けて評価します。

駐車場用地を駐車場業者に一括で貸しつけて、当事業者がアスファルト舗装や駐車場設備等の設置をしているケースもあり、土地の賃貸借として考えます。自分で使用できるものとした土地（「自用地」といいます）の価格から、賃借権の価額を控除して評価します。

●隣の駐車場を庭にして一体評価した例

東京都に住むAさんの自宅の敷地は、450㎡あり、自宅の敷地のとなりに150㎡の駐車場がありました。この駐車場は、貸し駐車場としており、自宅の敷地は450㎡、駐車場は150㎡しかないので、このままではどちらも広大地の条件の面積には届きません。

そこで、駐車場の面積と自宅の面積を合わせれば、500㎡を超えるので、生前に貸し駐車場をやめて、自宅の敷地の一部（庭）にすることにしました。

貸し駐車場の収入で得られる金額よりも、土地の評価減によって節税できる相続税額のほうが大きくなりますので、貸し駐車場をやめることを決断したのです。

その結果、面積は500㎡以上になり、広大地が使えるようになりました。

「あと何年生きられるのか？」という予測も必要となりますが、生前に検討すると有効な場合もあります。

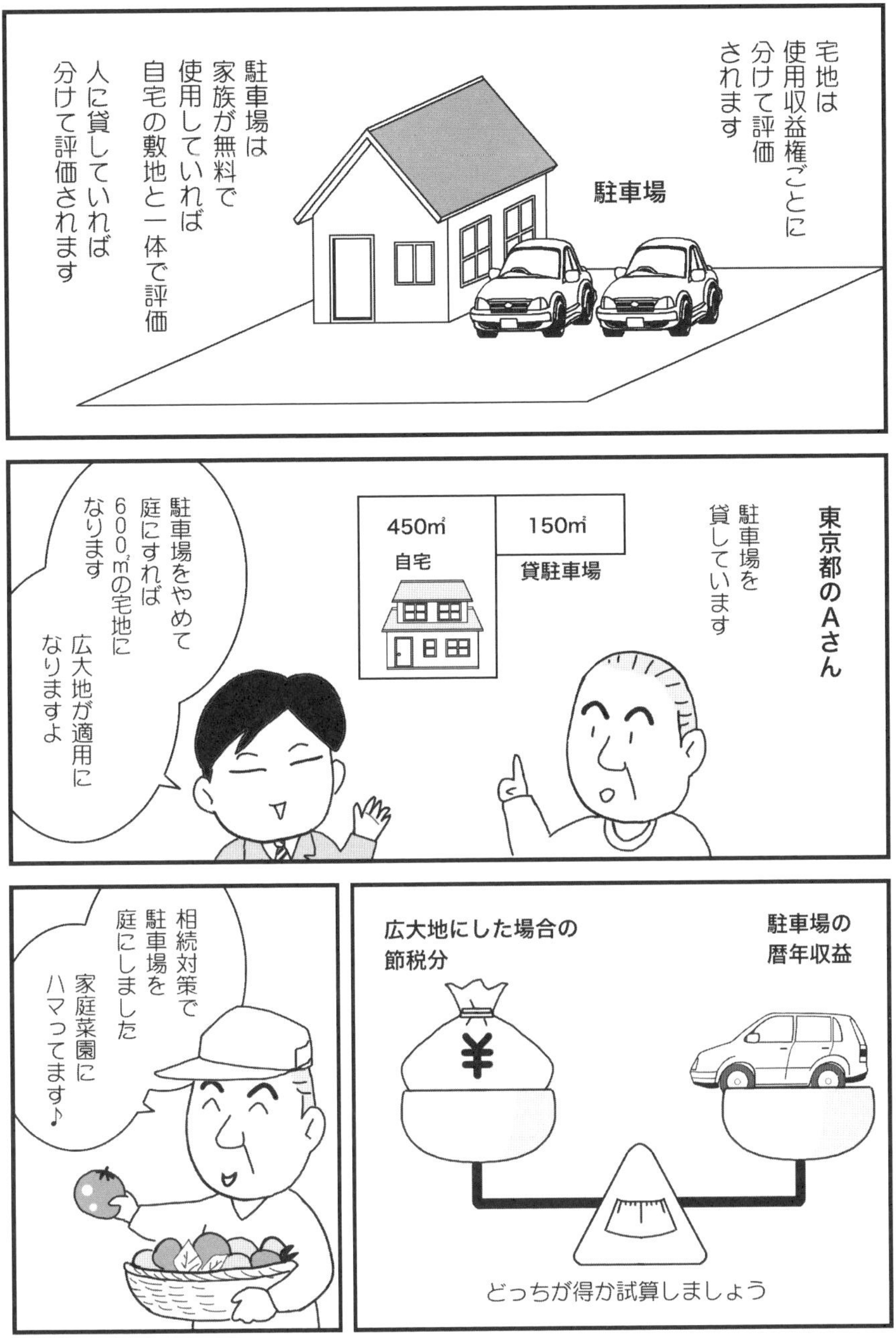
宅地は
使用収益権ごとに
分けて評価
されます
駐車場
駐車場は
家族が無料で
使用していれば
自宅の敷地と一体で評価
人に貸していれば
分けて評価されます
東京都のAさん
駐車場を
貸しています
450㎡
150㎡
自宅
貸駐車場
駐車場をやめて
庭にすれば
600㎡の宅地に
なります
広大地が適用に
なりますよ
駐車場の
暦年収益
広大地にした場合の
節税分
¥
どっちが得か試算しましょう
相続対策で
駐車場を
庭にしました
家庭菜園に
ハマってます♪

11 空いてるアパートを壊そう！

収入もないし、土地の評価額も高い！

●アパート、貸家、貸ビル、貸店舗等の敷地の評価

土地の評価は、路線価がある地域では路線価を使用して行います。これに基づき、他人が使用する権利がなく、自分で使用できるものとした場合の土地（「自用地」といいます）の価格を評価します。

アパート、貸家、貸ビル、貸店舗などの敷地（「貸家建付地」といいます）は、自用地よりも安く評価できます。賃貸用の建物の敷地は借家人が利用するため、自宅の敷地や更地のように所有者が自由に使える土地よりも、制限が加わるという考え方に基づいています。

東京およびその近郊の住宅が多い地域でアパートが建っている土地は、地域により割合が異なるのですが、12～21％程度減額できるケースが一般的です。

●全室空室のアパートは、全く減額ができません。

しかし、貸家建付地の減額の際には、「賃貸割合」という数値を最後に乗じます。アパート１００㎡のうち50㎡が長期間空室の場合は、賃貸割合が50％で、減額できる割合が半分になってしまいます。全室が長期間空室の場合は賃貸割合が０％で、全く減額ができません。

たとえば、路線価が20万円、３００㎡のアパートの敷地のケースです。このアパートは築40年近く経っており、維持管理状態も悪いことから、全室が空室となっておりました。賃貸割合が０％なので、貸家建付地の減額ができず、評価額が６０００万円となってしまいます。

このように、経費だけかかり、収益を生まない物件は、とり壊してしまったほうがよいでしょう。アパートや戸建貸家を新築すれば、貸家建付地の減額ができるようになります。このケースでは、自用地の価格に対して18％の減額ができ、４９２０万円となりました。

売却するという選択肢も考えられます。入居者が１人か２人だけ残っているような場合は、不動産業者に買い取ってもらえば、その業者が立ち退き交渉をしてくれることもあります。

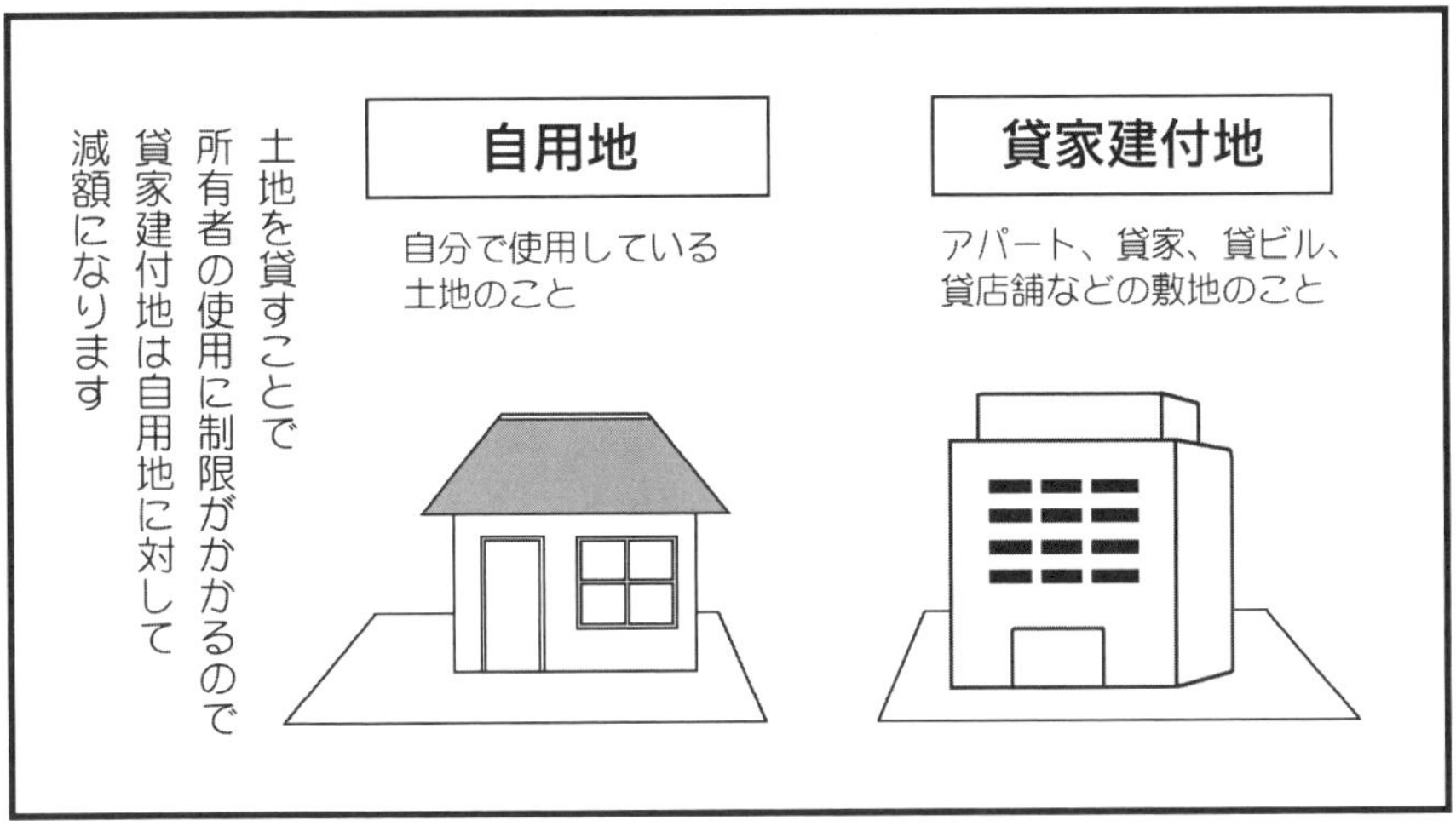
貸家建付地
アパート、貸家、貸ビル、貸店舗などの敷地のこと
自用地
自分で使用している土地のこと
土地を貸すことで所有者の使用に制限がかかるので貸家建付地は自用地に対して減額になります

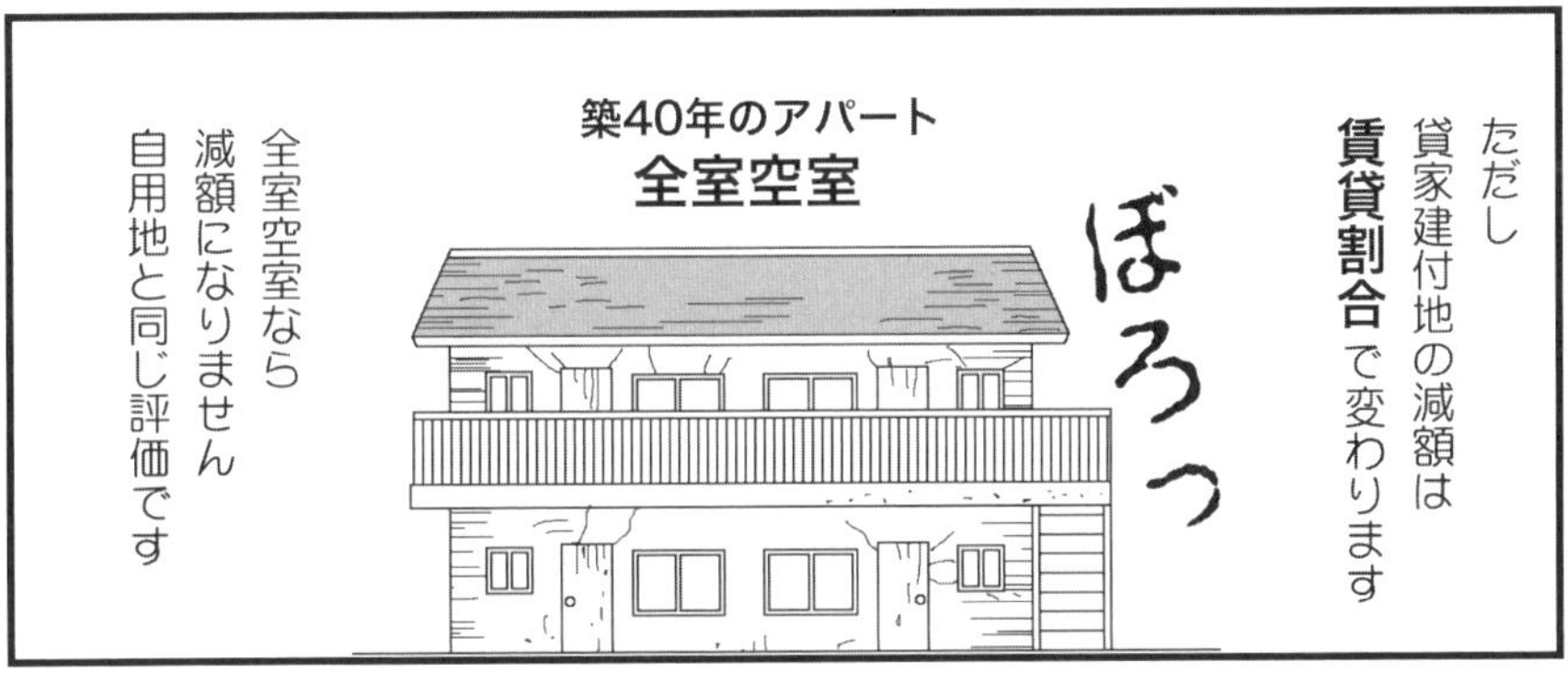
ただし貸家建付地の減額は**賃貸割合**で変わります
ぼろっ
築40年のアパート
全室空室
全室空室なら減額になりません自用地と同じ評価です

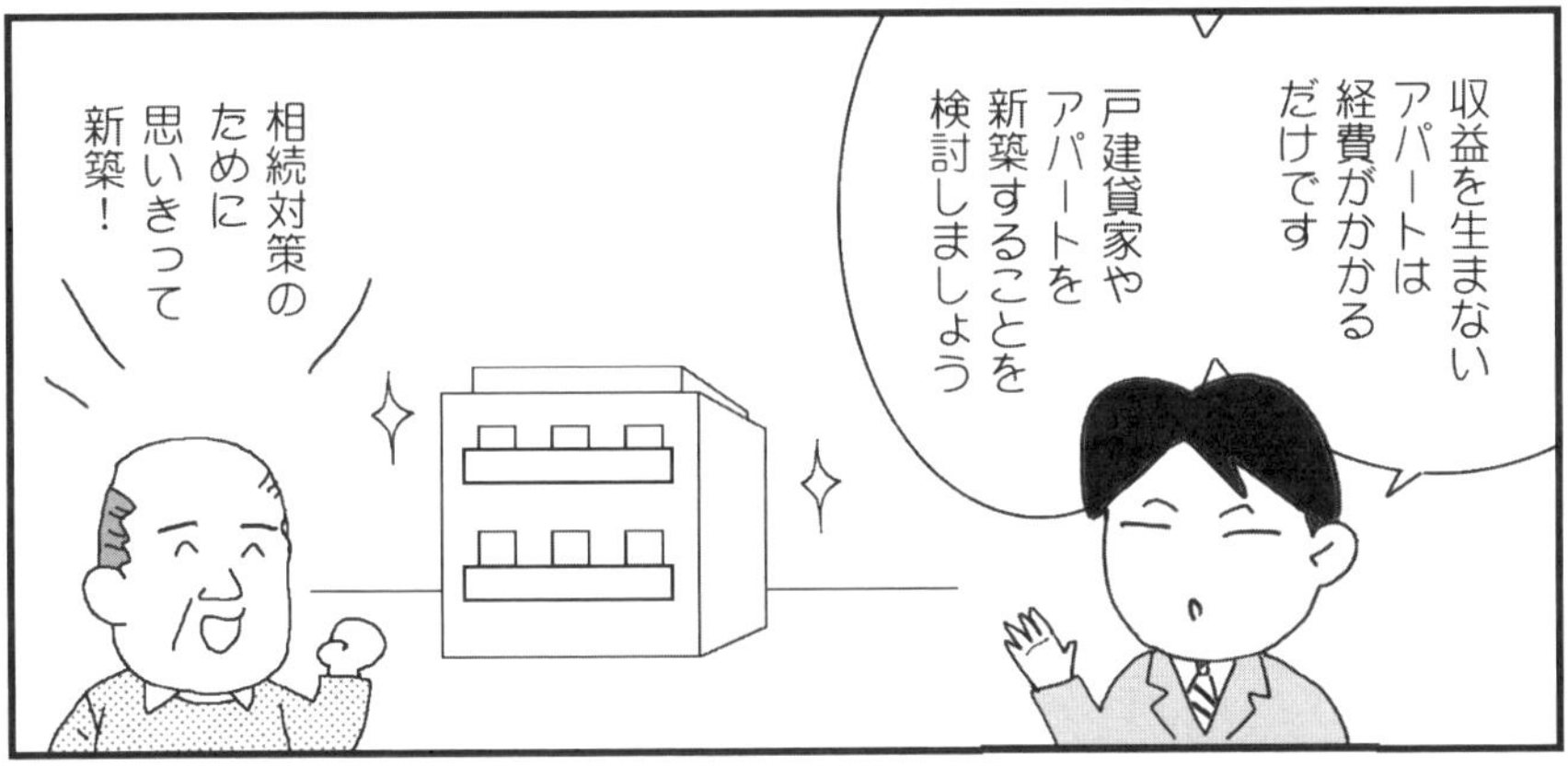
収益を生まないアパートは経費がかかるだけです
戸建貸家やアパートを新築することを検討しましょう
相続対策のために思いきって新築！

12 となりの人から10㎡買おう！

相場の3倍でもいいから買おう！

●広大地は、規定の面積より少ないと使えません

先ほどお話しした「広大地」を使える要件のなかに、「その地域における標準的な宅地の面積と比較して、著しく地積が広大であること」「都市計画法に規定する開発行為を行うとした場合に公共公益的施設用地（道路用地など）の負担が必要と認められるもの」があります。

次の面積以上の土地で、道路を造って分譲する場合は、「開発許可」が必要になります。この基準が、広大地が使えるかどうかの基準として採用されています。

■市街化区域のうち、「三大都市圏」の既成市街地・近郊整備地帯：５００㎡
■その他の市街化区域：１０００㎡
■非線引き都市計画区域：３０００㎡

首都圏の場合は、東京都、神奈川県、千葉県、埼玉県、神奈川県、茨城県の一定の市区町で、５００㎡となっております。これらの地域内の５００㎡未満の土地は、広大地が使えません。

もし、登記簿上の面積が５００㎡未満であっても、実測したら５００㎡以上あった場合は、広大地が使えます。

●生前にとなりの土地の一部を買い増しした例

埼玉県某市に住むＡさんの自宅の敷地は、４９０㎡ありました。このままでは相続が発生したときに、広大地を使って評価できません。

もし、広大地を使えれば、路線価よりも42・5％減額できます。路線価は10万円ですので、１㎡当たり５７５００円で評価できてしまうのです。今のままでは１㎡当たり10万円近くになってしまうので、雲泥の差です。

Ａさんの自宅の敷地の裏には、Ｂさんが使っている畑がありました。ＡさんはＢさんに事情を話し、「自宅に隣接する部分を10㎡譲ってほしい」と話したところ、快諾いただき、生前に自宅の敷地を５００㎡にすることができました。これにより、相続が発生したときには広大地として評価することができるようになったのです。

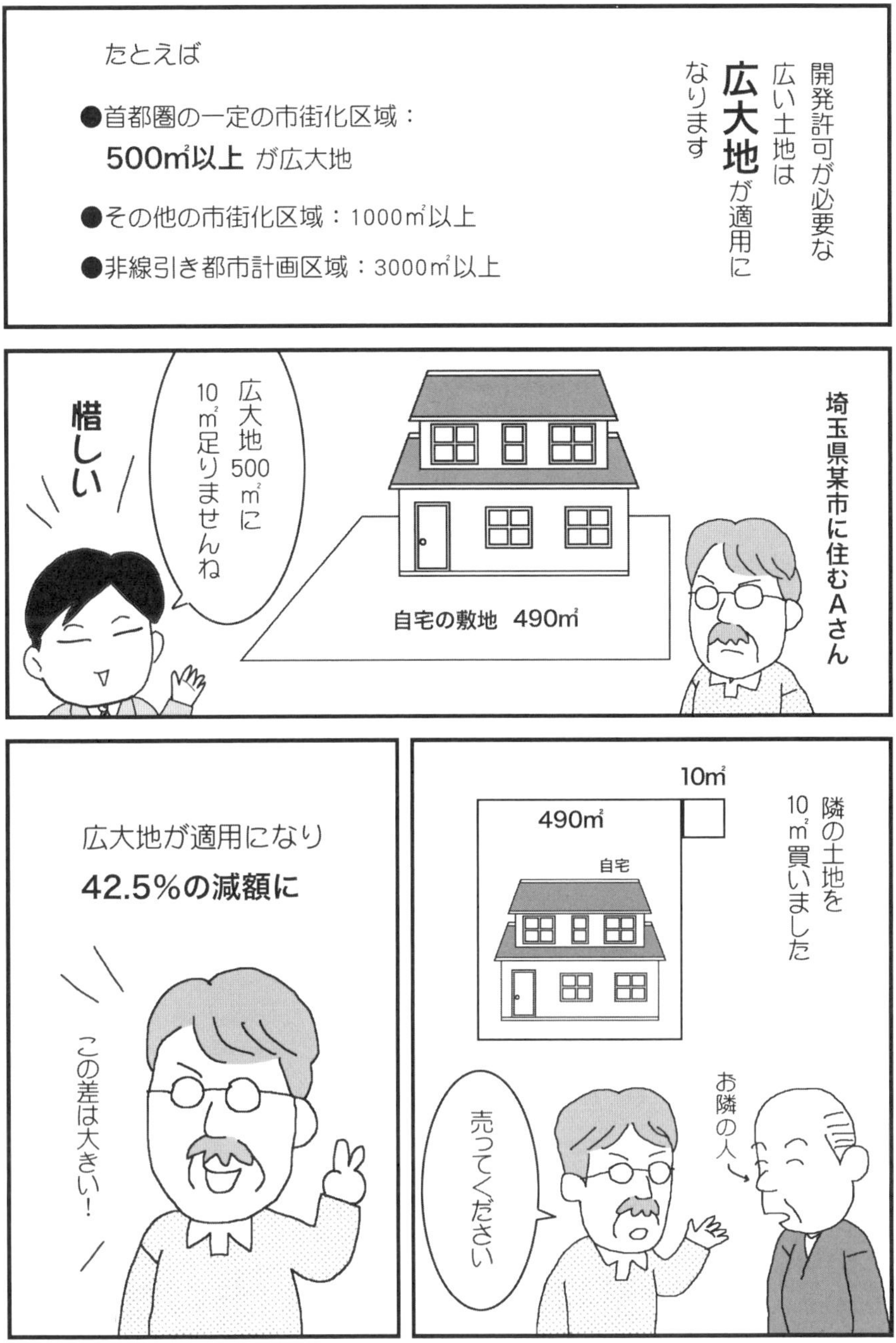
開発許可が必要な
広い土地は
広大地が適用に
なります
たとえば
●首都圏の一定の市街化区域：
500㎡以上 が広大地
●その他の市街化区域：1000㎡以上
●非線引き都市計画区域：3000㎡以上
埼玉県某市に住むAさん
自宅の敷地　490㎡
広大地500㎡に10㎡足りませんね
惜しい
隣の土地を10㎡買いました
10㎡
490㎡
自宅
お隣の人
売ってください
広大地が適用になり
42.5%の減額に
この差は大きい！

13 私道の登記を忘れていませんか?

意外な盲点があります

●同じ私道でも評価が異なる

私道には、通り抜け道路のように不特定多数の人に通行されている場合と、袋小路のような行き止まり道路があります。

私道のうち、通り抜け道路は、相続税では評価しないことになっています。行き止まり私道の評価額は、その土地が私道でないものとして評価した価格の30%相当額で評価します。行き止まり私道は、実際に取引される際には価格は0なのですが、相続の評価の際には30%の価格で評価することになります。

●私道も相続の登記をしましょう

登記簿上の地目が「公衆用道路」になっている場合、固定資産税がかからないことになっております。毎年役所から送られてくる固定資産税納税通知書にも、私道に該当する土地の情報は記載されません。非課税なので、通知の必要がないからです。

司法書士は相続の登記をする場合、私道の有無を確認しますが、司法書士の手を借りずに自分で相続の登記をする場合、納税通知書に私道の情報が書かれていないため、私道の相続の登記をし忘れる原因になります。

不動産を売却する段階になって調査してみると、実は私道が相続財産であったにもかかわらず、遺産分割の対象から漏れていました。

そうすると、私道の部分についても相続登記をしない限り、私道に接する宅地やその上の建物も売却できない、ということになりかねません。宅地とともに私道の持分を持っていなければ、他の所有者から「通行料を支払え、支払わなければ私道の通行を認めない」と言われかねないからです。

また、水道管等の工事をする際も、私道の所有者の同意が必要になります。

相続した土地の前面にある道路は公道なのか私道なのか、必ず確認しましょう。

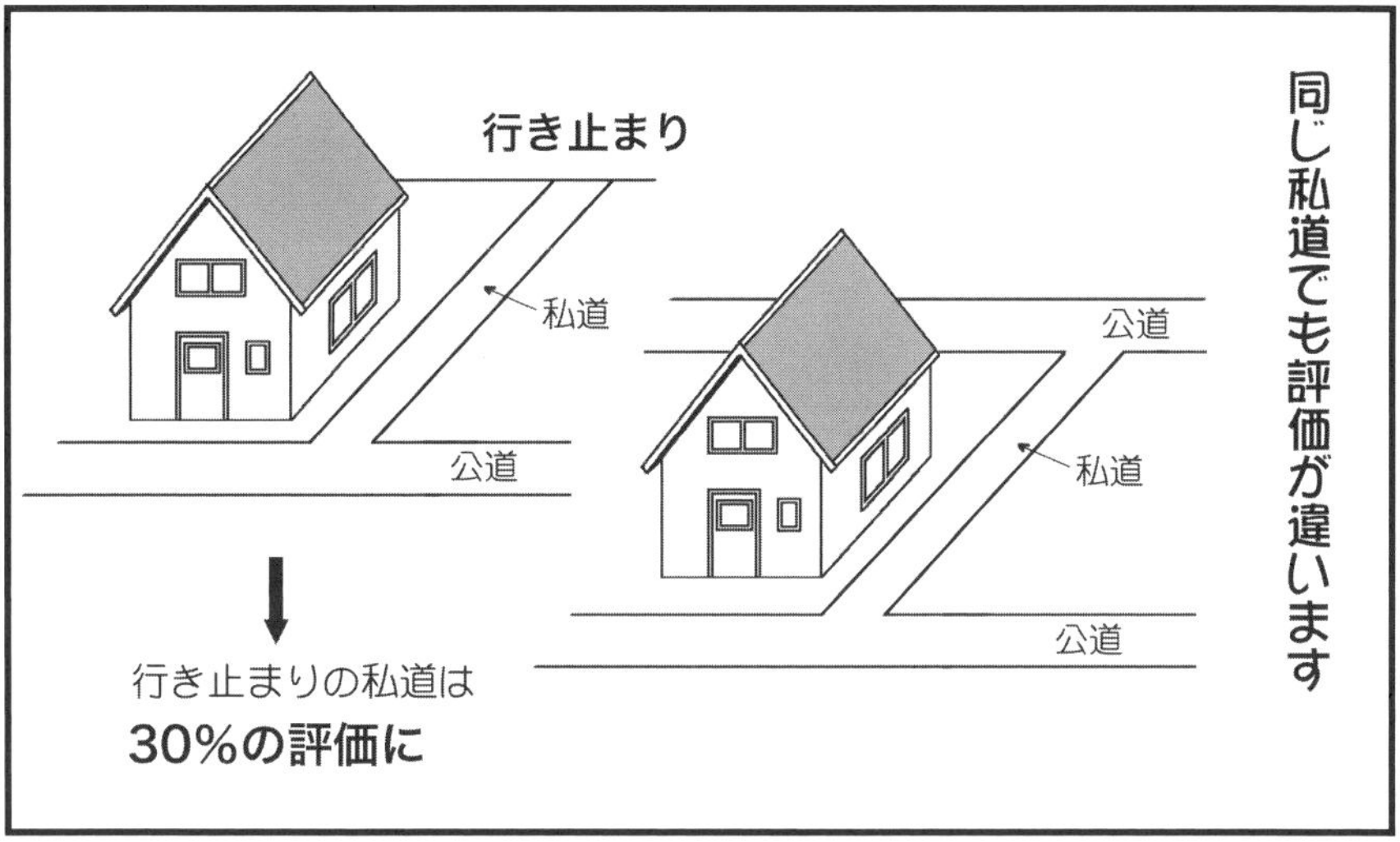
同じ私道でも評価が違います
行き止まり
私道
公道
公道
私道
公道
行き止まりの私道は
30%の評価に

注意
私道は非課税なので
固定資産税納税通知書に
私道の情報がありません
自分で登記しよう
法務局

不動産を相続して
土地の登記を自分でする場合
私道を見逃すことがあります
私道を所有していないと思わぬトラブルに
通行料を払え
勝手に水道管工事ができない
水道管が私道を通っている

14 田舎の空き家を相続しました

空き家問題が我が家にも……

●売りに出しても、買い手がいない……？

一人暮らしの親が亡くなりましたが、子供が都会に出ていて誰も地元に残っていない場合、そこに住む人はいなくなります。田舎でほとんど不動産の需要がないような地域では、実家を売りに出しても、買い手がなかなかつきません。売れる価格がとても安いので、不動産業者も積極的には仲介してくれません。

人が住んでいない家の傷みは早いです。放置しておくと、空き家はどんどん老朽化していきます。庭には草が生え放題、動物も侵入してきます。外壁が飛び、設備も壊れます。さらに放置しておくと、外壁に穴が空き、床が抜けて、柱や梁も落ちます。

地震や台風のときに、倒壊する可能性もあります。このようになってしまっては、実家の近所に多大な迷惑をかけてしまいます。誰も住まなくなった実家は、早めに売却や賃貸をしたいものです。

●空き家バンクを利用しましょう。

「空き家バンク」をご存知でしょうか？

「空き家バンク」は、空き家の売却や賃貸を希望する人と、地方に移住を希望する人のマッチングをする仕組みです。地方の自治体が、移住者を増やし、地域活性化をするために取り組んでおります。

不動産業者が少ない地域や、取引価格が安いので、仲介を拒まれてしまうような物件も掲載されています。普通の売却方法ではとても売れないような地方の空き家が、全国の地方移住希望者の目にとまるわけです。

空き家バンクを見た利用希望者は、その自治体に問い合わせをします。その後、所有者と利用希望者が直接交渉をするタイプと、自治体と提携した不動産業者が間に入って仲介をするタイプがあります。

現状では、各自治体のＨＰに、空き家バンクが個別に掲載されています。

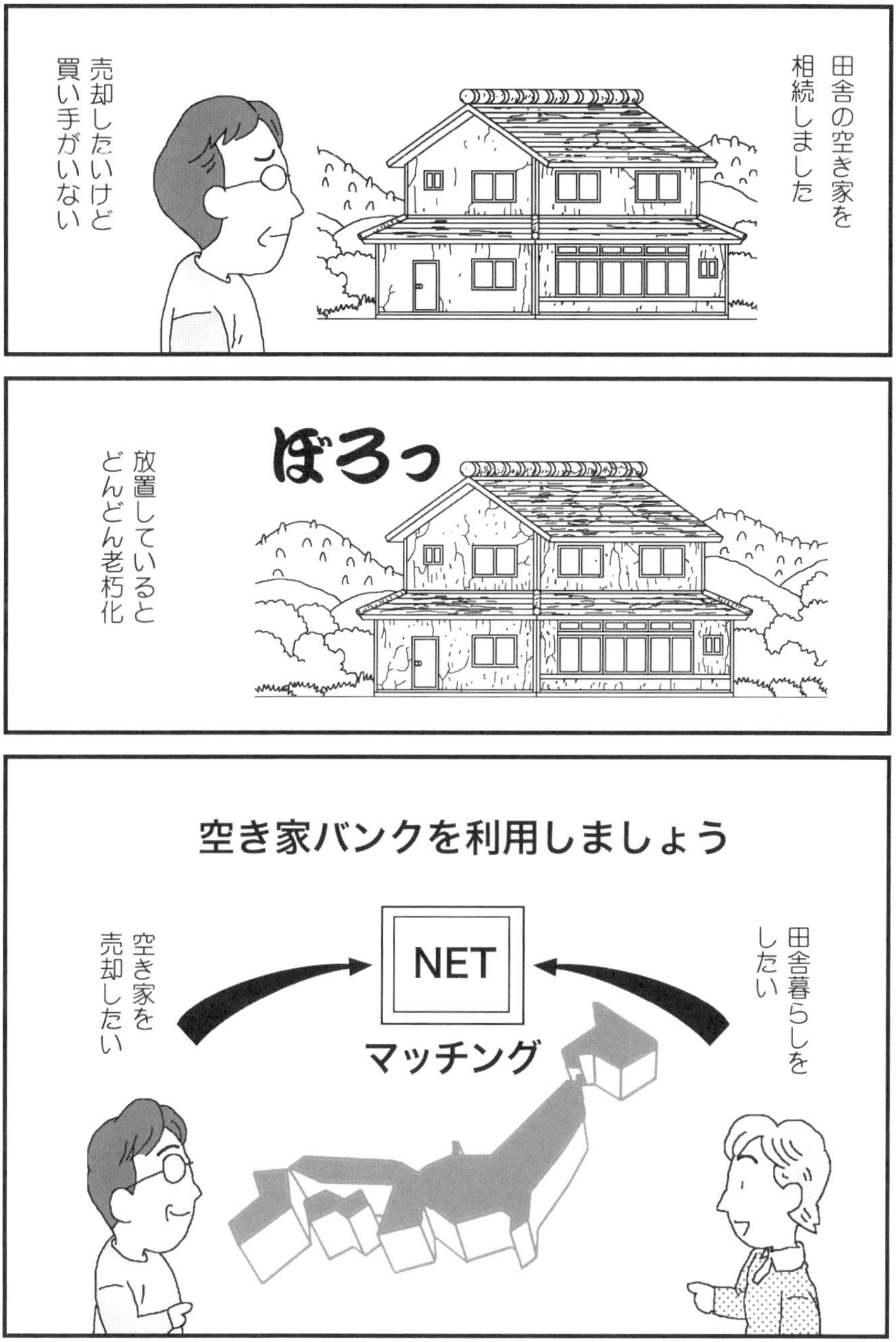
田舎の空き家を相続しました
売却したいけど買い手がいない
ぼろっ
放置しているとどんどん老朽化
空き家バンクを利用しましょう
田舎暮らしをしたい
空き家を売却したい
NET
マッチング

嫁と姑の争い

Aさんには、夫がいましたが、子供がいませんでした。Aさんは夫と、3000万円で購入したマンションに住んでいました。マンションの購入資金は、姑に援助してもらっておりました。

姑は、Aさんのことをよく思っておらず、結婚には反対だったのですが、最終的には折れ、マンションの購入資金も援助してくれたのです。しかし結婚後も、Aさんと姑とは相性が合わず、折り合いはよくありませんでした。

そのようななか、結婚10年目に夫が倒れ、突然死してしまいました。葬儀が終わって数日後、Aさんのショックも冷めやらないときに、姑はなんと、夫の遺影の前で次のようなことを言い出したのです。

「Aさん、私はたしかにこのマンションの購入資金を援助してあげたけど、あれはあなたにではなく、息子に援助してあげたものです。援助してあげた3000万円を返してくれないかしら。お金がないのなら、この部屋を売ってちょうだい。子供もいないし、これからは1人なので、こんなに広い部屋に住まなくても大丈夫でしょ?」

Aさんは驚いてしまいました。たしかに、70㎡もあるので、1人であればここまで広い部屋に済まなくでも大丈夫です。でも、現金は3000万円もありません。2人で貯めた預金が500万円ある程度です。

しかし、姑の言い分は、間違っております。相続により取得した財産の価額は、そのときの時価となります。マンションの価格は値下がりしており、今では2000万円となっていました。

そして、子供がいない場合、姑の法定相続分は全財産の3分の1しかありません。このため、マンション2000万円と預金500万円、計2500万円の3分の1である、833万円だけを姑に渡せばよいということで、何とか話がまとまりました。預金が500万円しかなかったので、833万円は生命保険金から渡しました。そしてAさんは引き続き、住み慣れた部屋に居続けることができるようになりました。

第６章

小規模宅地の特例

～実家の相続、この制度を知らないと損します～

1 そもそも小規模宅地の特例って何?

これが使えれば、相続税がゼロになることも……

●土地の評価を大幅に減額できる制度

相続した土地のなかに、次のような敷地がある場合、その土地の評価額を80%または50%の割合で減額することができます。

① 被相続人の居住用の家屋の敷地
② 被相続人が生前に事業を行なっていた場合の、その事業用に利用されていた建物の敷地
③ 被相続人が生前に貸家を所有していた場合の、その貸家の敷地

これらの敷地を相続した相続人にとって、これらの敷地は、今後の生活の基盤となるような財産となるため、高額な相続税が払えずに、これらの財産を手放さなければならなくなってしまったということが起きないように、優遇制度が設けられています。

この制度を「小規模宅地等の特例」といいます。

とても優遇されている制度なので、この制度が使えることで相続税を払わずに済むことも多いです。

ただ、要件はとても厳しいので、この制度が使えるように生前から家族でよく話し合っておきましょう。

遺産分割でもめて要件を満たせず、この制度が利用できなくなってしまうと、高額な相続税を納めることにもなりかねません。

●生前に贈与された土地には使えません

小規模宅地等の特例は、相続または遺贈によって、被相続人の親族が取得した場合に限り、適用を受けることができます。

3年以内に贈与された土地や相続時精算課税による贈与で取得した土地は相続税の対象として申告が必要にはなりますが、小規模宅地等の特例の適用を受けることはできません。

将来、相続したときにこの特例の適用を受けられる土地を生前に贈与する場合は、特に慎重に行なったほうがよいでしょう。

小規模宅地の特例

小規模宅地が適用されると評価額を80％または50％減額できます

小規模宅地の要件

① **特定居住用宅地**　被相続人の居住用の家屋の敷地

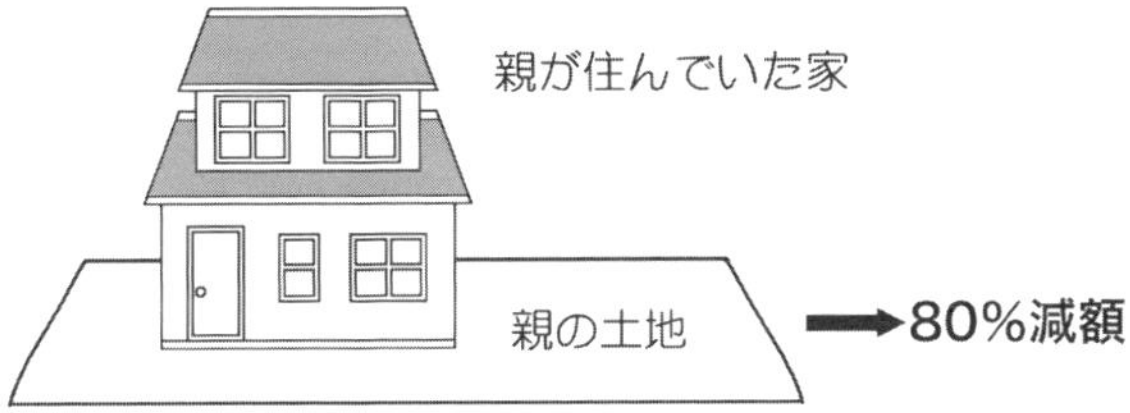

② **特定事業用宅地**　被相続人が事業を行っていた場合
その事業用に利用されていた建物の敷地

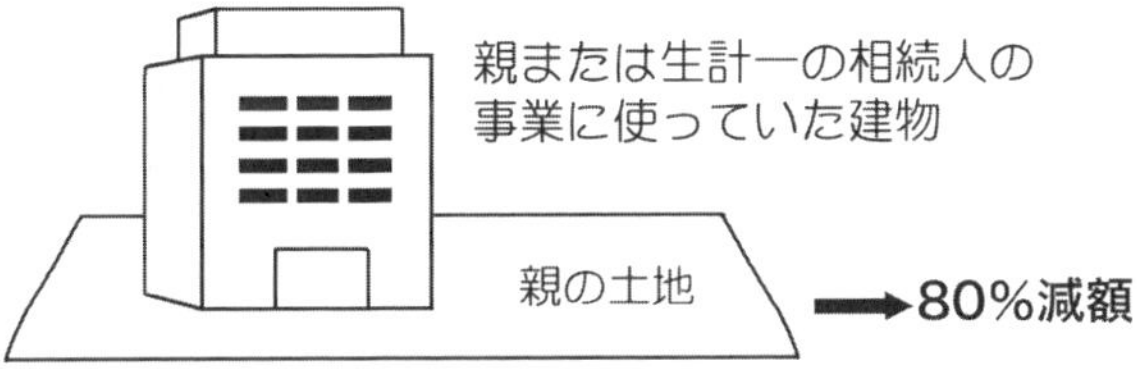

③ **貸付事業用宅地**　被相続人が貸家を所有していた場合
その貸家の敷地

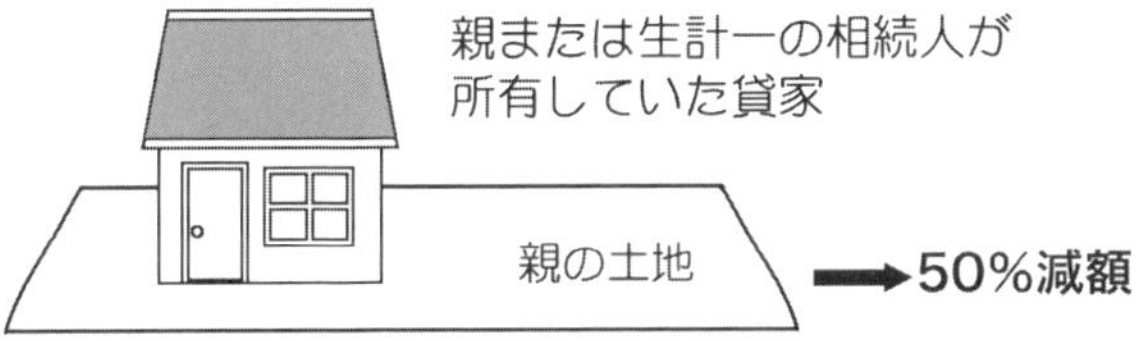

＊小規模宅地の特例は相続が発生したときの特例です
生前贈与された土地には適用できません

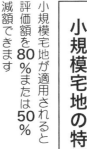

2 小規模宅地の特例の要件（マイホーム）

誰がマイホームを相続するの？

●**特定居住用宅地に該当する場合**

被相続人の居住用もしくは、被相続人と生計を一にしていた親族の居住用の建物の敷地を「特定居住用宅地」といいます。これに該当する敷地を相続した場合には、相続税の申告時の評価額を土地の原則的な評価額から80%も減額することができますが、そのためには、次の要件を満たす必要があります。

【特例を受けられる取得者】

①被相続人の配偶者
②配偶者以外の親族で、被相続人が亡くなる直前までその居住用の家屋に同居をしていた親族
③配偶者もいない場合で、同居していた法定相続人である親族もいない場合はその他の親族

ただし、その親族もしくはその親族の配偶者の所有する家屋に住んだことがない場合に限られます。

【その他の要件】

①配偶者が取得する場合は他の要件はありません
②上記②の親族が取得した場合は、相続税の申告期限まで、その宅地を引き続き所有し、かつ、その家屋に住み続けている必要があります
③上記③の親族が取得した場合は、住む必要はありませんが、被相続人が亡くなった日から、相続税の申告期限まで、所有していなければなりません

●**被相続人と生計を一にしていた親族の家屋**

被相続人の所有する土地のうえに、被相続人と生計を一にする親族の所有する家屋が建てられていた場合、被相続人が亡くなる直前まで、その親族と同居していたとしても、特定居住用家屋に該当します。

この場合、その家屋の持ち主である親族がその土地を相続し、申告期限まで引き続き、その土地を所有し、なおかつその家屋に住み続けていることが要件となります。

小規模宅地の特例

相続税の評価額が80%減額になります
(限度面積330㎡)

＊限度面積330㎡を越える分は
一般の宅地評価額になります

特定居住用宅地

被相続人が住んでいた家の敷地のこと

特例を受けられる相続人

①被相続人の配偶者

②被相続人と
同居をしていた相続人

③同居はしていないが
持ち家のない相続人

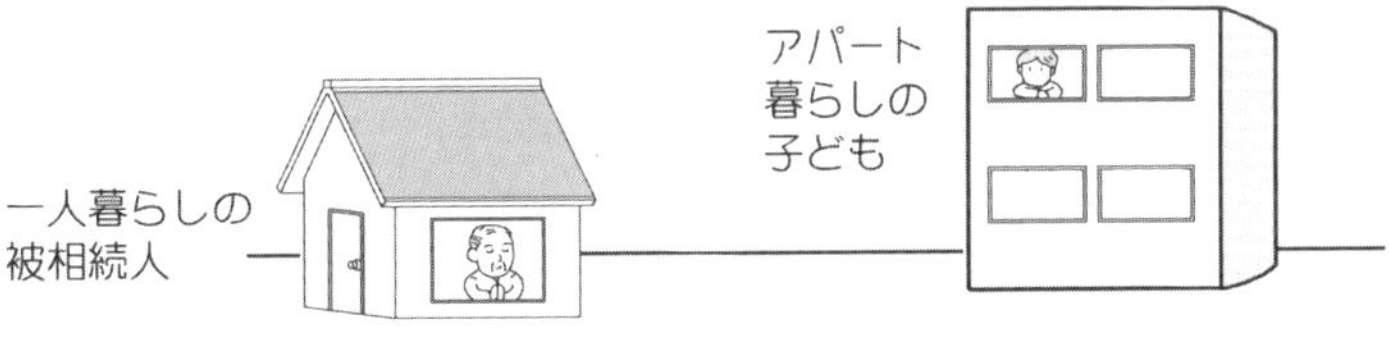

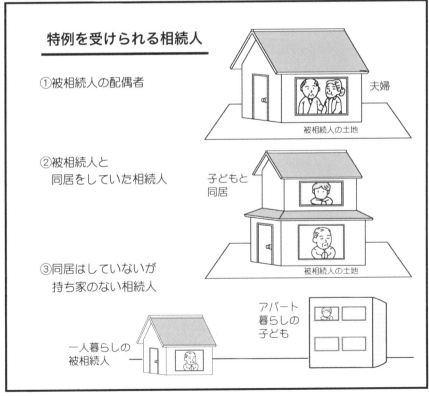

3 小規模宅地の特例の要件（事業用）

事業を継ぐ人はいますか？

●貸付事業用宅地に該当する場合

被相続人が貸家や貸アパートなどの敷地として利用していた宅地を「貸付事業用宅地」といいます。

これに該当する敷地は相続した場合には、相続税の申告時の評価額を土地の原則的な評価額から50％も減額することができます。その他にも次の要件を満たす必要があるので、注意が必要です。

【特例を受けられる宅地】

不動産貸付事業の用に利用されていた土地で

①被相続人の所有する宅地

②被相続人と生計を一にしていた親族の宅地

【特例を受けられる取得者】

①右記①の場合は、被相続人の貸付事業を引き継いだ親族が相続税の申告期限まで所有し、かつ、その貸付事業を継続していた場合

②右記②の場合は、被相続人の所有する宅地で貸付事業を営んでいた親族が、その宅地を相続し、申告期限までその宅地を所有し、かつ、その貸付事業を継続していた場合

●特定事業用宅地に該当する場合

被相続人もしくは生計を一にしていた親族の事業の用に利用されていた宅地を「特定事業用宅地」といいます。

これに該当する敷地を相続した場合には、相続税の申告時の評価額を土地の原則的な評価額から80％も減額することができます。

その他にも次の要件を満たす必要があります。

①親族が取得した場合、そこで営まれていた被相続人の事業を引き継ぎ、申告期限まで継続していること

②生計を一にしていた親族の事業の用に利用されていた土地であれば、その生計を一にしていた親族が取得し、かつ、その事業を申告期限まで引き続き継続していること

貸付事業用宅地

被相続人が貸家やアパートなどの敷地として利用していた土地

小規模宅地の特例

相続税の評価額が50%減額になります

(限度面積200㎡)

事業を引継ぐ相続人が特例を受けられます

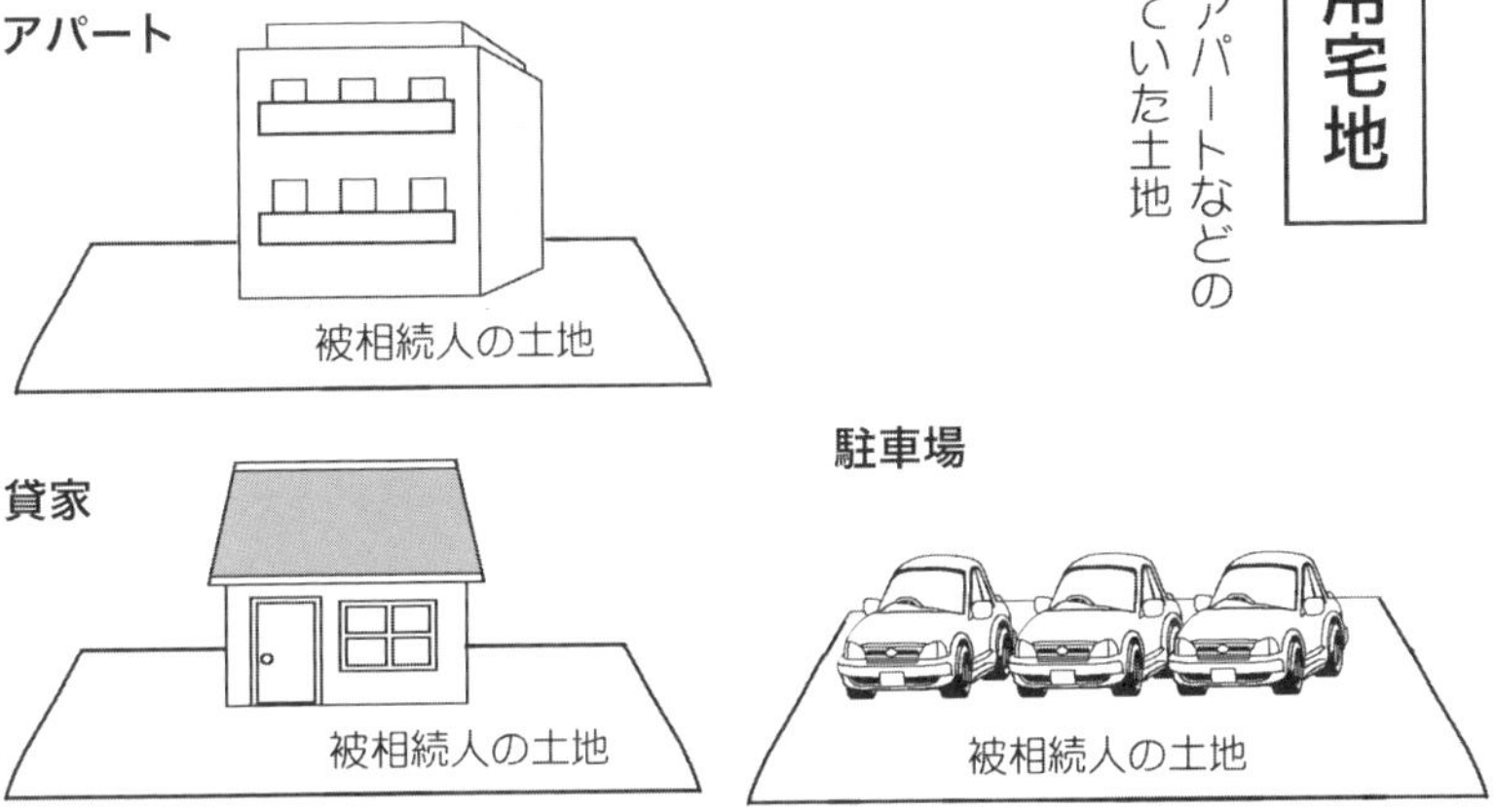

特定事業用宅地

被相続人または生計を一にする相続人が事業用に利用している建物の敷地

小規模宅地の特例

相続税の評価額が80%減額になります

(限度面積400㎡)

事業を引継ぐ相続人が特例を受けられます

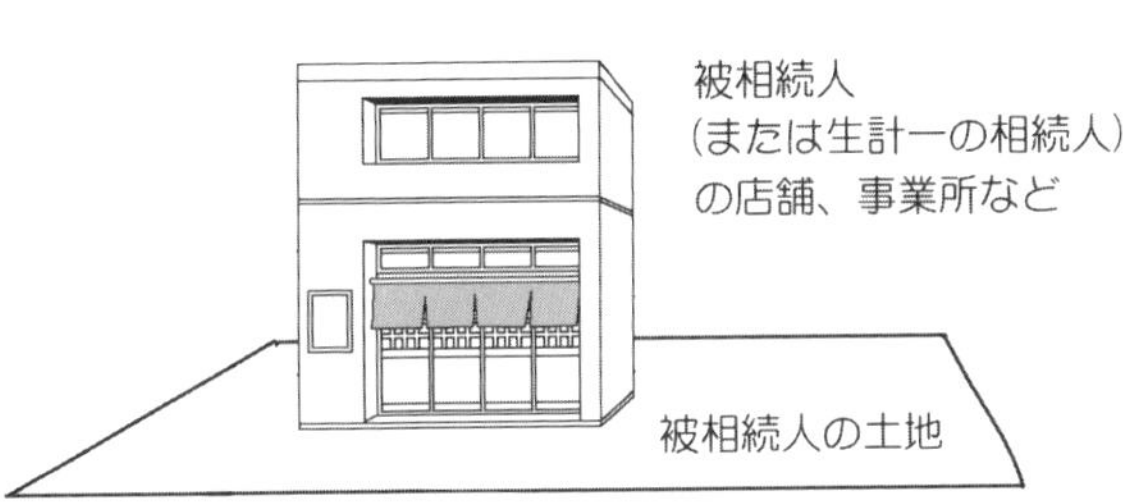

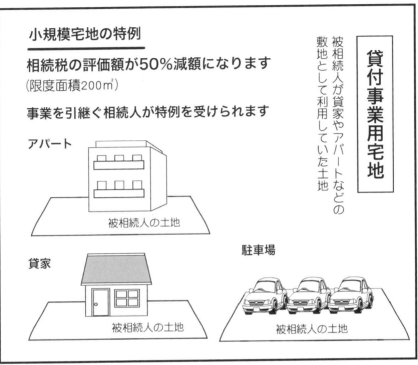

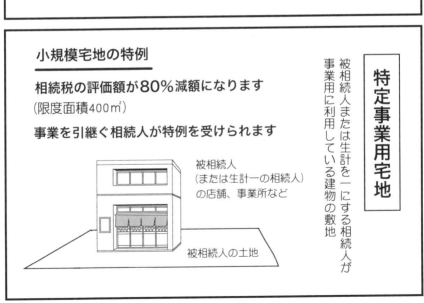

4 5000万円で買ったマイホーム、相続税は？

相続税がかからない人もいます

●マイホームには小規模宅地等の特例が使える

マイホームを5000万円で購入した場合であっても、評価額はこの金額よりも低い可能性もあります。購入金額にとらわれずに、相続税を計算するときの財産の評価方法で、マイホームの評価額を把握することが重要です。

この評価額が基礎控除の金額よりも大きい場合は、他に相続財産がなかったとしても、相続税がかかる可能性はあります。

しかし、「マイホーム」を相続した場合には、その評価額から大きく減額できる優遇制度があります。

これを小規模宅地等の特例といい、要件を満たせば、評価額から80％も減額できるので、相続税がかからない程度に評価を下げることが十分に可能です。

「マイホーム」がこの特例の要件である「特定居住用宅地等」に該当するかどうかがポイントになります。

被相続人が亡くなる直前まで居住用として住んでおり、妻であるあなたが相続をする場合はこの特例の要件を満たしていると考えられますので、マイホームの評価額を80％減額することが出来るでしょう。

しかし、被相続人が亡くなるもっと以前から老人ホームなどに入所していた場合は、要件が厳しくなりますので注意が必要です。

●マイホームが戸建てかマンションか

マイホームの評価額を算定するうえで、小規模宅地等の特例が使えなかったとしても、そもそもマイホームの評価額が基礎控除額以下であれば、相続税はかからないのです。戸建ての場合とマンションの場合で、評価額にはかなりの差が出ます。マンションであれば敷地は持分割合を考慮すると土地の割合が低く評価が下がる傾向にあります。

しかし、戸建ての場合は土地部分の評価額が高くなりますので、小規模宅地等の特例の要件が満たせるように、要件を把握しておきましょう。

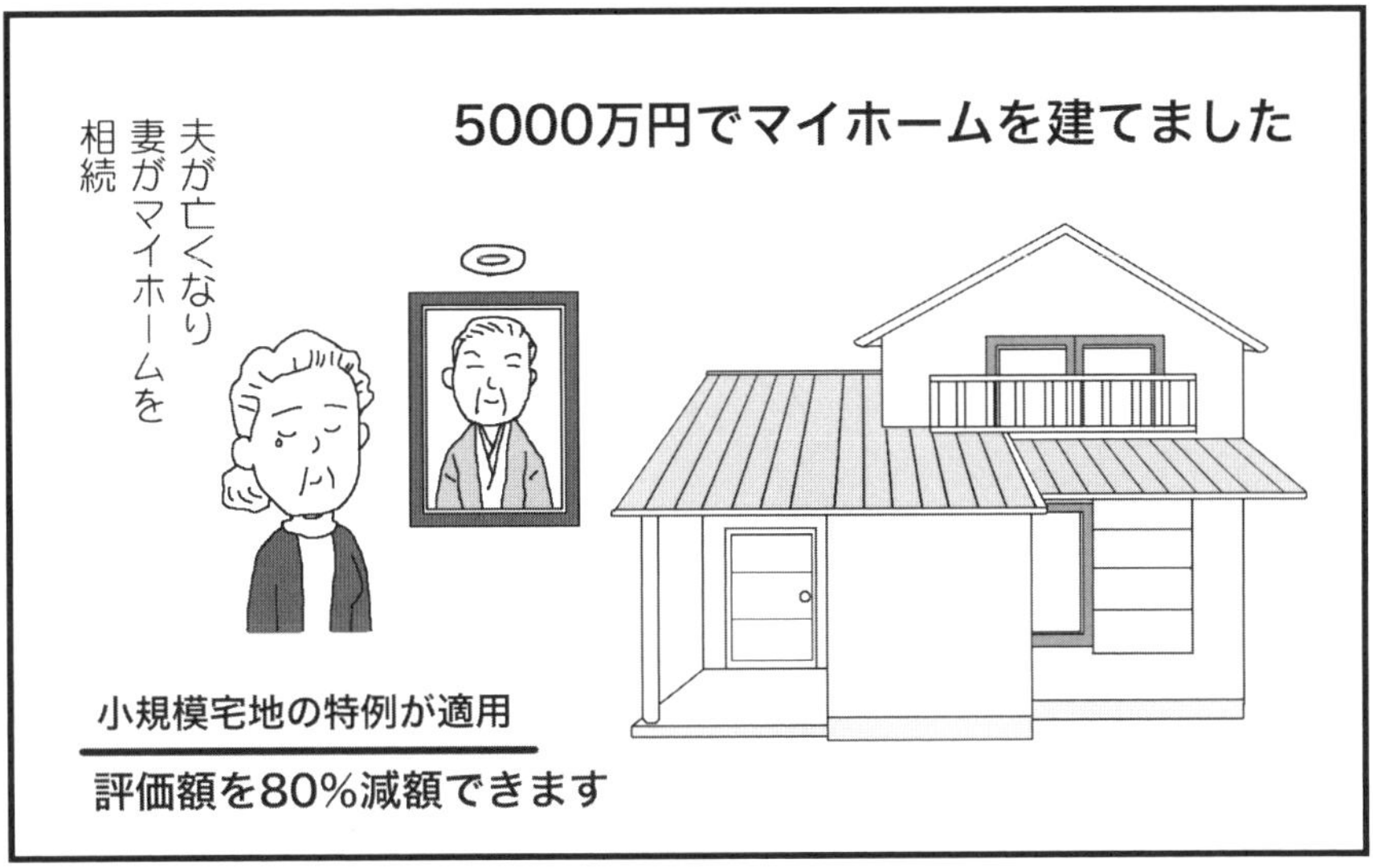
5000万円でマイホームを建てました
夫が亡くなり
妻がマイホームを
相続
小規模宅地の特例が適用
評価額を80%減額できます

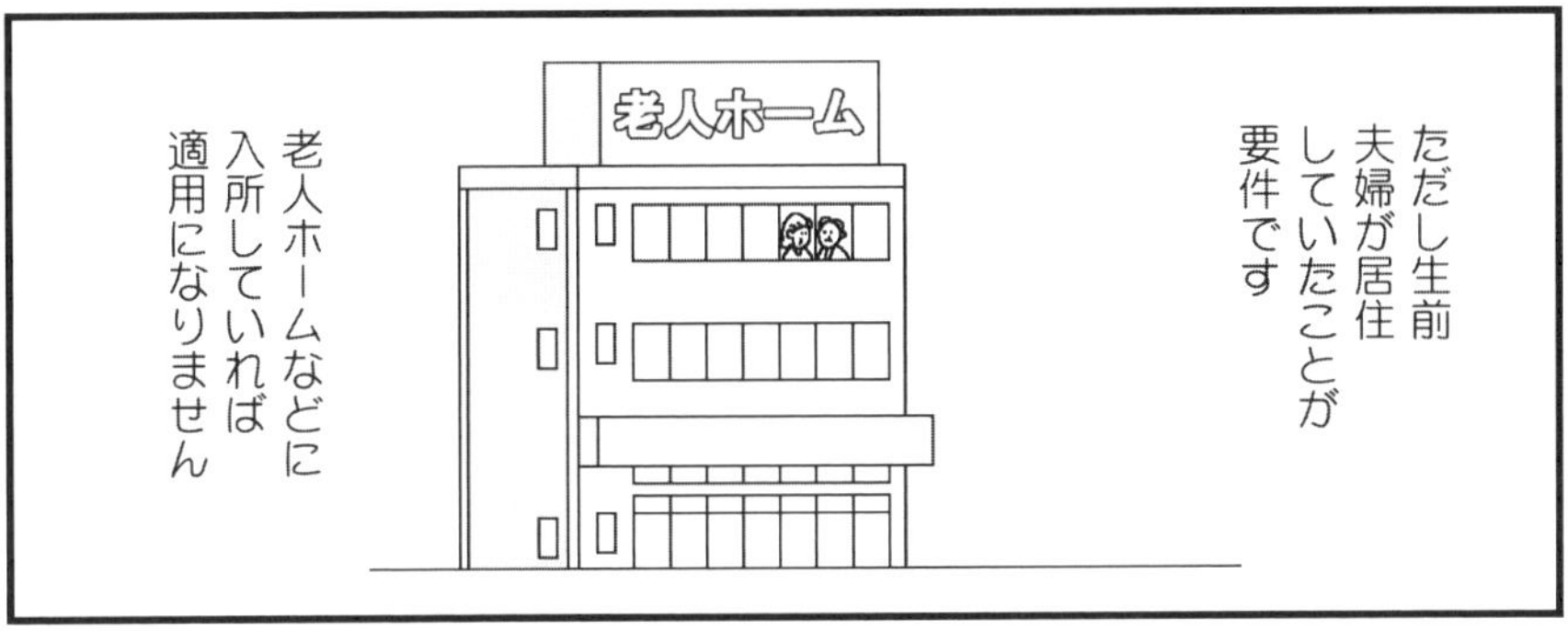
ただし生前
夫婦が居住
していたことが
要件です
老人ホーム
老人ホームなどに
入所していれば
適用になりません

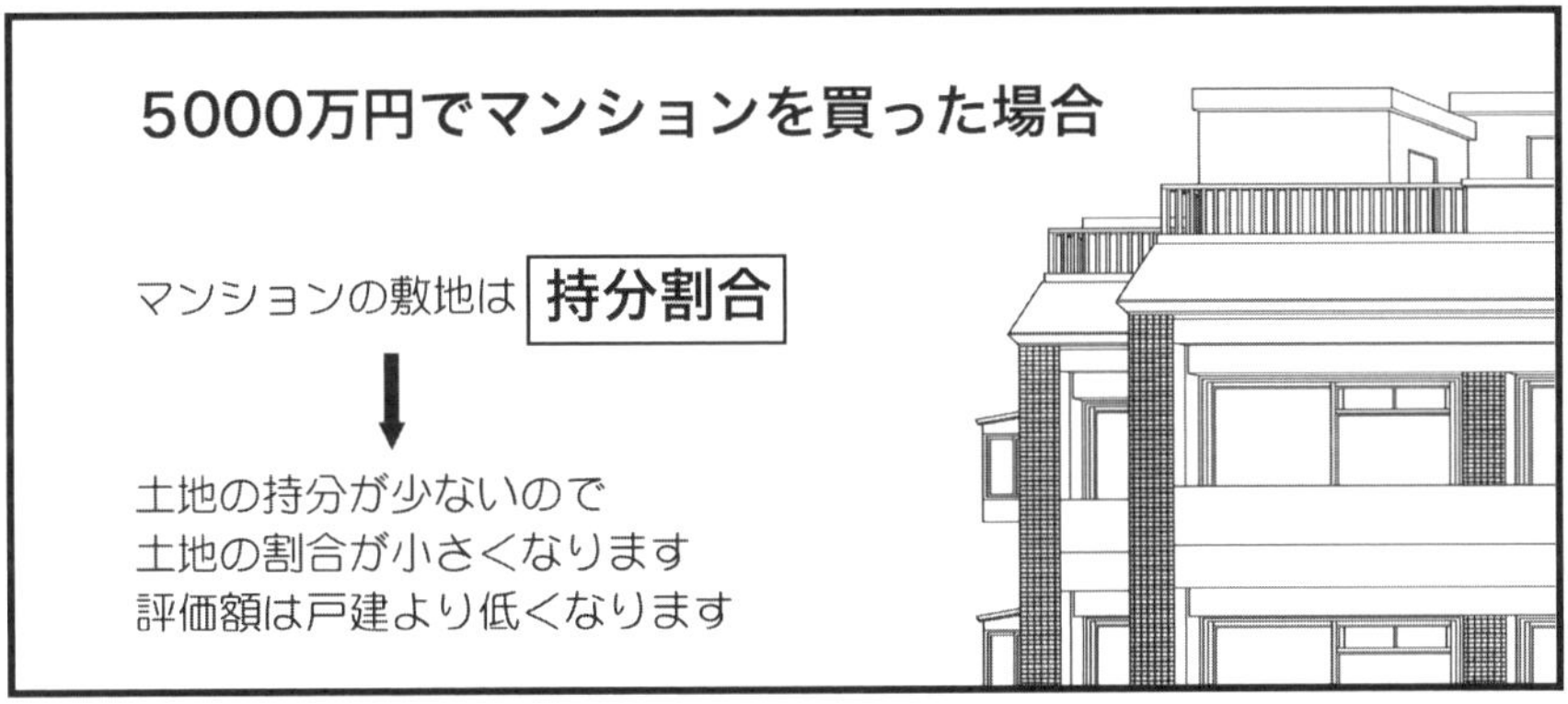
5000万円でマンションを買った場合
マンションの敷地は
持分割合
土地の持分が少ないので
土地の割合が小さくなります
評価額は戸建より低くなります

5 父の自宅を相続、生前から私は同居しています

それなら8割減の特例が受けられます

●分割の仕方によっては特例の適用が受けられない

被相続人が亡くなる直前まで、同居をしていた親族がいる場合、他の相続人の協力が得られないと「小規模宅地等」の特例の適用を受けられなくなってしまいますので、注意が必要です。

すでに配偶者がおらず、同居をしていた親族以外の親族が相続をする場合は、いくら被相続人が亡くなる直前まで居住用にしていた宅地であっても、小規模宅地等の特例の適用は受けられません。

この特例の適用を受ける場合、同居をしていた親族がいるのであれば、この同居をしていた親族が相続した場合にのみ「特定居住用宅地等」に該当し、小規模宅地等の特例の適用が受けられます。

そうなると、同居をしていた親族1人がすべてを相続すれば、何の問題もないのかと思う人もいるかもしれません。たしかにその通りなのですが、実際に相続が起こると、いくら被相続人の生前に同居をしていた親族がいたとしても、「自分ももらえる権利がある」「同居をしていたお兄さんがすべてを相続すると、いずれはお兄さんの奥さんのものになってしまう」などと考えて、もめてしまうケースがよくあります。

そうならないためにも、同居している親族がいる場合は、生前から、他の相続人にも公平に財産が渡るような対策を考えておくとよいでしょう。

●子供名義の家屋に同居していても受けられる

被相続人の名義の土地の上に、被相続人と生計を一つにする親族の名義の家屋が建っている場合、被相続人がこの家屋に同居をしていたのであれば、小規模宅地等の特例の適用が受けられます。

この場合も、被相続人に配偶者がいない場合で、この建物の名義人の親族が相続をした場合にのみ、小規模宅地等の特例の適用を受けることができます。

長男夫婦と同居していた母が亡くなりました
長男が土地・建物を相続
先祖からの土地がアニキの奥さんのものになるのはイヤだ
私たちももらえる権利があるわ
弟
妹
同居の長男が土地を相続すれば
小規模宅地の特例が適用
評価額を80%減額できます
同居していない子が土地を相続した場合特例は受けられません
もめないために生前から他の相続人にも財産が渡るように対策をしておきましょう
子の家に親が同居
親の土地
この場合の相続も特例を受けられます
80%減額

6 父の自宅を相続、私はマイホームに住んでいます

その場合、8割減の特例が使えません

●実家の相続でも、小規模宅地等の特例が使えない

被相続人が亡くなる直前まで居住用に利用していた家屋の土地を相続した場合、配偶者が相続するときは細かい要件もなく、小規模宅地等の特例を利用することができます。

しかし、配偶者がすでに亡くなっていたり、離婚をしたりしていて、相続をする人が配偶者以外の場合は、小規模宅地等の特例制度を利用するには厳しい条件が加わります。

たとえば、被相続人が亡くなる直前まで、誰とも同居をせず、一人暮らしをしていた場合、その土地を相続する相続人が自分で購入した持家に住んでいたり、その相続人の配偶者の所有する持家に住んでいたら、残念ながら、小規模宅地等の特例を利用することができません。

この場合、原則的な土地の評価方法で評価をすることになり、高額な相続税を負担せざるをえなくなります。

場合によっては、この被相続人の亡くなる直前まで自宅として利用していた土地と建物を売却して、相続税を納めなければならない深刻な事態も考えられます。

●二世帯住宅の検討

配偶者以外の相続人がこの小規模宅地等の特例を受けるには、要件が厳しくなり、特に、相続人が持家に住んでいる場合は適用を受けることがまずできません。

そこでうまく活用したいのが二世帯住宅です。

二世帯住宅の内部で行き来ができない構造の建物であっても、「区分所有建物登記」（分譲マンションの各部屋のような登記をいいます）がされていなければ、小規模宅地等の特例の適用を受けることができるように要件が緩和されています。

親の住んでいる家を将来相続するのであれば、実家の敷地に二世帯住宅を建てることも検討してみてはいかがでしょうか。

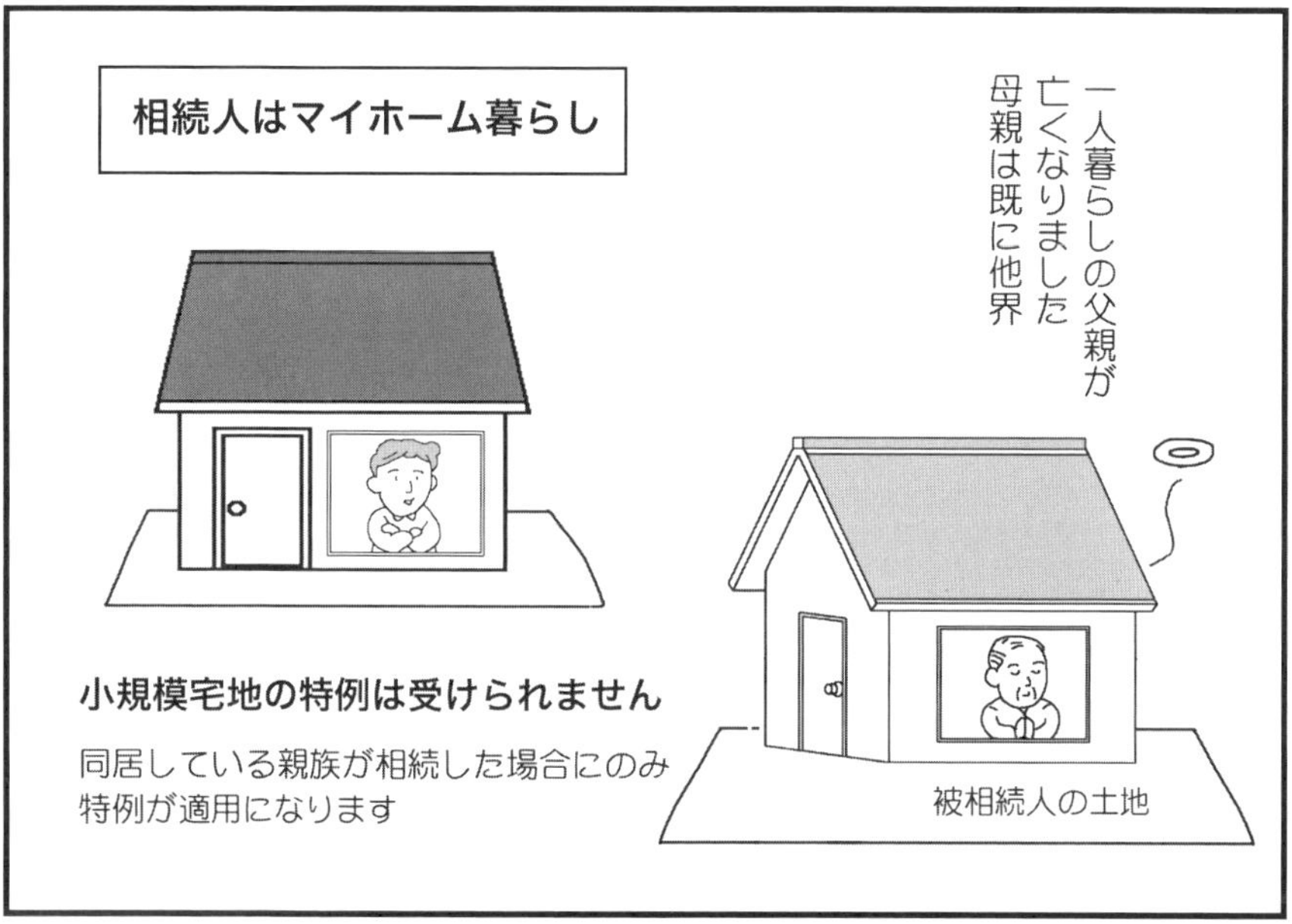
相続人はマイホーム暮らし
一人暮らしの父親が
亡くなりました
母親は既に他界
小規模宅地の特例は受けられません
同居している親族が相続した場合にのみ
特例が適用になります
被相続人の土地

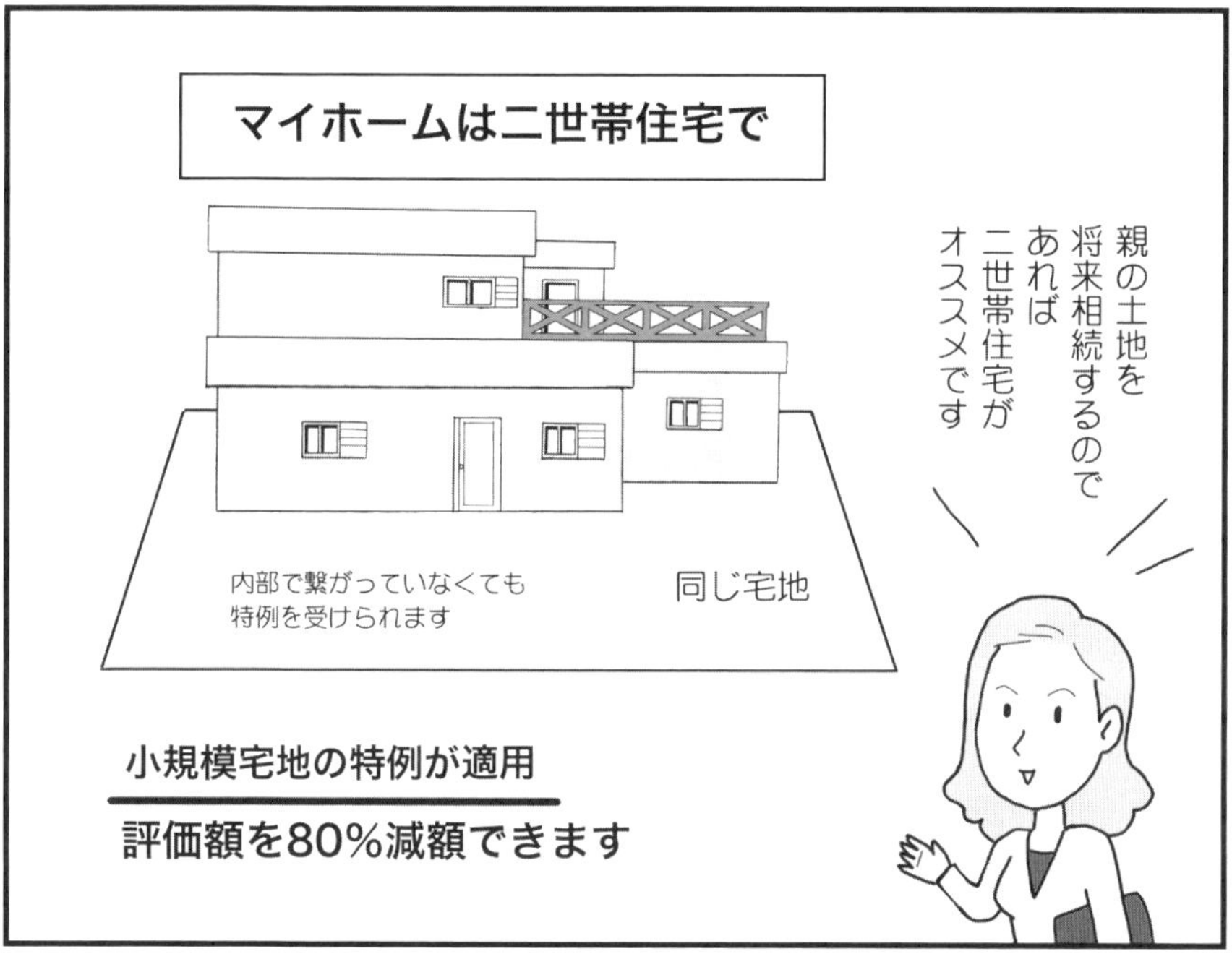
マイホームは二世帯住宅で
親の土地を
将来相続するので
あれば
二世帯住宅が
オススメです
内部で繋がっていなくても
特例を受けられます
同じ宅地
小規模宅地の特例が適用
評価額を80%減額できます

7 父の自宅を相続、私はアパートに住んでいます

「家なき子の特例」が使えます

●相続開始前の3年以内に持家に住んでいるか?

被相続人が亡くなる直前までマイホームとして利用していた土地と建物を相続する場合、すでに被相続人には配偶者がおらず、また、同居をしていた親族もいないとなると、持家に住んでいない相続人が相続をすれば、小規模宅地等の特例が受けられる可能性があります。

この場合に注意をしていただきたいのが、相続開始の3年の間に、その相続人またはその相続人の配偶者の持家に住んだことがあるかどうかです。

住んだことのある場合は、いくら相続発生時には持家がなかったとしても、この特例の適用を受けることはできません。

この特例はあくまで「居住用」の家屋という、生活の基盤としてなくてはならない財産を相続した相続人が、これに多額の相続税がかけられてしまうことで生活の基盤を失わないように配慮された規定です。よって、この特例を受けるために故意に持家を売却して、相続をしたた財産の評価を下げ、相続税負担を免れることを防止するための措置として、このような厳しい規定が取られているのです。

●申告期限前に売却してしまった場合は……?

相続開始の3年前の間に、持家に住んだことがない相続人がこの特例の適用を受けようとする場合、配偶者が相続する場合以外は、相続税の申告期限まで引き続き、その土地を所有していなければなりません。

遺産分割などでもめていないのであれば、通常、相続税の申告書の提出は申告期限よりも前に終わらせてしまいます。

申告書提出が終わったからといって、そこで安心して売却をしてしまうと、要件を満たしていないことになります。そのため、申告期限まで引き続き所有することを忘れないようにしましょう。

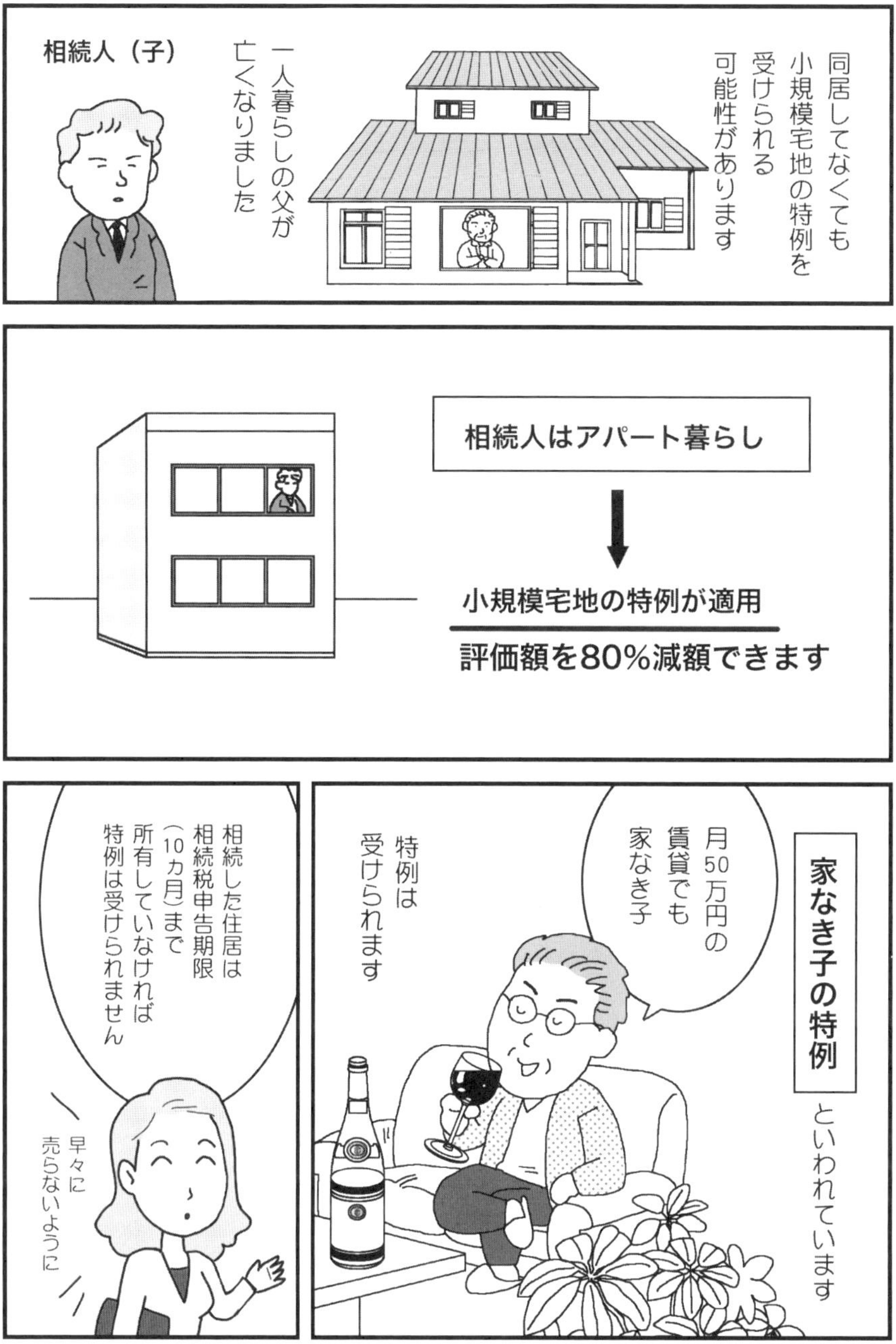
同居してなくても
小規模宅地の特例を
受けられる
可能性があります
一人暮らしの父が
亡くなりました
相続人（子）
相続人はアパート暮らし
小規模宅地の特例が適用
評価額を80%減額できます
家なき子の特例
といわれています
月50万円の
賃貸でも
家なき子
特例は
受けられます
相続した住居は
相続税申告期限
（10カ月）まで
所有していなければ
特例は受けられません
早々に
売らないように

8 父が経営している店舗は継がないとダメですか？

申告期限までは頑張りましょう

●少なくとも申告期限までは事業を続けること

被相続人が亡くなる直前まで、自ら営んでいた事業用の宅地があった場合、もしくは、被相続人と生計を一にする親族が営んでいた宅地があった場合、その宅地を相続した相続人が、次の要件を満たすとき、宅地の評価額を80％も減額できる小規模宅地等の特例の適用が受けられます。この宅地を「特定事業用宅地等」といいます。

この「特定事業用宅地等」に該当するのかどうかは、宅地等を相続した相続人が次の2つのうちいずれかの要件を満たす必要があります。

①　被相続人の事業を引き継ぎ、申告期限まで引き続きその宅地等を所有し、かつ、その事業を営んでいること

②　被相続人と生計を一にしていた相続人が、申告期限まで引き続きその宅地等を有し、かつ、その宅地等を自らの事業の用に供していること

これらの要件のうち、いずれも重要なのは申告期限が到来するまでは「相続した宅地は所有し続ける」ことと、「事業を営み続ける」ということです。

すなわち、申告期限までは何とか続けてみて、申告期限後に事業継続の可否を判断しても、この特例を受けることはできます。

●事業を承継する人がいない場合

被相続人が営んでいた事業を、その後に承継する人がいない場合や決まっていない場合、被相続人の生前からわかりきっているのであれば、「特定事業用宅地等」に該当することができないとしても、せめて「貸付事業用宅地等」として小規模宅地等の特例の適用が受けられるように対策をしておくことも重要な生前対策となります。

たとえば、その被相続人の子供や被相続人を代表者とする会社を設立し、建物をその会社に売却をすることで貸付事業としての要件を満たすことになり、小規模宅地等の特例を適用することができます。

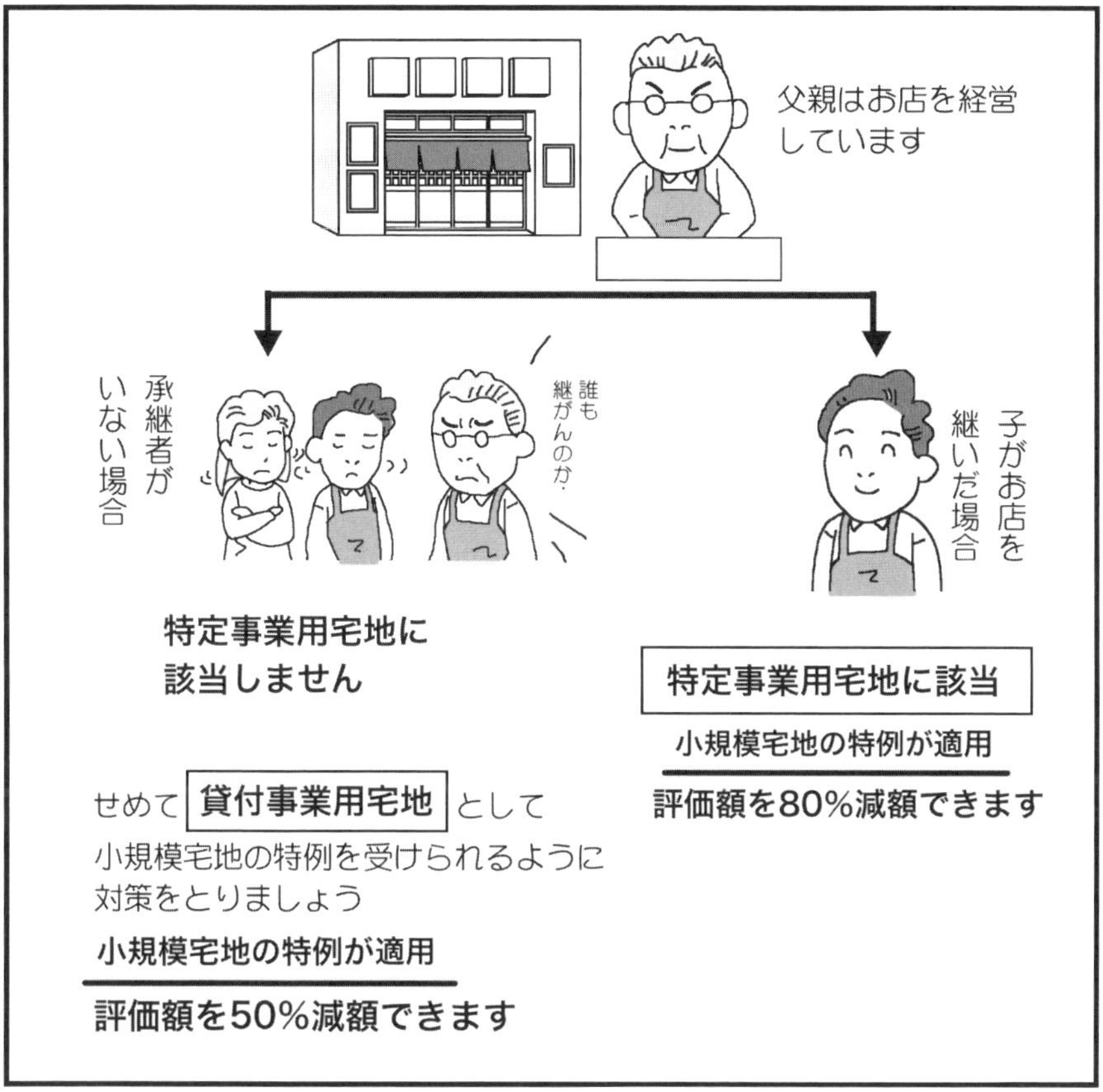
父親はお店を経営しています
承継者がいない場合
誰も継がんのか・
特定事業用宅地に該当しません
せめて 貸付事業用宅地 として
小規模宅地の特例を受けられるように
対策をとりましょう
小規模宅地の特例が適用
評価額を50%減額できます
子がお店を継いだ場合
特定事業用宅地に該当
小規模宅地の特例が適用
評価額を80%減額できます

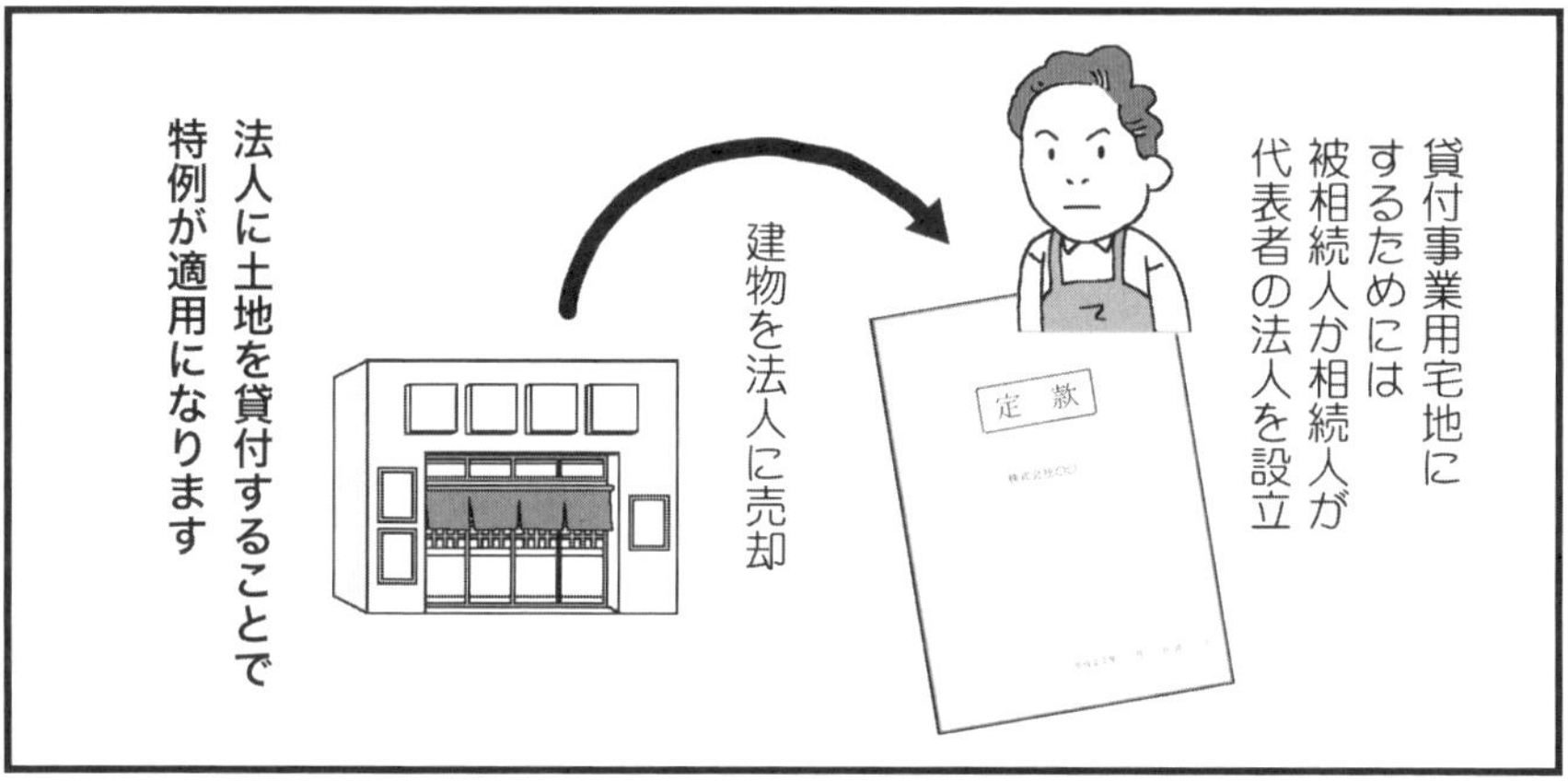
貸付事業用宅地にするためには
被相続人か相続人が
代表者の法人を設立
定　款
建物を法人に売却
法人に土地を貸付することで
特例が適用になります

9 アパートを相続、賃貸業は継がないとダメですか？

申告期限までは、大家さんをやりましょう

●申告期限まで賃貸業を継続すれば適用あり

被相続人が生前、自己の名義の土地のうえにアパートを建てて、賃貸事業をしていたような場合は「貸付事業用宅地等」に該当し、「小規模宅地等の特例」の制度によって、２００㎡まで、その評価額から50％の減額が認められています。

この貸付事業用宅地等に該当するかどうかの要件は、被相続人または被相続人と生計を一にしていた相続人の不動産貸付事業用に使用されていることです。

この土地で被相続人が不動産貸付事業をしていたような場合は、相続をした相続人が申告期限までの間は引き続き、不動産貸付事業を継続していないと小規模宅地等の特例の適用を受けることができずに、50％の減額適用はありません。

また、被相続人と生計を一にしていた相続人が貸付事業を行なっていたのであれば、その相続人がその土地を相続し、かつ、最低でも申告期限までは自分の貸付事業を継続しなければ、やはり小規模宅地等の特例の適用を受けることはできません。

なお、被相続人と生計を一にしていた相続人が貸付事業を行なっていて、その他の相続人がその土地を相続した場合、小規模宅地等の特例の適用がそもそも受けられないため、遺産分割において注意が必要です。

●貸家に空室があったときは

被相続人または被相続人と生計を一にしていた相続人の貸付事業の用に利用されていた宅地で、その上に建っていたアパートに空室があった場合、その空室部分に対応する面積には小規模宅地等の特例が適用されないというのが原則です。

しかし、その空室が一時的なものと認められれば、土地全体に対して小規模宅地等の特例の適用を受けることができますので、常に賃貸人の募集をしていたなどの実績を残しておくようにしましょう。

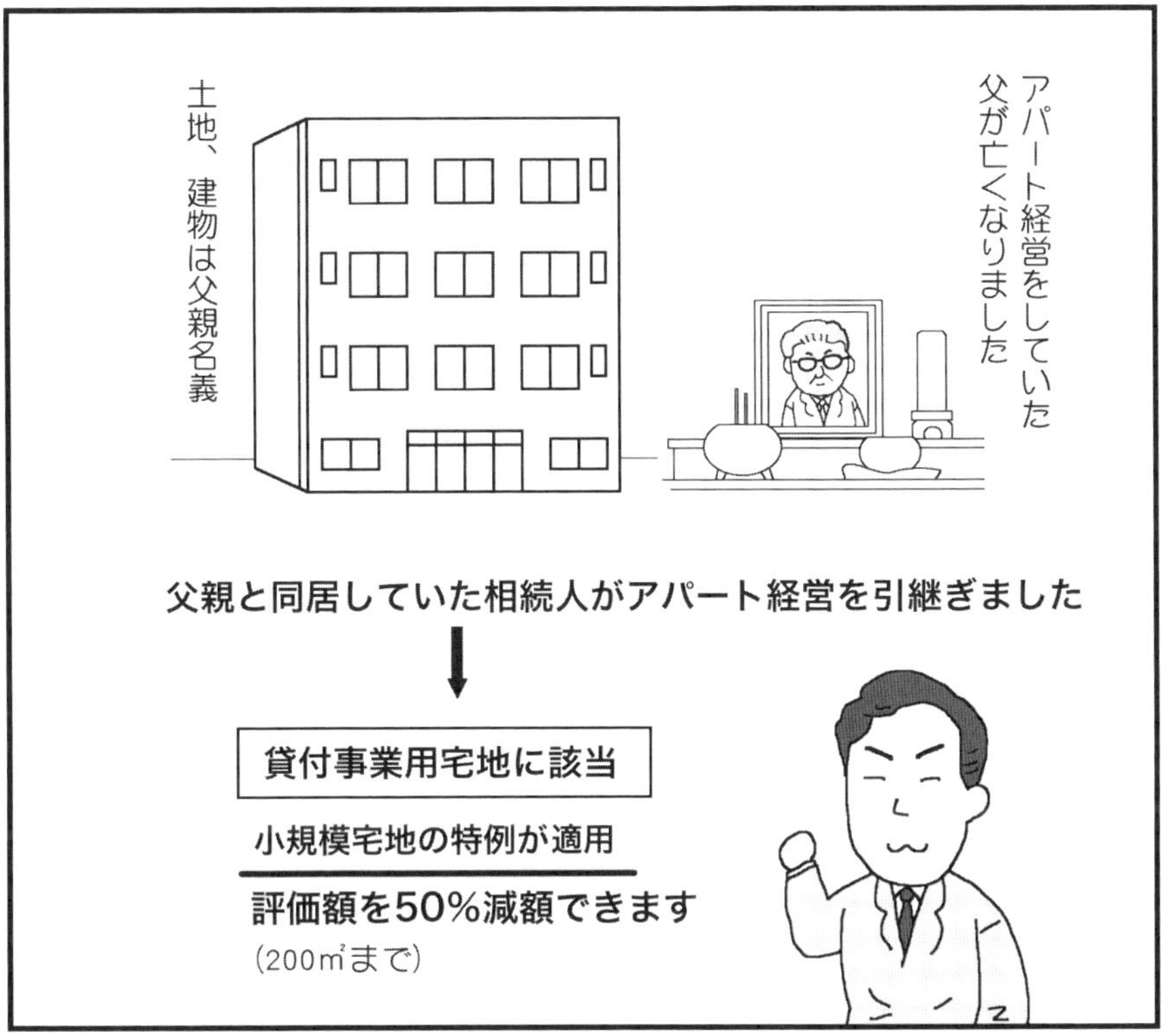
アパート経営をしていた父が亡くなりました
土地、建物は父親名義
父親と同居していた相続人がアパート経営を引継ぎました
貸付事業用宅地に該当
小規模宅地の特例が適用
評価額を50%減額できます
(200㎡まで)

アパートに空室があった場合空室に対応する土地面積は特例を受けられません
空室の分は特例なし
空室が一時的だと認められれば特例を受けられる可能性があります
常に居住者を募集し実績を作っておきましょう

10

人に土地を貸しています

自分では使えないので……？

●他人に普通借地権で貸していれば評価は大幅に減額

被相続人が所有していた土地のうえに他人が建物を建てている場合、借地権が設定されているかもしれません。

このとき、たとえ被相続人の土地であっても、借地人に対して返還を求めたり、空け渡してもらったりすることが難しいため、評価額を大幅に減額できます。借地権が設定されている土地の評価は、土地の原則的な評価額から、借地権相当額を控除した金額です。

このような土地は更地に比べて評価額は下がりますが、普通借地権であれば、期間満了時に更新が認められているため、半永久的に土地の利用権が戻らないにも関わらず、相続税の対象となってしまうのです。

新規に土地を貸すときは、期間満了後に土地が返還される「定期借地権」の制度を利用する方法もあります。

●親族や親族が経営している法人に貸していた場合

被相続人が所有していた土地のうえにその子供や親族の名義の家が建てられている場合でも、その土地に対する地代の支払いがされていないことがあります。

この場合は、被相続人が自分で利用していたものと同じ土地の評価がされるため、評価額が過大になる可能性も高く、注意が必要です。しかも小規模宅地等の特例の適用も受けられません。

また、被相続人やその親族が経営していた法人に土地を貸しつけて地代をもらっていた場合、将来返還することを定めた「土地の無償返還に関する届出書」が提出されていれば、その土地の評価は原則的な評価額から20％減額することができます。

土地を普通借地権で借りる場合、本来であれば借地人は、地主に権利金を払わなければなりませんが、右記の届出書を提出すれば、権利金の支払いは不要です。

提出していないと、借地人に利益があったものとして、法人税が課税されてしまうので、注意が必要です。

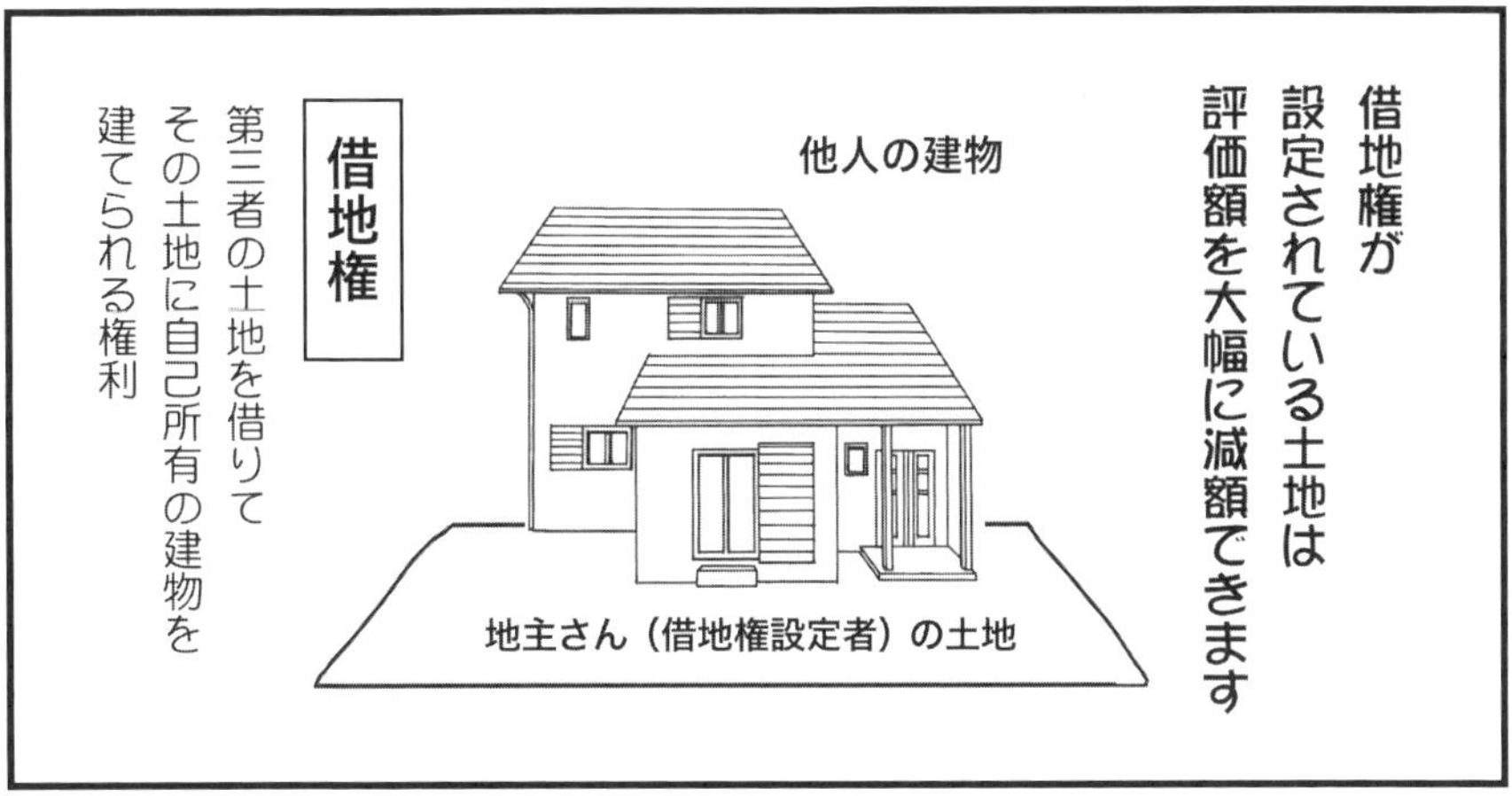
借地権が設定されている土地は評価額を大幅に減額できます
他人の建物
地主さん（借地権設定者）の土地
借地権
第三者の土地を借りてその土地に自己所有の建物を建てられる権利

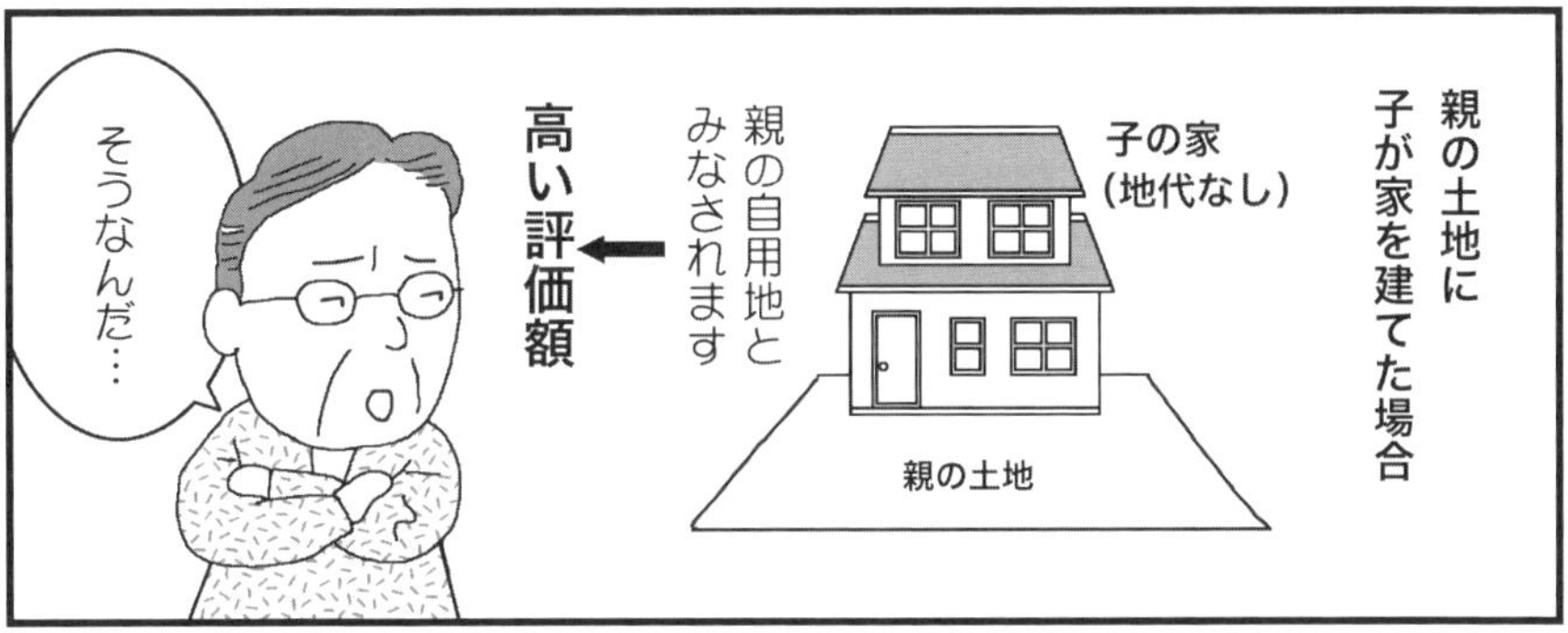
親の土地に子が家を建てた場合
子の家（地代なし）
親の土地
親の自用地とみなされます
高い評価額
そうなんだ…

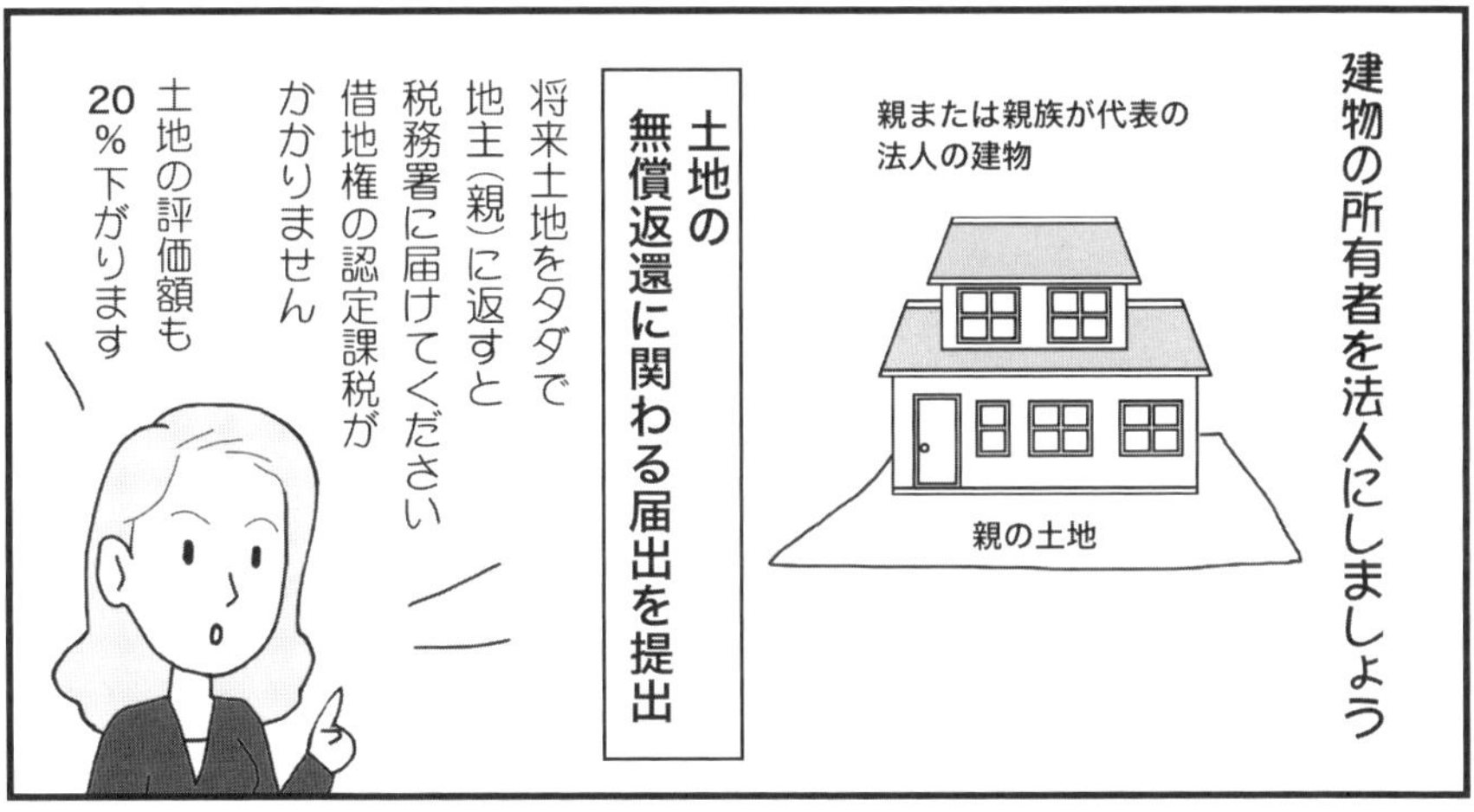
建物の所有者を法人にしましょう
親または親族が代表の法人の建物
親の土地
土地の無償返還に関わる届出を提出
将来土地をタダで地主（親）に返すと税務署に届けてください
借地権の認定課税がかかりません
土地の評価額も20％下がります

11 砂利敷きの駐車場

アスファルトにしなくてよいの？

●青空駐車場に該当しているとみなされる

所有していた更地を駐車場として貸付けていた場合に、貸付事業用の宅地として小規模宅地等の特例の適用が受けられるかどうかは、駐車場としての設備が備わっているのかどうかによります。

たとえば、地面に駐車位置を指定するためのロープが張られ、道路には駐車場を示す野立看板が設置されているだけの駐車場。または、アスファルト舗装が全体の数％程度しか施されておらず、敷設された砂利は地中に埋まり、金属製パイプを組み合わせたフェンスや看板があるだけの駐車場。このような駐車場に対しては「駐車場としての設備」が備わっているとは認められていません。

この場合は、貸付事業用の宅地ではなく、原則的な土地の評価額で評価をすることになります。

●砂利が構築物と認められる場合

砂利敷きの敷地で、宅地への転用が困難だと判断されたら、その砂利敷きの敷地自体が「構築物」と認められる場合もあります。

この敷地を駐車場として貸付けることで、「貸付事業用宅地等」に該当し、小規模宅地等の特例の適用を受けることができるようになります。

この場合でも、駐車場として貸し出すにあたっては、ロープを張って駐車位置を示したり、看板を出したり、といった措置はとったほうがよいでしょう。

その砂利敷きの敷地の状況によっては、堅固な施設とは認められずに、税務調査などで否認されてしまう場合もあるので、慎重に検討が必要です。

アスファルト舗装などの施工代金がかかっても、小規模宅地等の特例を受けたほうが絶対的に相続税の評価が下がる地域であれば、被相続人の生前にアスファルト舗装を施し、駐車場として貸し出すことも立派な生前対策になります。

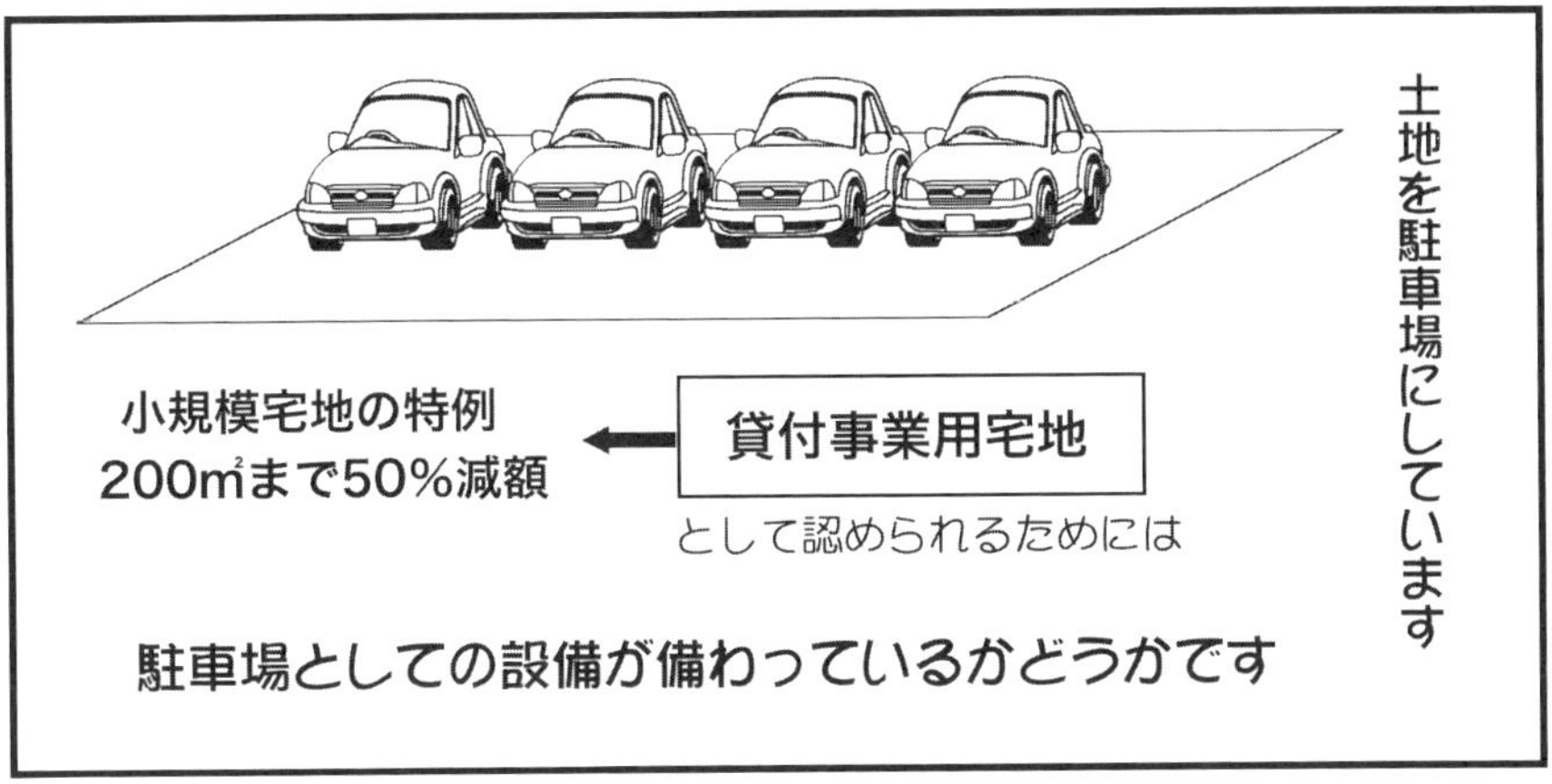
土地を駐車場にしています
小規模宅地の特例
200㎡まで50%減額
貸付事業用宅地
として認められるためには
駐車場としての設備が備わっているかどうかです

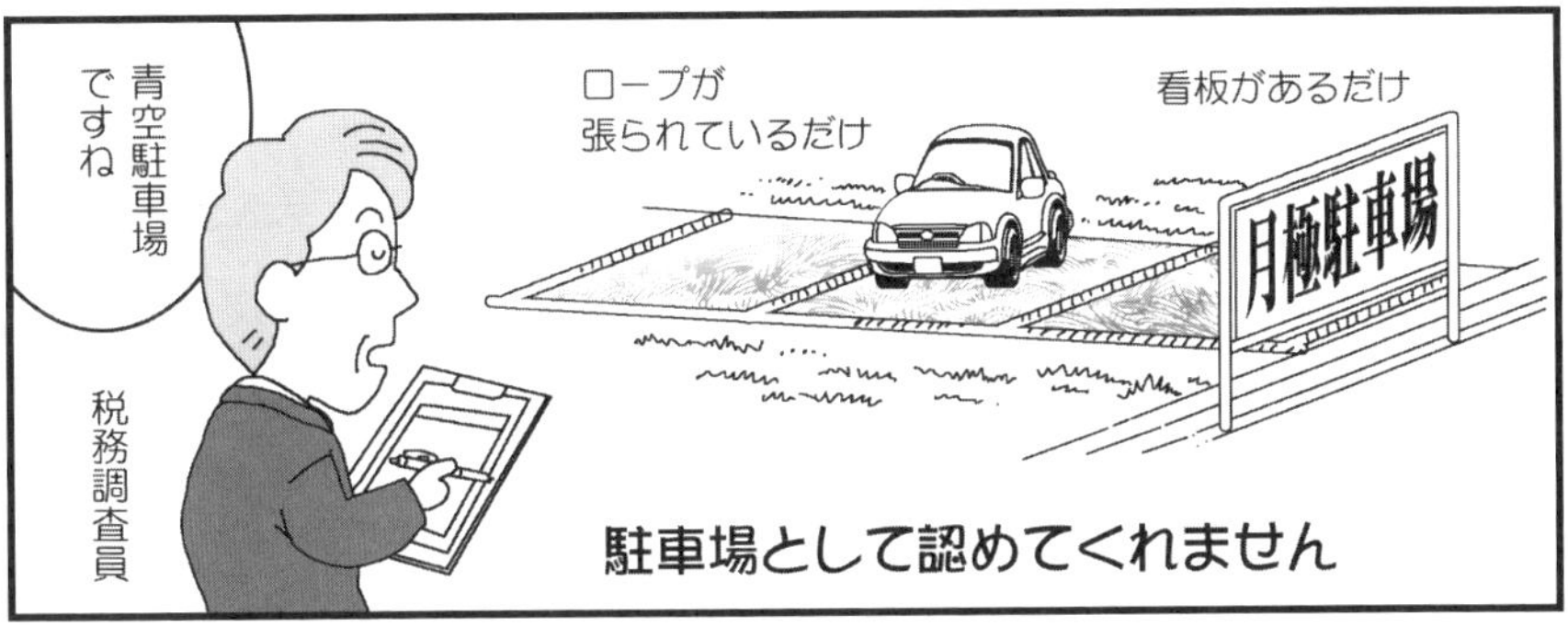
青空駐車場ですね
税務調査員
ロープが張られているだけ
看板があるだけ
月極駐車場
駐車場として認めてくれません

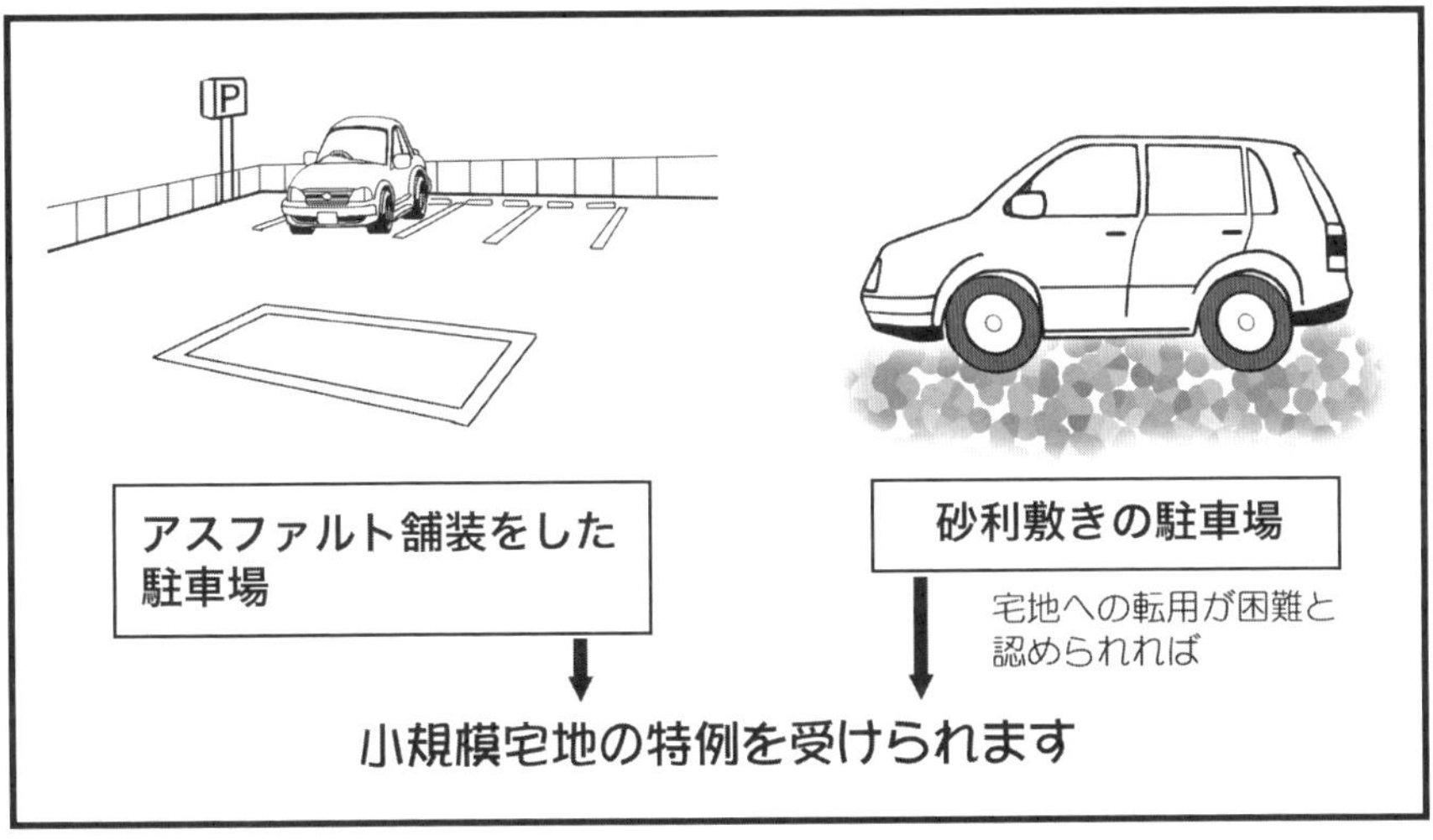
P
アスファルト舗装をした駐車場
砂利敷きの駐車場
宅地への転用が困難と認められれば
小規模宅地の特例を受けられます

12 地主から土地を借りています

建物の敷地、駐車場、資材置き場など、いろいろあります

●借地権の設定がされていれば借地権評価

住居や事業用の建物を建てる目的で、地主から土地を借りる場合、借地人の権利を保護する見地から借地借家法の適用を受けることになります。

地主から土地を借りる権利は借地権という権利として相続財産に該当します。評価額は通常の土地の評価額から「借地権割合」を控除した金額で評価しますので、土地を所有しているよりも評価額を下げることができます。

一般の定期借地権であれば、更新時に正当な理由がなければ、更新を拒絶されることはなく、通常の土地と同じように利用することができるにも関わらず、評価額は下げることができる点では有利です。

定期借地権の場合は、契約期間の満了の時期によって相続税の評価額が異なります。

契約期間の満了が近づくにつれ、貸主側の評価は上がり、逆に借主側の評価は下がります。

定期借地権の契約は、期間満了時に建物をとり壊して土地を返還するという条項が織り込まれている可能性があります。もし、契約期間の満了の日が近いのであれば、建物のとり壊し費用を建物を相続した相続人が負担しなければならなくなってしまうので、遺産分割協議に考慮しておくとよいでしょう。

なお、借地権は小規模宅地等の特例の適用を受けるための要件を満たせば、小規模宅地等の特例の適用が受けられ、評価額を大幅に減額できます。

●賃貸借契約で利用している場合

被相続人が生前に、事業用の駐車場や資材置き場として土地を更地のまま借りていたような場合は、借地借家法の適用のない、賃貸借契約によって借りているケースも多くあります。

相続発生後、その事業を引き継いだ相続人が、賃貸借契約も継続できるように手続きをしなければならないので、契約関係もよく確認しておくとよいでしょう。

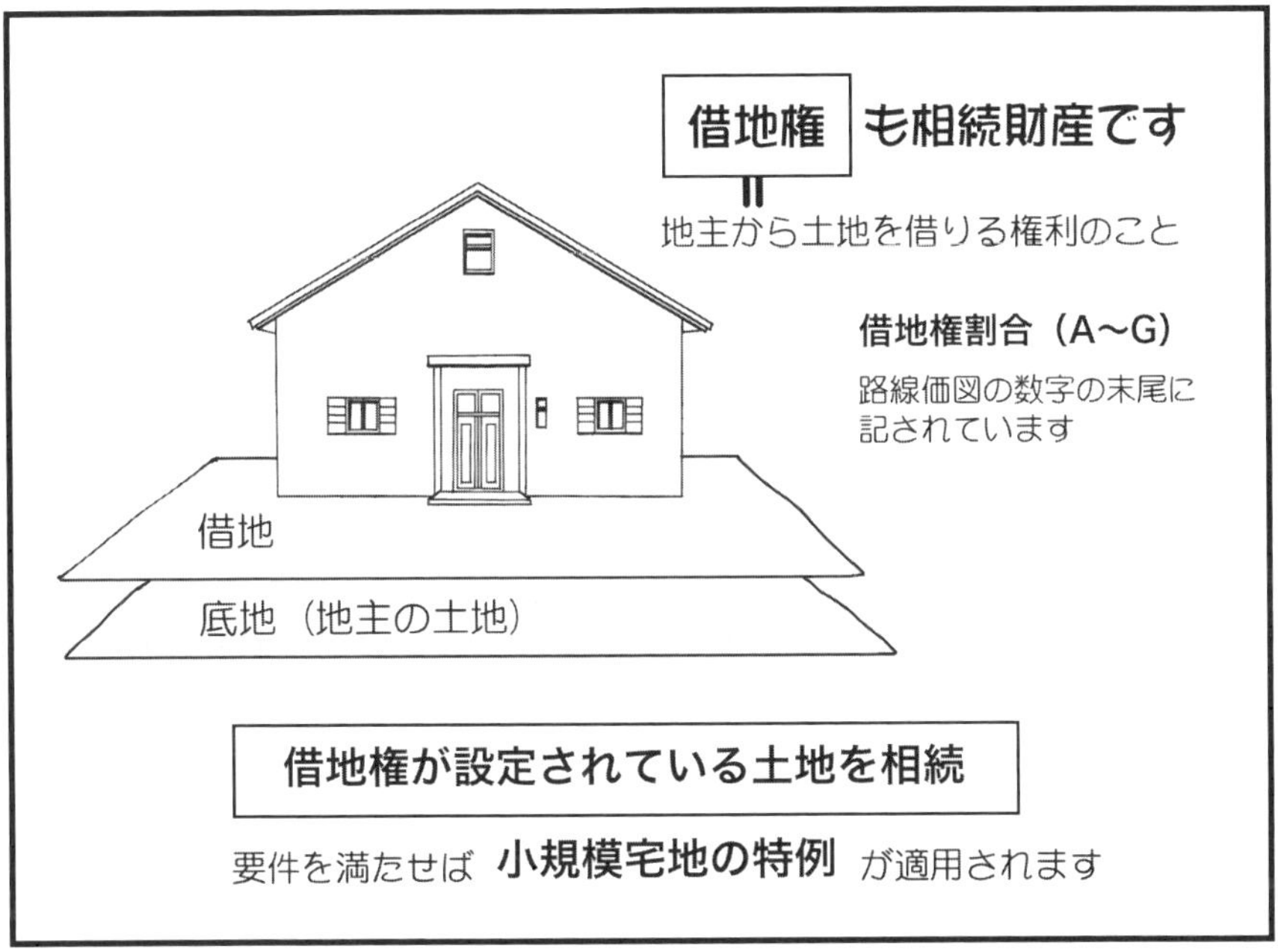
借地権 も相続財産です
＝
地主から土地を借りる権利のこと
借地権割合（A～G）
路線価図の数字の末尾に
記されています
借地
底地（地主の土地）
借地権が設定されている土地を相続
要件を満たせば 小規模宅地の特例 が適用されます

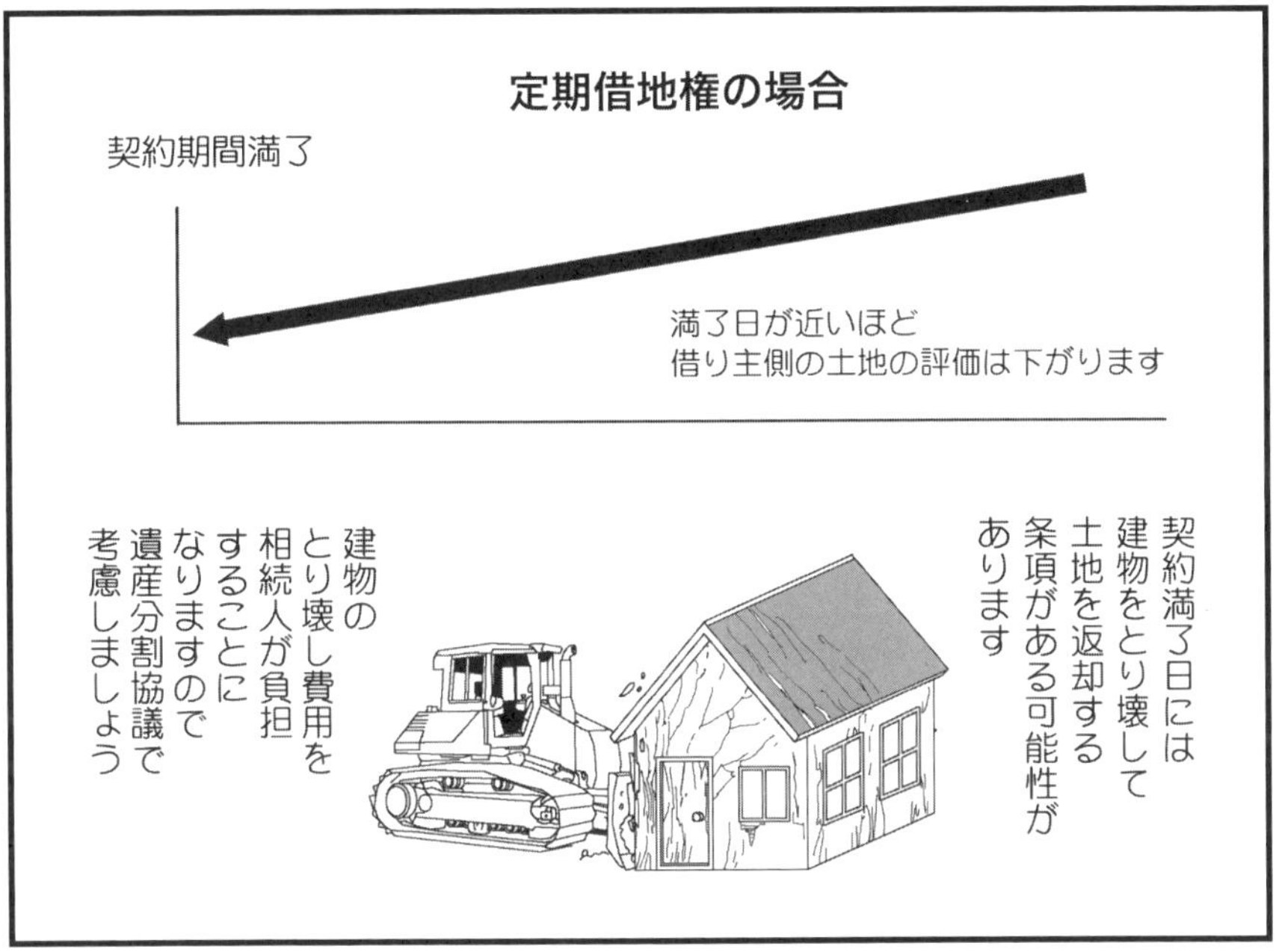
定期借地権の場合
契約期間満了
満了日が近いほど
借り主側の土地の評価は下がります
契約満了日には
建物をとり壊して
土地を返却する
条項がある可能性が
あります
建物の
とり壊し費用を
相続人が負担
することに
なりますので
遺産分割協議で
考慮しましょう

実家を二世帯住宅に建て替えました

私は、地方出身の夫と中古マンションに住んでいます。3歳の長女、1歳の長男がおり、今住んでいる部屋は狭くなって来ました。

私の実家は、車で30分くらいのところにあります。先祖代々引き継いだ広い土地に立つ、木造2階建の住宅です。しかし、築30年経つため、老朽化してきていました。

広い実家で同居をすれば、親に子供を預けて仕事ができるし、親は孫と一緒に楽しく生活できる。また、親は家が古くなってきたのでリフォームしたいと思っており、私たちと同居すれば相続対策にもなるので、希望とタイミングが合いました。そこで、実家を二世帯住宅としてリノベーションすることにしました。

最近は、木造戸建住宅リノベーションの技術が進化しています。木造の戸建住宅は、税法上の耐用年数は25年です。しかし、耐震性能や断熱性能をしっかりと高め、定期的なメンテナンスを行えば、長年使用することが可能なのです。

既存の骨組みや柱を活用するため、場合によっては建て替えよりも費用を抑えることができます。（基礎や骨組みの老朽化が進んでいる場合、補強工事で新築よりも予算がかかってしまうこともあり、その場合は建て替えたほうがよいでしょう）。

実家の間取りを二世帯住宅にリノベーションする際は、玄関、リビング、風呂は共用にしました。そして、親世帯の広いＬＤＫをメインにして、子世帯にもサブリビングやキッチンを作る、「一部共有型二世帯住宅」にしました。キッチンを2つ作ったのは、朝の忙しい時間帯に、親世帯をドタバタに巻き込まないようにするためです。夕食は、親世帯のリビングで、二世帯でゆっくりとるようにしました。

こうして私たちは、2人の子育てに適した広い庭と、広い空間が確保された家に住むことができるようになりました。また、親は相続対策をしながら、娘夫婦と孫に囲まれた楽しい生活を送ることができるようになりました。

第７章

保険の有効利用

～保険を活用して円滑な相続を～

1 保険に入っていなかったために、こんなことに！

子供に迷惑をかけないように……

●納税は相続人全員の問題

相続税という税金は被相続人が残してくれた不動産や株式、預貯金などの財産全体に税金がかかるのに対して、納税は現金による一括納付が原則です。

被相続人の残してくれた財産から納税することができればよいですが、残された財産は不動産ばかりで、納税資金は相続人が準備をしなければならないとなると、なかには、申告期限までに納税できない相続人も出てくる可能性があります。

相続人のなかに納税できない人がいると、他の相続人は連帯納付義務を負っているので、他の誰かが負担をしなければなりません。

生前にこのような事態になることが予測できていれば、相続税額をあらかじめ試算しておき、相続税額に相当する保険金を契約して、亡くなったときに相続人が受けとれるようにしておくように対策することができます。

●生命保険金はみなし相続財産で非課税制度もある

生命保険金は、被相続人が契約者であった場合に、相続税の「みなし財産」として、相続税がかかる財産の対象となります。

しかし、契約時に受取人を決めておくことができるので、遺産分割の対象とはならずに、財産を残したいと思っている相続人へ財産を残してあげることができます。

しかも、「法定相続人の数×５００万円」までは、非課税額といって、受け取った保険金から控除することができる制度もあります。

残したい人に財産を残すことができ、非課税金額までは相続税もかからない、優遇された財産なので、生前にこの非課税限度額までの契約をしていない場合や、納税資金が足りないと想定できるのであれば、ぜひ生前に一度生命保険を見直してはいかがでしょうか。

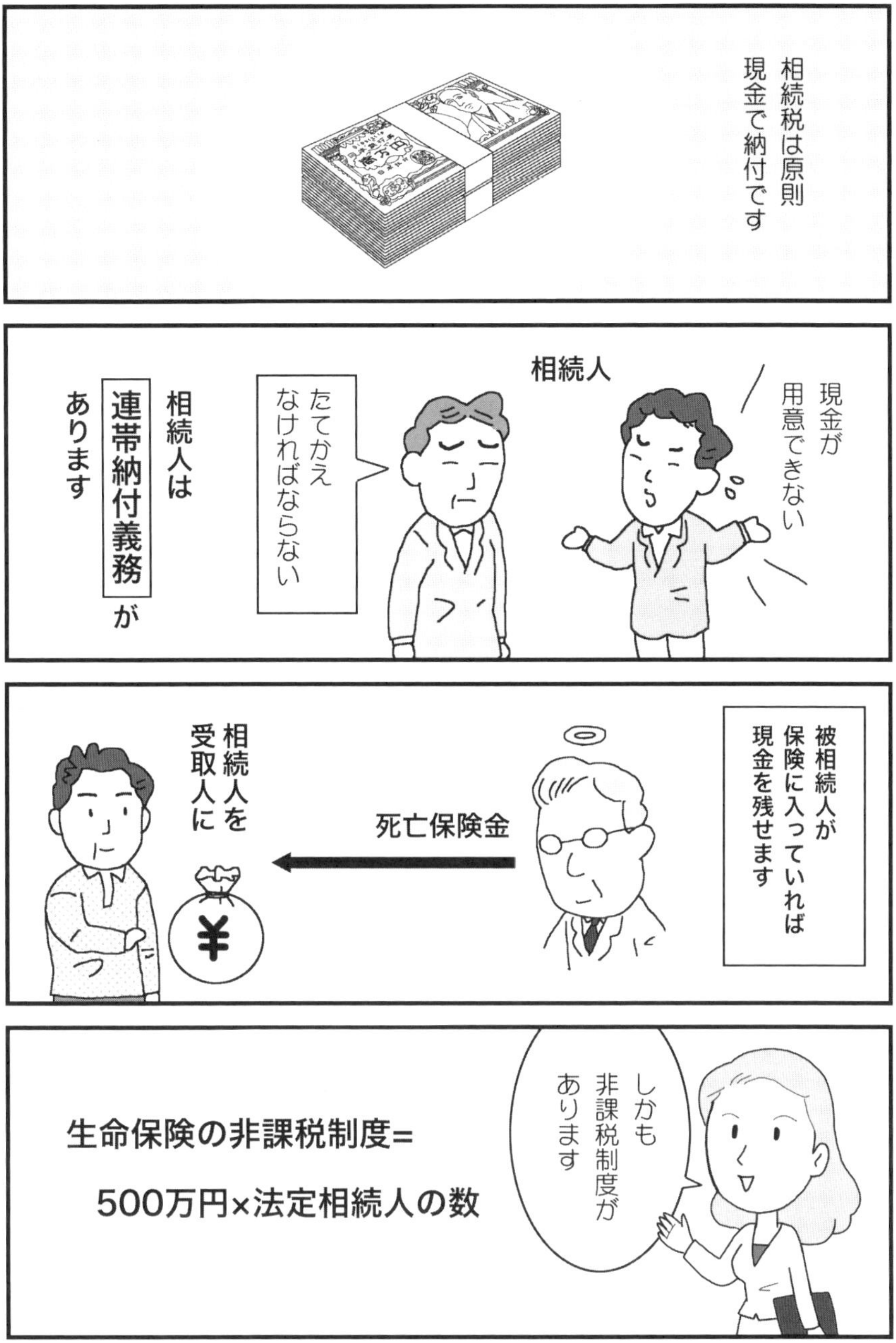
相続税は原則
現金で納付です
相続人
現金が用意できない
たてかえなければならない
相続人は連帯納付義務があります
被相続人が保険に入っていれば現金を残せます
死亡保険金
相続人を受取人に
しかも非課税制度があります
生命保険の非課税制度=
500万円×法定相続人の数

2 保険に入ると これだけよいことがあります

意外と知られていません

●生命保険金等非課税金額

被相続人が亡くなったことによって受けとることができる生命保険金は、残された家族の大切な生活保障となります。このような性質の財産に対して相続税を課すことは酷なので、非課税金額といって、税金の計算から一部を控除する措置がとられています。

通常、現金や預貯金などを相続した場合は、相続が発生した時点の残高で評価され、全額が相続税の対象となるのに対し、保険金で受けとった場合は、この非課税金額を除いた残額にのみ相続税がかかります。ただし、相続人以外が受け取った保険金は非課税にはなりません。

●ほかにも生命保険にはこんなにメリットが

①相続税の納税資金として活用できる

死亡と同時に現金が受取人に支払われますので、預貯金などのように、口座が凍結されてしまい、遺産分割協議が整って受取人が決まるまで引き出しができない、なんてことがありません。相続が発生してすぐに受けとることができるので、生活保障としても安心です。

②あらかじめ決められている受取人の固有の財産

保険金は被相続人の財産ではなく、受取人に指定されている人の財産になりますので、遺産分割の対象になりません。被相続人があらかじめ指定した相続人を受取人に設定することで、財産を渡したい人に渡すこともできるので、遺産分割にも有効です。

③代償金の原資にもできる

相続財産のほとんどが不動産だったとした場合に、不動産を取得した相続人が、他の相続人へ代償金として支払うときの原資にあてることもできます。

④相続を放棄してももらえる

本来は受取人の財産なので、相続の放棄をしたとしても、保険金の受けとりに影響はありません。

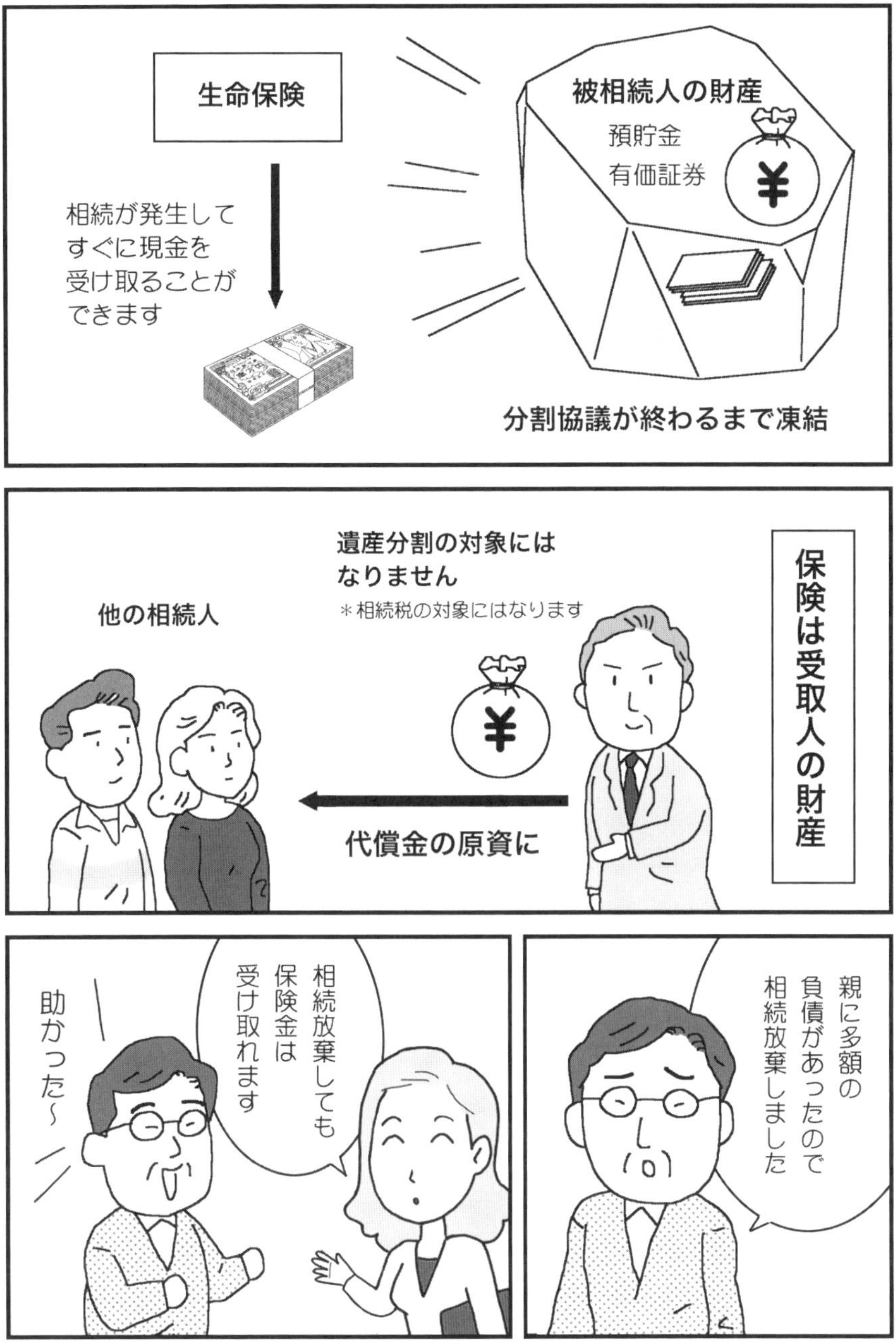
生命保険
相続が発生して
すぐに現金を
受け取ることが
できます
被相続人の財産
預貯金
有価証券
分割協議が終わるまで凍結
保険は受取人の財産
遺産分割の対象には
なりません
＊相続税の対象にはなります
他の相続人
代償金の原資に
親に多額の負債があったので相続放棄しました
相続放棄しても保険金は受け取れます
助かった～

3 土地は持っていますが、現金はあまりないんです

保険で現金を作りましょう

●土地はあるが現金がない場合のリスク

被相続人の財産のほとんどが、土地や建物のような不動産が多く、現金や預貯金、株式などの換金性の高い財産が少ない場合にはリスクがあります。

土地や建物を相続した相続人が相続した財産のなかから納税資金を確保できない場合には、相続人自身の財産から納税資金を確保しなければなりません。

相続人が自身の財産から納税資金を確保できない場合には、相続した土地や建物のなかから、比較的すぐに売却できるものを売却して、相続税の納税資金に充てることになるかもしれません。

そのため、相続税の納税は原則的には相続が発生してから10か月以内に行なわなければなりませんので、すぐに売却することができる不動産があるかどうかも、被相続人の生前から確認をしておくとよいでしょう。

しかし、せっかく先祖代々引き継いできた土地を売却する訳にいかない場合や、すぐに売却できるような条件の不動産がない場合は、この方法は活用できません。このような問題を解決するために有効な手段が生命保険金です。

●被相続人が生前に受取人を指定して契約

生命保険は保険契約の締結時に、受取人を指定することができます。しかも、その受取人の固有の財産であるため、遺産分割の対象にもなりません。

さらには、預貯金のように凍結されることはなく、相続が発生すると同時に受取人がすぐに受けとることができるのもメリットの1つです。

土地や建物を相続させたい相続人を受取人にしておくことで、納税資金に充ててもらうことができます。

財産全体で土地や建物といった不動産の占める割合と現預金の占める割合のバランスを被相続人の生前からきちんと把握しておくことが重要です。

生命保険の請求期限

一般の保険 —— 死後3年以内

かんぽ保険 —— 死後5年以内
(郵政グループ)

提出する書類

- 保険証券
- 死亡診断書
- 受取人の戸籍謄本
- 受取人の印鑑証明
- 死亡者の除籍抄本
- 死亡保険金支払い請求書

など

税金の種類

保険の契約内容によって税金の種類が違います

	契約者(支払人)	被保険者	受取人	
契約者と被保険者が同じ	夫 	夫 	妻 	相続税
			子 	相続税
契約者と受取人が同じ	夫 	妻 	夫 	所得税＋住民税
すべて人が違う	妻 	夫 	子 	贈与税

4 自宅を長男に相続させたいが、次男には何も

そういう人こそ保険が必要です

●相続財産に自宅しかない場合のリスク

平成27年1月1日以後に発生する相続から、相続税の基礎控除が引き下げられ、相続税の納税をしなければならない人が増えました。

この基礎控除の引き下げに伴い、一部の地域では、被相続人の財産が自宅の土地と建物だけであったとしても、相続税の対象となってしまう可能性があります。

被相続人の財産が自宅の土地と建物のみで、現金や預貯金があまりないような場合、自宅を同居していた長男に相続させたいと考えると、他の相続人には、遺留分（一定の相続人が最低限相続できる財産のことをいいます）の弁済をしなければなりません。

この弁済金の支払いに充てるための現預金は、被相続人の財産から確保できない場合には、自宅を相続した相続人が用意しなければなりません。このような問題を解決するためにも有効な手段として、生命保険金が活用できます。

●自宅の評価額を把握して弁済金に充てる

相続財産が自宅しかないような場合、自宅を相続する相続人が他の相続人へ遺留分の弁済をしなければなりません。この弁済金の金額はあらかじめ見積もることが可能です。

たとえば、相続人が兄と弟の2人だとすれば、法定相続分は2分の1ずつなので、遺留分はそのまた半分の4分の1になります。自宅の土地と建物の評価額の4分の1に相当する金額が遺留分です。

生命保険契約を締結し、この4分の1相当の保険金を長男が受け取れるように契約しておけば、自宅を相続した長男は自分の財産から遺留分の弁済金を用意する必要がなくなります。

相続が発生してから自宅の評価を行ない、遺留分の計算を行なうと、自宅の評価を巡って兄弟間でもめる原因にもなりますので、生前に把握しておくことが重要です。

法人契約の生命保険

事業継続のために保険を利用しましょう

契約者	被保険者	受取人
法人	社長	法人

→ 死亡保険金

会社の運転資金に

保険料は経費(損金扱い)です
株の評価を下げることができます → 相続対策

子に事業を承継させたい場合

生命保険を活用しましょう

契約者	被保険者	受取人
社長	社長	長男

→ 事業承継者(長男)

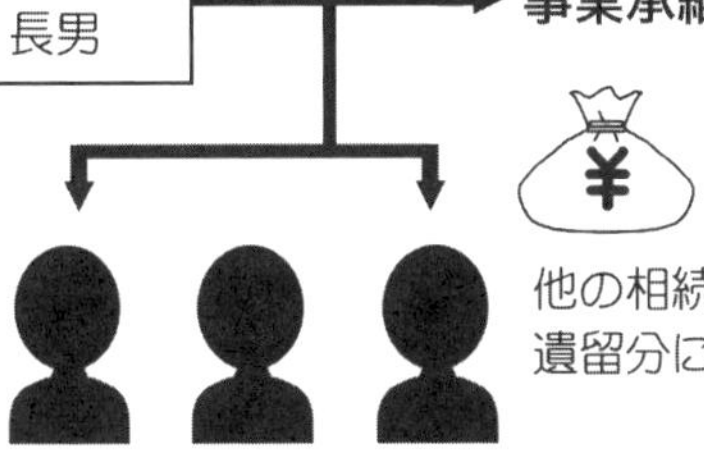

他の相続人の
遺留分にあてます

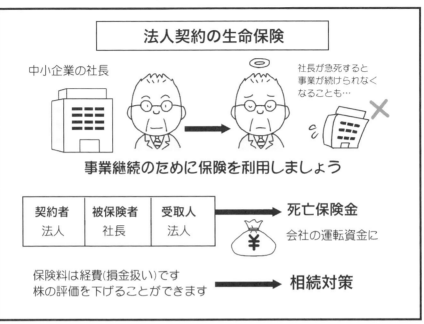

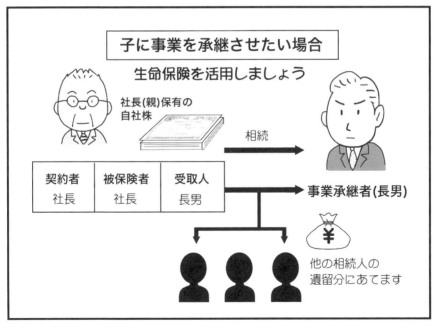

土地を売って生命保険に入りました

相続税では、500万円×法定相続人の数の、生命保険金の非課税枠があります。例えば法定相続人が4人いる場合、非課税枠は500万円×4人で2000万円です。

また、生命保険は受取人固有の財産となりますので、分割協議の対象になりません。生前に被相続人が受取人を指定しておけば、確実に承継させることができます。生命保険は、遺言とともに、意思を残すのに最適といえます。

私には、妻と、長男・次男・長女の3人の子供がいます。今ある財産は、自宅、自宅のとなりにある土地、現金2000万円ほどです。

不動産の評価が思ったよりも高く、私が死んだ場合、相続税がかかる状況でした。となりの土地は以前、私の母が家庭菜園にしていましたが、いまは利用していません。ここは、無駄に固定資産税がかかっています。保険は定期保険に加入しているのみです。

ここで思い切って隣地を売却して、その資金で一時払い終身保険へ加入することにしました。となりの土地はタイミング良く、路線価による評価額よりも2割高い2300万円で売却できました。その売却代金で、2000万円の保険に加入し、2000万円もの評価減を図ることができました。残った現金は、自分の老後資金に回すことにしました。

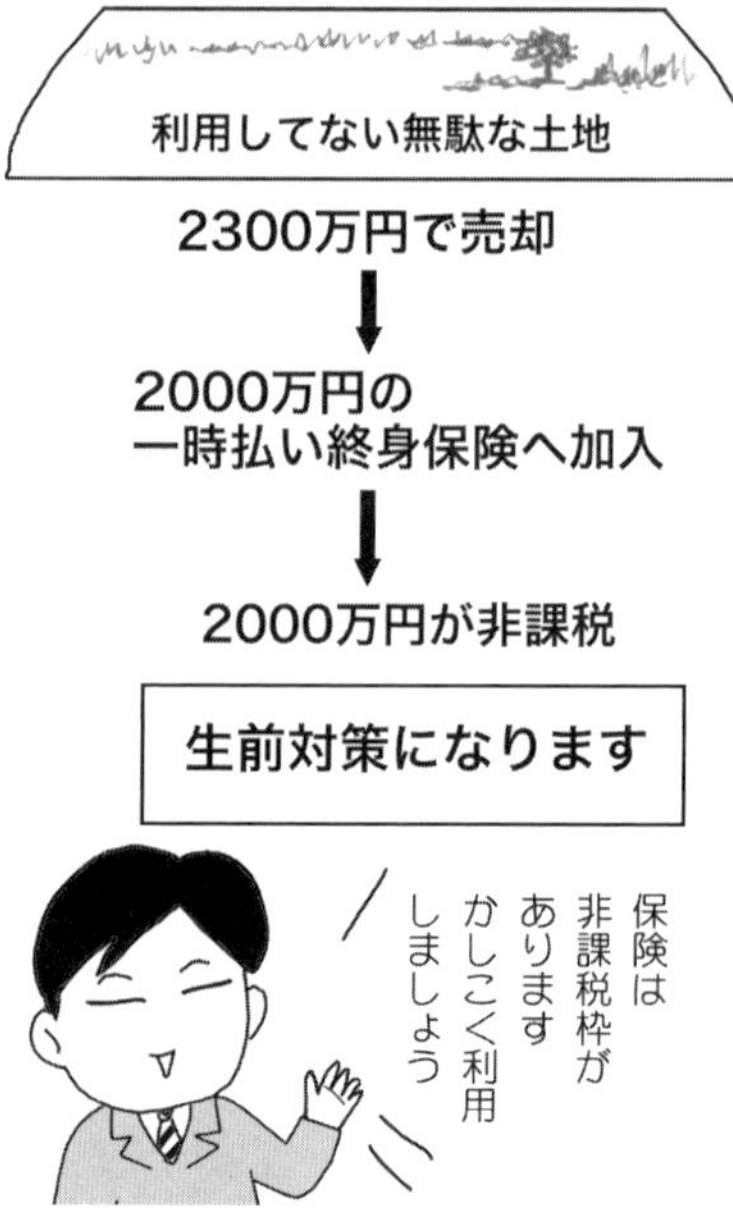
利用してない無駄な土地
2300万円で売却
2000万円の
一時払い終身保険へ加入
2000万円が非課税
生前対策になります
保険は
非課税枠が
あります
かしこく利用
しましょう

第８章

還付

～払いすぎた相続税は取り戻せます～

1

払いすぎた相続税は、5年以内であれば還付される？

本当に正しかったですか？

あなたの申告は、

税務署は、原則通りの評価をしていれば、そのまま受理します。税務署は「評価を下げられるかも」なんて、アドバイスをしてくれません。

●何故評価に違いがあるの？

土地の評価方法は第4章1項で説明した通り、原則的には「路線価×土地の面積」で計算し、正方形ではない土地や道路に接している面が極端に狭い土地には、一定率を乗じて評価を下げることができます。

これは「財産評価基本通達」に定められていますが、傾斜がある土地や高低差がある土地などは、個々の土地の状況により異なり、通達にそのような定めはありません。

そのため、このような特殊な土地に対しては、不動産鑑定士などの評価の専門家に任せるのがいいでしょう。

●税務署は相続税を払い過ぎても、教えてくれない

相続した財産の評価に間違いがあったなどの理由により、相続税を払い過ぎていた場合、相続税の申告期限から5年以内であれば、払い過ぎてしまった税金を還付請求することができます。これを「更正の請求」といいます。

ところが、相続税の場合、税金を多く払ってしまったと気づいていない人のほうが多いのです。そのため、返してもらおうと考える人は少数派にすぎません。

理由はいくつかありますが、もっとも大きな問題は、現預金や有価証券以外の財産の評価が難しいことでしょう。その最たるものが土地の評価です。

たとえば、大きい土地は小さい宅地よりも、評価額が大きく下がる場合があります。傾斜がある土地、高低差がある土地、上空に高圧線が通っている土地なども、評価額を大きく下げられる場合があります。

しかし、このような特徴を考慮せず、原則通りの評価をしてしまっている場合があるのです。

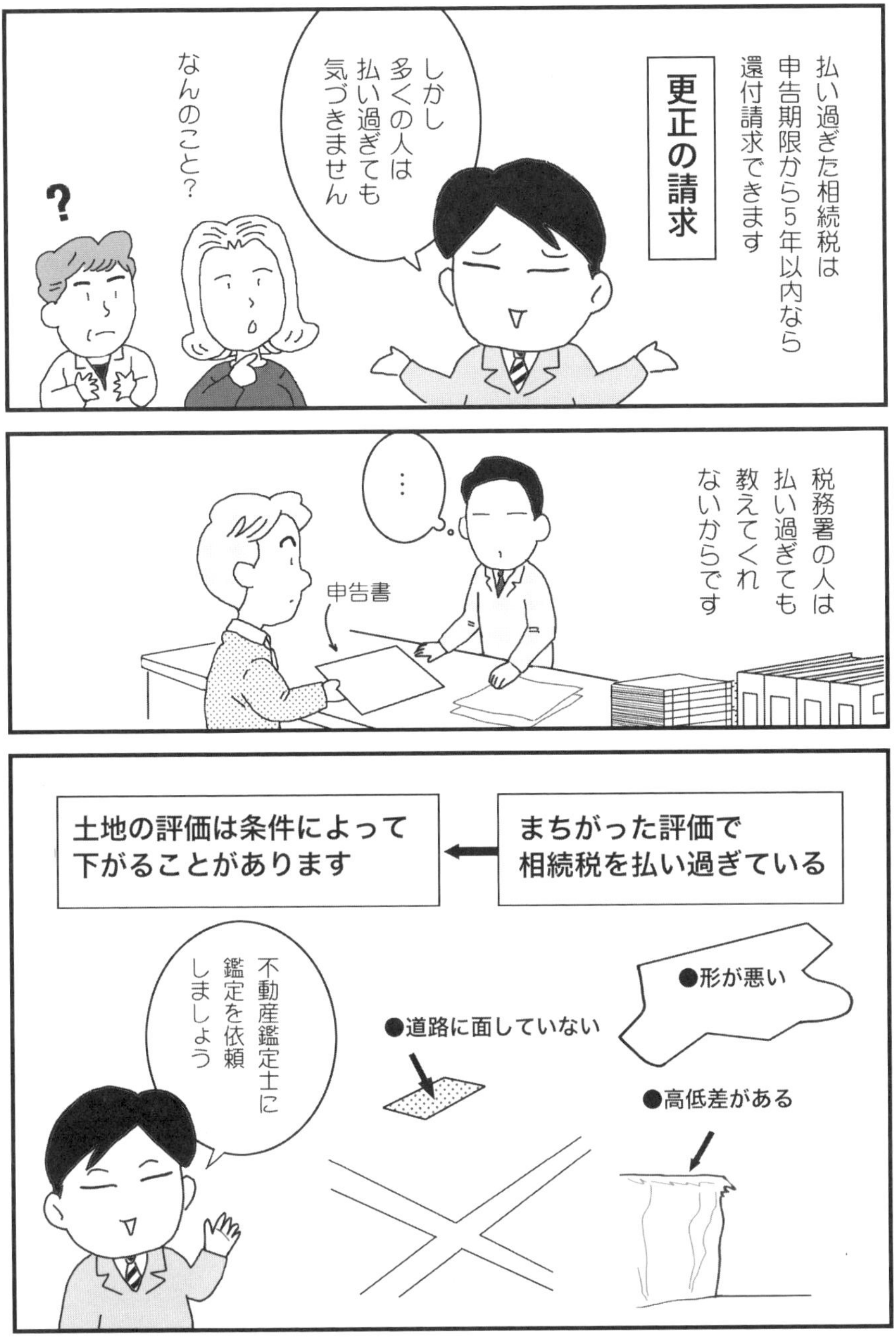
払い過ぎた相続税は
申告期限から5年以内なら
還付請求できます
更正の請求
しかし
多くの人は
払い過ぎても
気づきません
なんのこと？
?
税務署の人は
払い過ぎても
教えてくれ
ないからです
…
申告書
まちがった評価で
相続税を払い過ぎている
土地の評価は条件によって
下がることがあります
不動産鑑定士に
鑑定を依頼
しましょう
●形が悪い
●道路に面していない
●高低差がある

2 広大地が認められ、2000万円の還付に成功！

たった1か所の間違いで……

●都内で駐車場を持っていたAさん

高齢で一人暮らしのAさんは、東京都内に約700㎡の駐車場を持っていました。Aさんは亡くなり、長女は約5000万円の相続税を払いました。

その約2年後、Aさんはある税理士事務所のホームページを見て、「払い過ぎた相続税は、申告期限から5年以内であればとり戻せます」と書いてあることに気づきました。

Aさんは、「2年前には、父の知り合いの税理士さんにお任せだったけど……。うちも、払いすぎているのかしら？」と思いました。

その税理士事務所に相談に行き、書類一式を見せたところ、なんと、駐車場の評価が間違えられていました。本当は広大地を使えるのに、使っていなかったのです。

●駐車場は、広大地が使えました

その駐車場の向かいには、40年前に建築された大規模なマンションが建っていました。駅から徒歩15分以上歩くことから、付近にはこれ以外にはマンションは少なく、戸建住宅のほうが多い地域でした。

しかし、今回の駐車場は700㎡しかなく、法令上も高層の建物が建てられません。マンションの建築には不向きです。当初に申告した税理士は、たまたま向かいに大規模なマンションが一棟建っていたため、今回の駐車場もマンションが建てられると勘違いしてしまったようです。

この駐車場を売却する際には、戸建分譲用地として売却するのが最も適切です。そして、道路を造らなければ分譲ができないため、広大地が適用できたのです。

相続税の申告期限から5年以内であったため、「更正の請求」をしました。

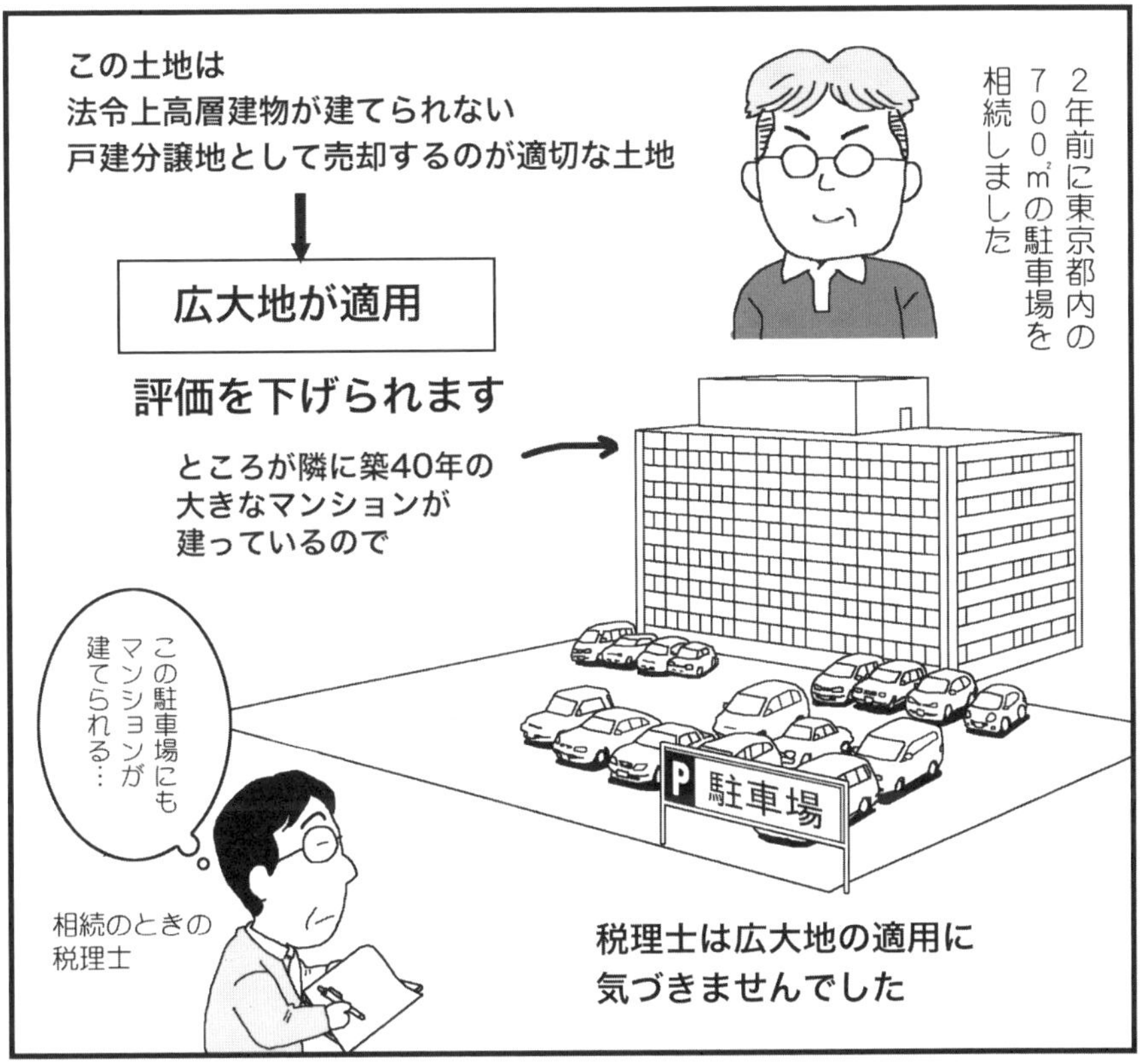

2年前に東京都内の700㎡の駐車場を相続しました
この土地は
法令上高層建物が建てられない
戸建分譲地として売却するのが適切な土地
広大地が適用
評価を下げられます
ところが隣に築40年の
大きなマンションが
建っているので
P 駐車場
この駐車場にもマンションが建てられる…
相続のときの税理士
税理士は広大地の適用に
気づきませんでした

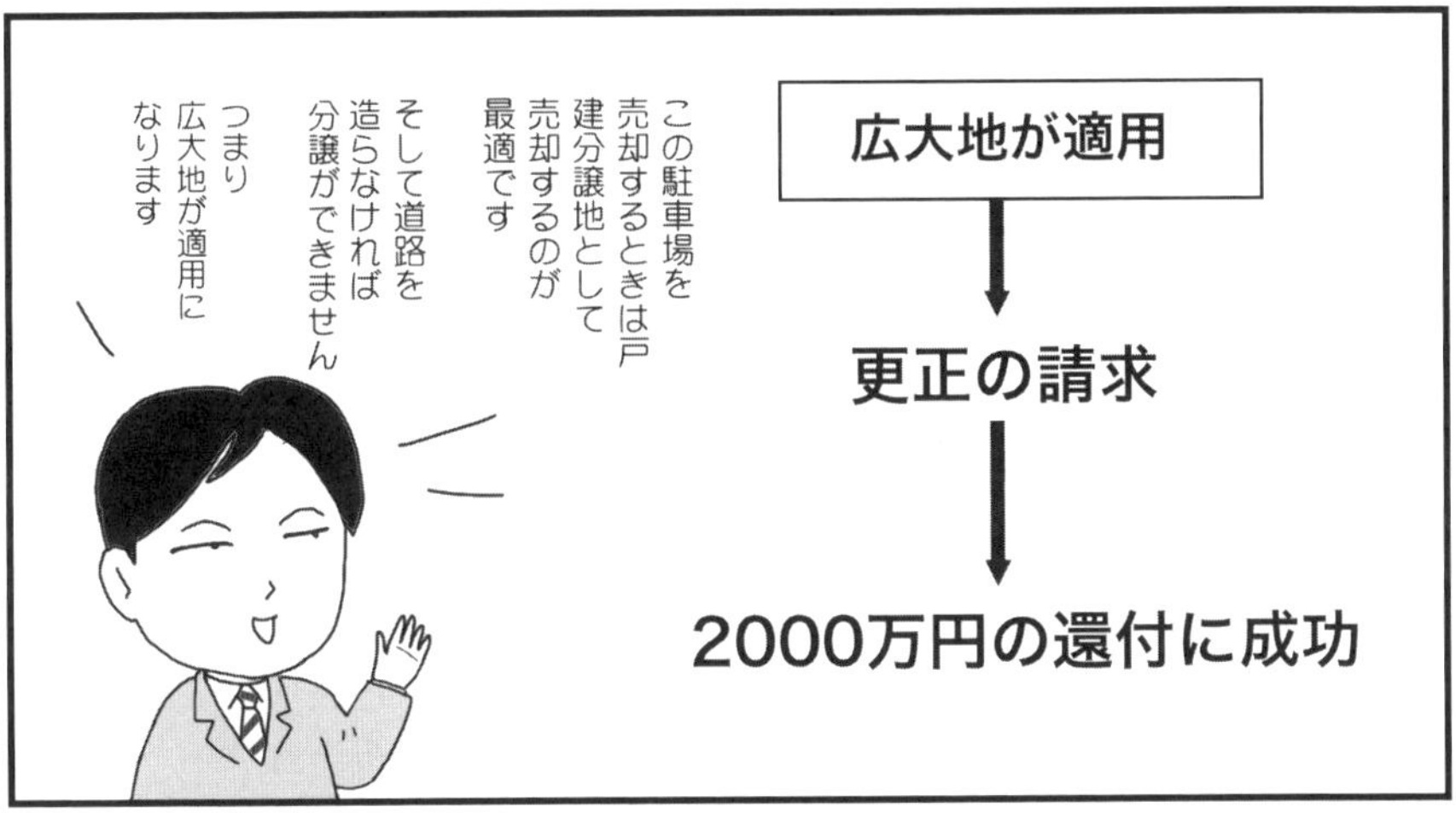

この駐車場を売却するときは戸建分譲地として売却するのが最適です
そして道路を造らなければ分譲ができません
つまり広大地が適用になります
広大地が適用
更正の請求
2000万円の還付に成功

3 不動産鑑定評価書が認められ、300万円の還付に成功！

現実はシビアだったのです

● 実際に売れる価格が、相続税評価額より安かった。

Aさんは2年前に一人暮らしの母親を亡くしました。母親の自宅は、B県内にありました。実家の敷地の面積は450㎡もあり、しかもL字型で使い勝手が悪い土地で、この土地の路線価は1㎡当たり8万円です。

他にも多くの財産があり、約1400万円の相続税を払いました。

その後、誰も住まなくなった空き家とその敷地を売却しようとし、不動産会社に査定を頼んだら、価格は路線価を下回る1㎡当たり4万7000円を提示されました。このままでは時価より高い評価額で相続税を払ったことになります。Aさんは「何とかならないだろうか」と思いました。

● 不動産鑑定で、300万円の還付に成功

そこで、相続税の還付請求に詳しい税理士に相談すると、「不動産鑑定で評価を下げられるかもしれない」といわれました。不動産鑑定士に依頼したところ、「この地域では、100㎡程度の戸建住宅地が標現的な地域です。規模が大きすぎることから、戸建分譲用地になります。しかし、L字型の土地であるため分割が難しく、道路が20％以上占めることになります。宅地も3つしか造れません。評価額がかなり安くなります。」とのことでした。

鑑定評価額は47000円／㎡になりました。この結果、相続税評価額を約1500万円下げ、300万円の還付を受けることができました。

路線価で土地の評価をすると、実際に売れる時価よりも高くなってしまうことがあります。その際は、不動産鑑定士の鑑定をおすすめします。

Aさんは L字型の土地を 相続しました
450㎡
路線価80,000円／㎡
他の相続と合わせて 約1400万円の 相続税を払いました
売却しよう
不動産会社の査定
47,000円／㎡ ですね
え～なんで 路線価より 安いの？
不動産鑑定士に鑑定を依頼
L字型の土地は 分割が難しく 道路が20%以上 必要です 宅地は3つしか 建てられません
鑑定評価額 47,000円／㎡
更正の請求
300万円の還付に成功

4 現地を見てなかったために高い相続税を払ってしまった

この土地、二束三文じゃないの？

●相続した土地は崖の上だった

群馬県A市に住む某山某男さんは、平成27年2月に同居していた母親を亡くしました。

母親が遺したのは、自宅の土地と建物、自宅の近くにある1000㎡の空地、現金や預金、株式など、あわせて1億5000万円でした。父親は既に亡くなっており、兄弟はいないので、法定相続人は1人でした。相続税は2860万円でした。

相続税の納付などもすべて終わり一段落したので、相続した1000㎡の土地を見に行きました。

なんと実際に見ると、その土地は道路よりも約7m高い崖のうえにあり、道路から出入りすることは不可能でした。相続税申告書の添付書類の図面を見ても、道路と同じ高さのように見えます。

しかし、実際は、道路より7mも高くなっていたのです。

当初の申告では、税理士は現地を確認することなく、5000万円で評価しておりました。ただし、事実上誰も買う人がおらず、二束三文の価値しかないように思われました。

●不動産鑑定で1600万円の還付金

そこで、相続税の還付請求に詳しい税理士に相談すると、「不動産鑑定で評価を下げられるかもしれない」と言われました。不動産鑑定士に鑑定を依頼したところ、この土地は建物建築が難しいので、わずか100万円という結果になりました。

評価額を4900万円引き下げることができたのです。

書類だけで申告書を作成すると、土地の評価を誤ることがあります。

相続した土地はちゃんと現地を見ましょう。必要に応じて、不動産鑑定士の鑑定をおすすめします。

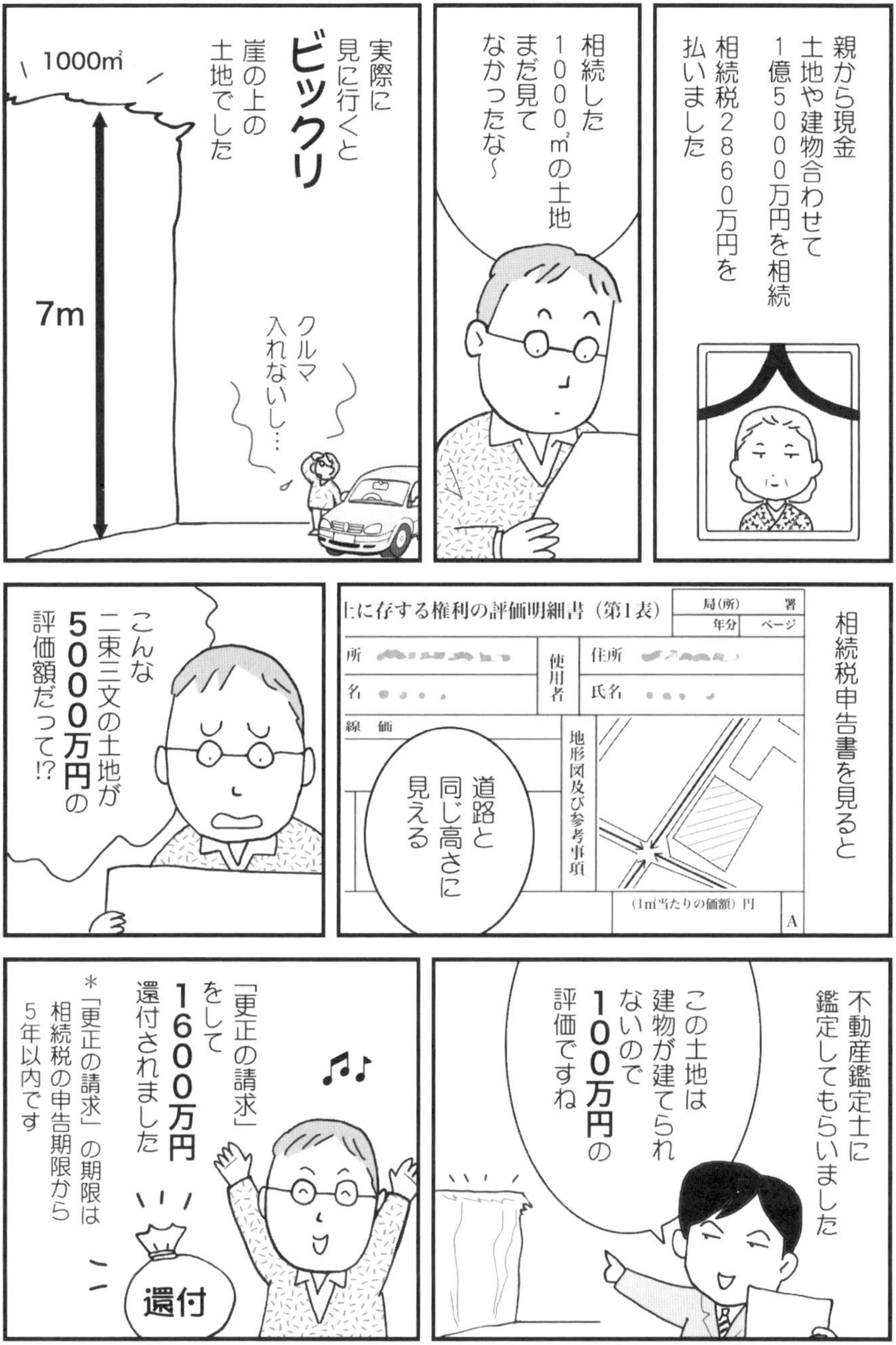
親から現金
土地や建物合わせて
1億5000万円を相続
相続税2860万円を
払いました
相続した
1000㎡の土地
まだ見て
なかったな～
実際に
見に行くと
ビックリ
崖の上の
土地でした
1000㎡
7m
クルマ
入れないし…
相続税申告書を見ると
上に存する権利の評価明細書（第1表）
局(所)
署
年分
ページ
所
名
使用者
住所
氏名
線価
地形図及び参考事項
（1㎡当たりの価額）円
A
道路と
同じ高さに
見える
こんな
二束三文の土地が
5000万円の
評価額だって!?
不動産鑑定士に
鑑定してもらいました
この土地は
建物が建てられ
ないので
100万円の
評価ですね
「更正の請求」
をして
1600万円
還付されました
＊「更正の請求」の期限は
相続税の申告期限から
5年以内です
還付

5 実は大通りから、出入りできなかった！

現地を見れば、すぐに分かったのに……

●駐車場を相続したAさん

東京都に済むAさんは、埼玉県に住む父親が亡くなって自宅、アパート、300㎡の駐車場、現金や預金、株式など2億1000万円を相続しました。

父親が亡くなって半年ほどで相続税の納付などもすべて終わり、相続した物件を見たところ、図面では南北で道路に接面しているように見えたのに、実際は南側の狭い道路しか接面しておらず、もう一方の北側道路よりも5mも低かったのです。

その後、「評価が高すぎないか？」と思い、当初申告をお願いした税理士ではなく、相続に強い別の税理士事務所にセカンドオピニオンを求めに行きました。

●図面だけを見て申告したミスだった

相続税申告書の添付書類の図面を見ると、たしかに南北で道路に接しているように見えます。

しかし、現地に行ってみると、土地が接しているのは南側の道路で、北側の大通りは5m下にありました。階段もないので道路に降りることはできません。

当初の申告では、税理士は現地を確認することなく、書類だけで申告書を作ったようでした。図面は平面図なので高低差はわかりません。そのために、起きたミスだったのです。

この土地は南側の道路の路線価が1㎡15万円、北側の大通りは20万円でした。南北で道路に接するとして評価されていたので、評価額は20万3000円で、相続税評価額は6090万円でした。

しかし、北側の大通りには出られません。そこで、南側の道路だけが宅地に接するものとして評価しました。南側の道路の路線価15万円に面積300㎡をかけた4500万円が評価額となり、土地の評価額を約1500万円引き下げることができました。

このような基本的なミスは、意外と多くあります。相続税の申告は、相続が得意な税理士に依頼しましょう。

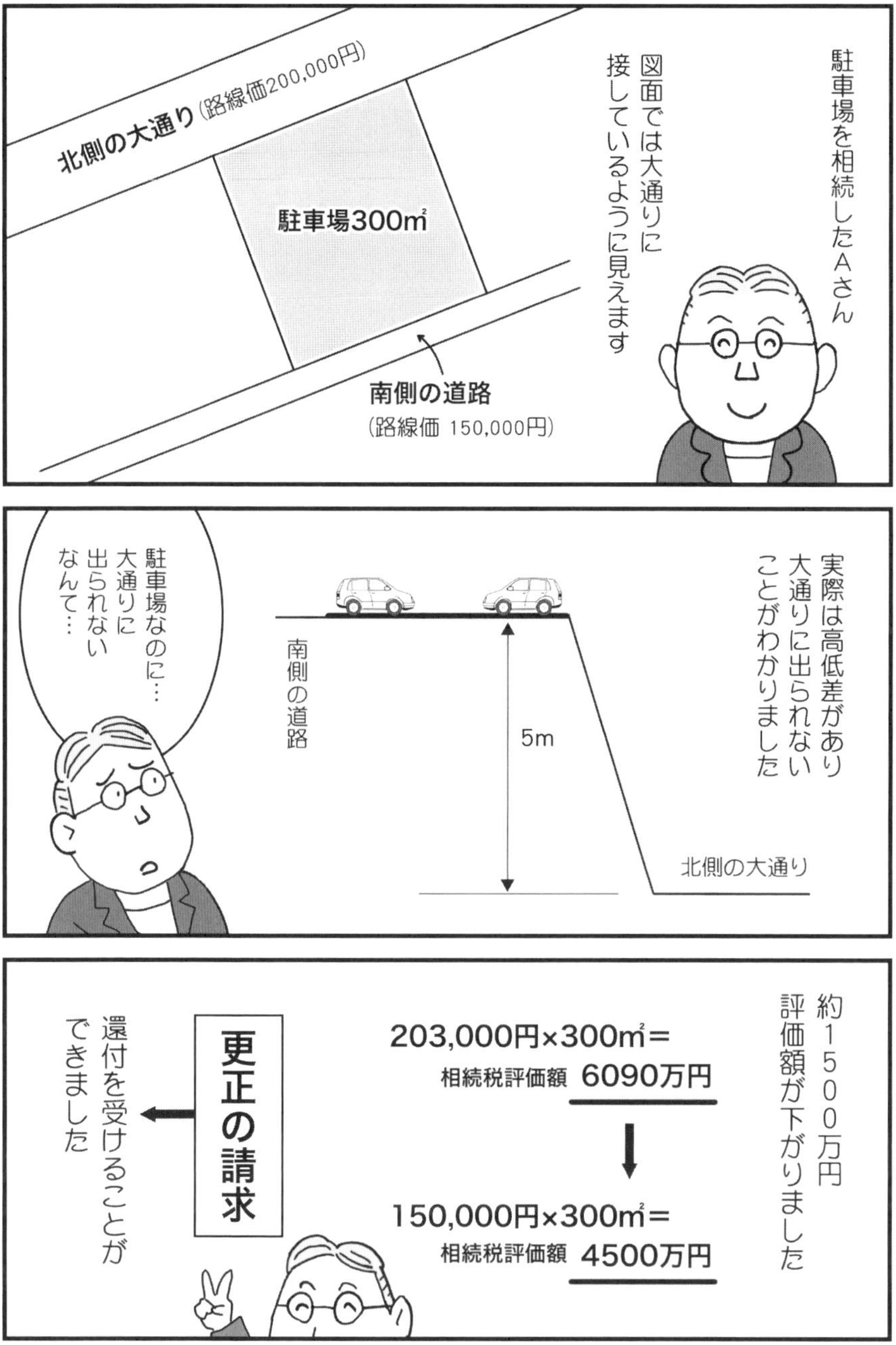
駐車場を相続したＡさん
図面では大通りに接しているように見えます
北側の大通り（路線価200,000円）
駐車場300㎡
南側の道路
（路線価 150,000円）
実際は高低差があり大通りに出られないことがわかりました
駐車場なのに…大通りに出られないなんて…
南側の道路
5m
北側の大通り
約１５００万円評価額が下がりました
203,000円×300㎡＝
相続税評価額 6090万円
150,000円×300㎡＝
相続税評価額 4500万円
更正の請求
還付を受けることができました

6
上空に高圧線があったために……

調査の時は、上も見ましょう

●アパートを相続したAさん

埼玉県に住むAさんは、母親が亡くなって自宅、駐車場付きのアパート、月極駐車場、現金や預金、株式など1億2500万円を相続しました。

ある日、Aさんの友人が相続税の還付を受けたと聞き、ひょっとしたら自分も受けられるのではないかと思い、相続に強い税理士事務所に相談を聞きに行きました。

税理士は、Aさんの申告書を見ても、還付請求が可能かどうかは一見よくわかりませんでした。

そこで、現場を見てから判断することにしました。

●あるアパートの駐車場で上空を見上げて……

自宅の土地、月極駐車場を見ても特に変わったこともなかったのですが、アパートの駐車場で上空を見上げたとき、これはいけるかも知れないと思いました。上空に高圧線が通っていたのです。

高圧線の鉄塔に貼ってある連絡先に電話をしたところ、上空約24mのところに、27万5000ボルトの高圧線が通っていることがわかりました。建物の建築が一切できなかったので、駐車場として利用されていたのです。

登記簿を確認したところ、アパートの駐車場全部に「地役権」が設定されていました。「地役権」とは、自分の土地にとって都合がいいように他人の土地を利用したり、利用を制限できる権利のことです。地役権の権利者は、電力会社でした。この土地では「地役権」があるため、建物の建築が一切禁止されておりました。

土地の当初の申告書では高圧線の存在を見落としていたようで、減額されていませんでした。現地や登記簿をよく見なかったのでしょう。

建物の建築がまったくできない場合は、「財産評価基本通達」で、最大50％の減額ができることとなっています。そこで、50％の減額をして、1㎡あたり12万円の評価額を6万円に下げて更正の請求をしました。

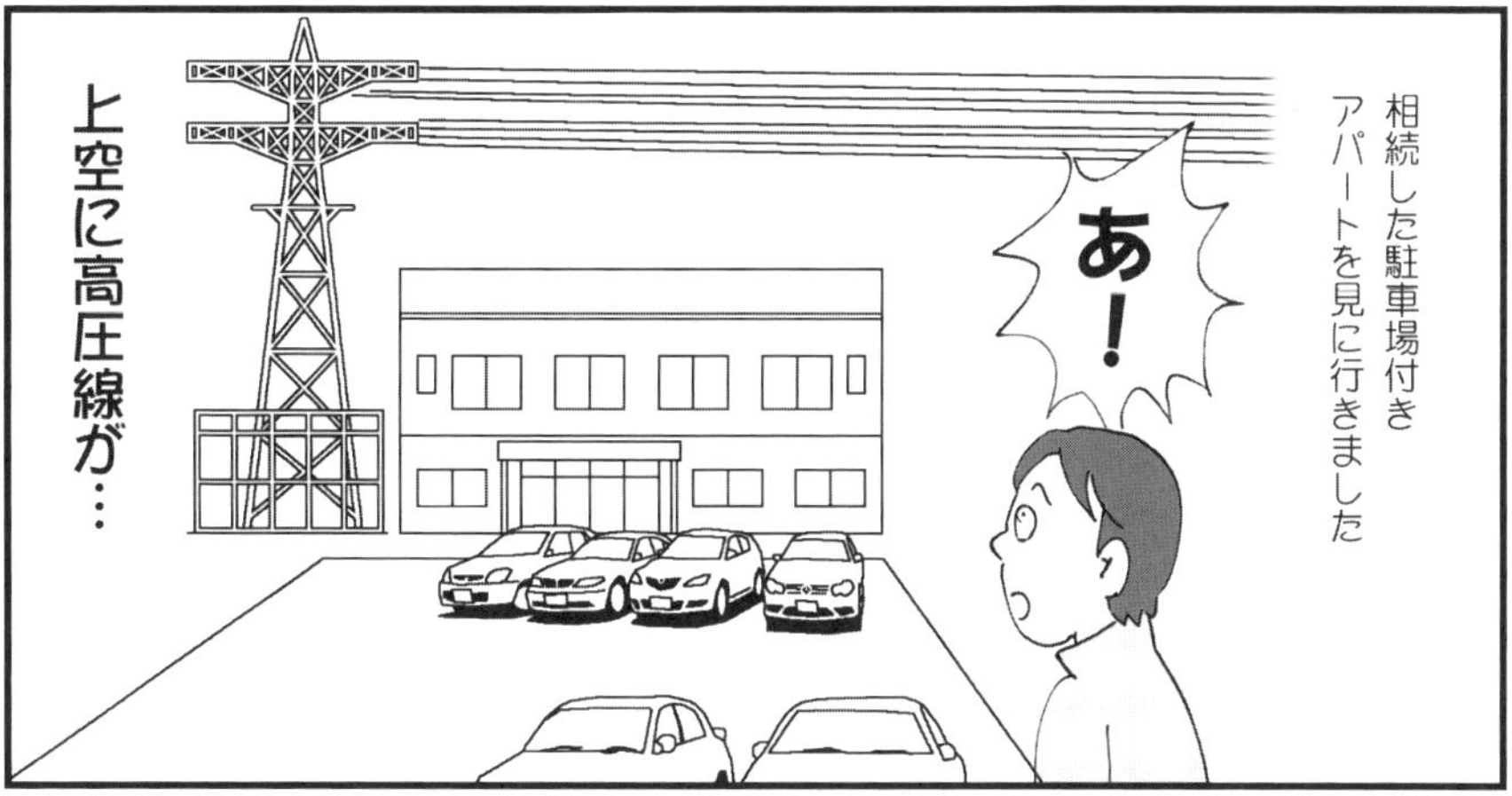
相続した駐車場付きアパートを見に行きました
あ！
上空に高圧線が…

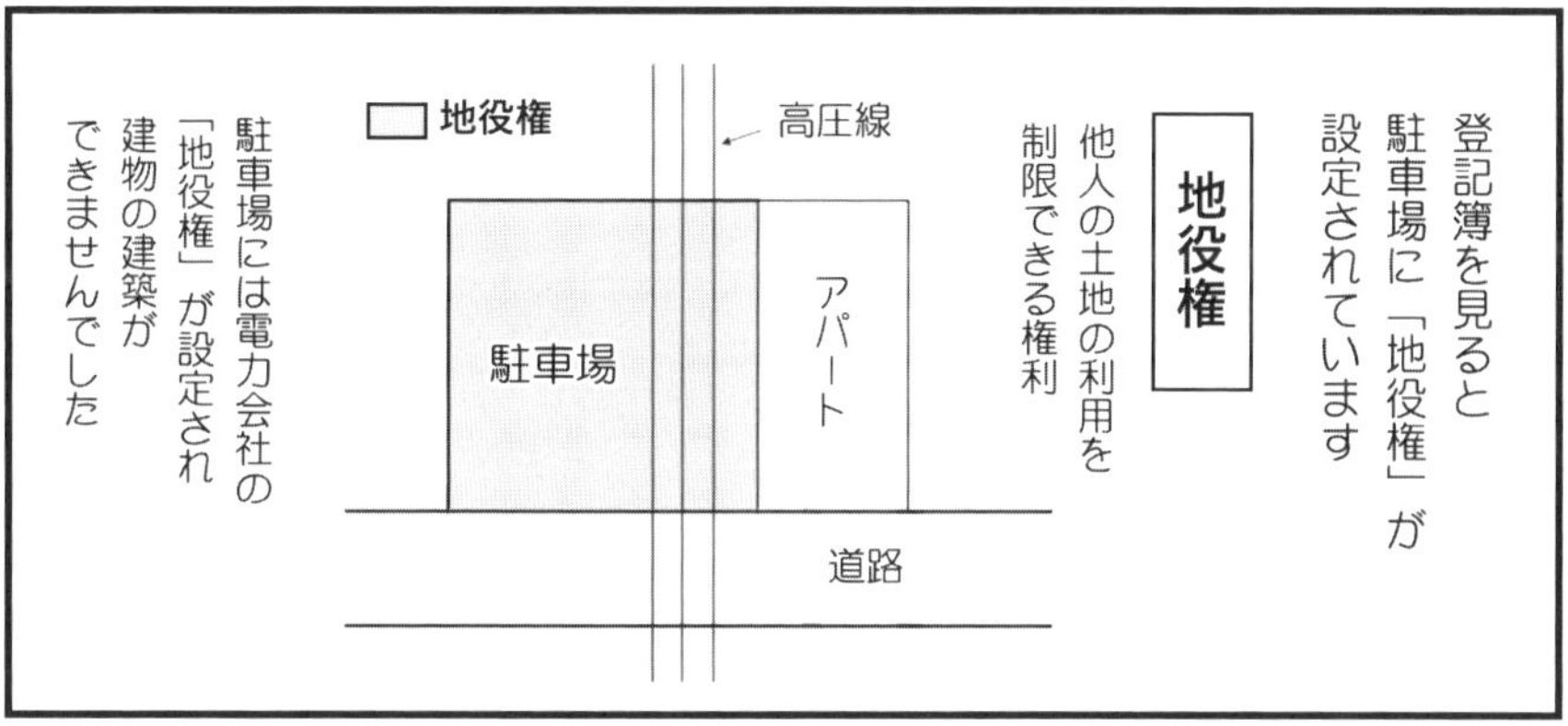
登記簿を見ると駐車場に「地役権」が設定されています
地役権
他人の土地の利用を制限できる権利
地役権
高圧線
駐車場
アパート
道路
駐車場には電力会社の「地役権」が設定され建物の建築ができませんでした

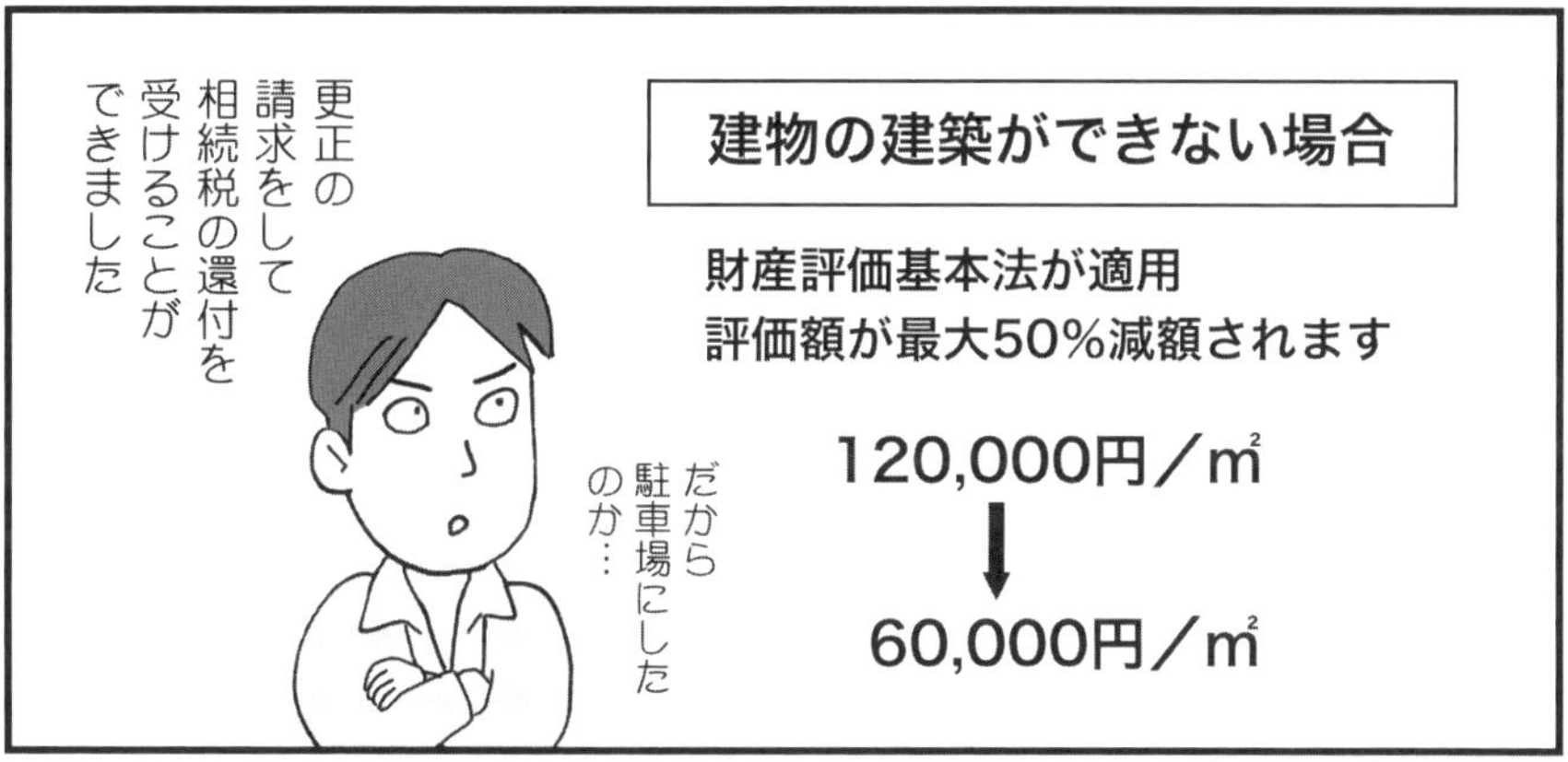
建物の建築ができない場合
財産評価基本法が適用
評価額が最大50%減額されます
120,000円／㎡
60,000円／㎡
だから駐車場にしたのか…
更正の請求をして相続税の還付を受けることができました

おわりに

２０１５年に相続税が増税されて以降、ブームとなったといってよいほど、多くのメディアで相続問題が取り上げられました。相続のもめごとにフォーカスし、笑えないような内容がとり上げられることも増えています。たとえば、親子でもめてしまった、兄弟で口をきかなくなった、子宝に恵まれる前に夫を亡くした嫁と姑の争い、実は隠し子がいたなど……。

メディアでとり上げられている相続のもめごとは、氷山の一角にすぎません。仕事で相続に携わっている私たちにとっても、驚くような、悲しくなるような、本当にこんなことがあるのか、といったようなことを日常茶飯事で目にします。

円満な相続を迎えるは、生前に対策が必要です。相続対策をテーマにした書籍も多数出版されております。

しかし、活字が多く初心者には難解で、読んでいる途中で投げ出したくなってしまうものもあります。

また、子供としては親がいくら財産を持っているのか、一番気になるところです。とはいえ、親に相続の話をするのは、財産目当てと思われそうで、ためらってしまいます。親に「縁起でもない、オレは元気だ！」と怒られてしまうかもしれません。親には相続の話は聞きづらいため、ついつい生前の対策をおざなりにしてしまうのが現状です。

今回の本は、マンガでわかる相続本です。相続対策の専門家による、初歩から上級テクまでの相続対策が、ゆるいタッチの画風でまとめられています。
しかしながら、生前の対策から相続発生時、相続税の還付請求まで、あらゆるテーマがとり上げられておりま
す。活字だけの本が苦手な方も、マンガがあるので一気に簡単に読み進められたのではないかと思います。
高齢の親を持つ方々は、ぜひこの本を、お父様やお母様に渡してください。「この本、マンガでわかりやすく
て面白いよ」と、気軽に渡すことができます。そうすれば、角が立ちません。
ゆるいタッチのマンガなので、きっと、気軽に読んでいただけると思います。
そしてそんなマンガでありながら、「対策をしなければ、こんなに大変なことになる！」というような内容も
含まれていたかと思います。気軽に読んでいただいたこの本が、親子で相続対策を真剣に考えるきっかけとなっ
て頂ければ本望です。初心者の方にとっての相続対策本としてのベストな1冊、そして相続対策のバイブルとな
ることができれば光栄です。
この本を読んでいただいたすべての方々が、家族をお互いに想い合い、笑顔で相続を迎えられることを祈念し
ております。

２０１７年６月

参考文献

・「あなたも家族も安心できる遺産相続」福田真弓：監修／西東社
・「図解相続税・贈与税」梶山清児／一般財団法人大蔵財務協会
・「法務・税務からみた相続対策の効果とリスク」相続対策実務研究会：編集／新日本法規出版
・「家庭裁判所における遺産分割・遺留分の実務」片岡武、管野眞一／日本加除出版株式会社
・「相続・遺言の法律相談」髙岡信男／学陽書房
・「Q＆A　遺産分割の実務」御器谷修 他／清文社
・「長女と嫁が相続でやるべき5つのこと」　西原 崇・佐藤良久　自由国民社
・「土地を相続したら還付請求で税金を取り戻す！」益本正藏・西原 崇　かんき出版
・「マンガできちんとわかる！　遺産相続と手続き」長谷川裕雅／西東社
・「相続・贈与でトクする100の節税アイデア」高橋敏則／ダイヤモンド社

■著者略歴

西原　崇（にしはら　たかし）

不動産鑑定士・相続診断士
株式会社 西原不動産鑑定　代表取締役
http://www.n-rea.com
明治大学卒業後、レコード会社のディレクターを夢見るも、バブル崩壊の就職戦線で叶わず、ピアノの営業マンになる。25歳で地元のJAへ転職。遊休地保有の地主様への土地の有効活用の仕事をきっかけに、一生の仕事にすることを決意。不動産鑑定士試験合格後、相続の節税案件多数の不動産鑑定事務所で4年間修行。2001年、小泉政権不良債権回収の嵐が吹く中独立。徹底的な現場主義の能力が認められ、現在は"日本で最もテレビメディアに取り上げられる鑑定事務所"を経営。TVには同業の妻とともに多数出演中。

山内　亘（やまうち　わたる）

みらい総合法律事務所　パートナー弁護士
http://www.yamauchi-lawyer.com/
早稲田大学法学部卒業後、司法試験に合格し、2007年みらい総合法律事務所入所。企業法務、交通事故など幅広い分野をカバーしつつ、相続の相談は年間平均100件を超え、相続セミナーも多数開催するなど専門性を高めている。2015年にはちよだ相続相談センターを設立し、共同代表に就任。各専門家と連携しつつ、特に不動産がある場合の遺産分割協議など紛争解決を得意にしている。
著書は、「企業法務ハンドブック」、「事業再生弁護士が教える7つの方法」など多数。

山田麻美（やまだ　あさみ）

山田麻美税理士事務所　税理士　所長
http://www.shisan-zei.jp/index.html
高校在学中に日商簿記検定の1級に合格したことで、税理士試験の受験資格を得たため、税理士受験の道へ。
上場企業の経理業務、個人の会計事務所や税理士法人での実務経験を経て32歳で独立開業。
中小企業や上場企業の経理業務に精通してきた経験を活かし、会社の規模に合わせた財務会計の活用方法や経理処理の提案を得意としている。
一方で、不動産を複数所有するオーナーの節税対策の案件を多くこなし、不動産投資家や地主の相続対策向けの提案まで幅広く対応している。

■マンガ

●つだゆみ

広島大学文学部卒。歴史、ビジネス、雑学などを、マンガでわかりやすく、おもしろく伝えることが得意。

著書多数。近著『井伊直虎のことがマンガで3時間でわかる本』『ドッラカーのマネジメントがマンガで3時間でわかる本』明日香出版社／『わかる古事記』『能の本』『マンガ十河信二伝』西日本出版社／『ハッピーマジック』桂由美共著、あさ出版など。

『現代化学』『せれね』でマンガ連載中。

http://tsuda-yumi.jp/

本書の内容に関するお問い合わせ
明日香出版社　編集部
☎(03) 5395-7651

相続《そうぞく》のことがマンガで3時間《じかん》でわかる本《ほん》

2017年　7月　28日　初 版 発 行

著　者　西《にし》 原《はら》　崇《たかし》
　　　　山《やま》 内《うち》　亘《わたる》
　　　　山《やま》 田《だ》 麻《あさ》 美《み》
発行者　石 野 栄 一

明日香出版社

〒112-0005 東京都文京区水道 2-11-5
電話 (03) 5395-7650（代 表）
(03) 5395-7654（FAX）
郵便振替 00150-6-183481
http://www.asuka-g.co.jp

■スタッフ■　編集　小林勝／久松圭祐／古川創一／藤田知子／田中裕也／生内志穂
営業　渡辺久夫／浜田充弘／奥本達哉／平戸基之／野口優／横尾一樹／関山美保子／藤本さやか　財務　早川朋子

印刷　株式会社フクイン
製本　根本製本株式会社
ISBN 978-4-7569-1912-0 C0036

編集担当　古川創一

ドラッカーのマネジメントが
マンガで3時間でわかる本

津田　太愚

ドラッカーとはどんな人物か、またドラッカーのマネジメント論とはどんなものかをわかりやすく解説します。ドラッカーのマネジメントをざっくりと知りたい人にオススメです。

本体価格 1400 円＋税　A5 製　200 ページ
ISBN978-4-7569-1431-6　2011/01 発行

「孫子の兵法」のことが
マンガで 3 時間でマスターできる本

安恒　理

中国が生みだした最高最強の兵書といわれる『孫子の兵法』。今も人間関係の増強に、経営の改善に活用できる処世宝典です。「孫子」の教えるところを現代の経営におきかえて、わかりやすくマンガをそえて解説した一冊です。

本体価格 1300 円＋税　A5 並製　232 ページ
ISBN4-7569-0521-8　2002/03 発行